JN072007

村山 徹 著

Information of Disaster and Safety

# 新 災害と安全の情報

## 日本の災害対応の展開と災害情報の質的転換

晃洋書房

# まえがき

前著『災害と安全の情報』を刊行したのは2018年であった．前著では，東日本大震災以降の「公助の限界」の認識に伴う災害情報の質的転換に注目した．具体的には，人々が消費する災害「防災」情報から，人々を積極的な情報利用者と想定する災害「減災」情報への変化であった．そこでは，防災・減災・再建のための積極的な情報利用者となる消防団や地域コミュニティの地域内ネットワークとボランティアや公務員派遣の広域ネットワークの連携のあり方を検討した．

国民の一人ひとりが防災を「自分ごと」とし，自律的に災害に備える社会に向かう今日の防災4.0のフェーズにおいて，情報利用者のネットワークのさらなる展開が必要だろう．そのために，連携ネットワークの整備とともに，多様・重層的かつ主体的なネットワーク集団の「形成」が，公助の限界での地域防災力強化による日本の災害対応の新たな方向となる可能性を示唆した．

本書では，第Ⅱ部の第3章第3節と第4章第3節を新たに追加して，ネットワーク集団の形成に資する具体例を示している．その他の部分は，関連する記述を追加したが，基本的には前著と同じである．

本書と前著を通じて，研究としての基幹をなす第Ⅱ部の図Ⅱ-1の地域防災力向上のための災害対応と災害情報の発展過程において，前著では今後の発展方向の指摘にとどまっていた．本書のオリジナリティは，将来展開としてネットワーク集団の形成を具体化したところにある．それによって，本書は前著の改訂にとどまらない新しい内容のものとなっている．

2019年11月30日

村山　徹

# 目　　次

# 序　章

大災害が起こると，なぜ被害を防げなかったのかと人々は防災を考える．その被害の大きさを知ると，なぜ被害を少なくできなかったのかと人々は減災を考える．自然災害には人間の対処を超えるところもあるが，防災の災害対応は不可欠であり，減災の災害対応も必要である．1995（平成7）年の阪神・淡路大震災や2011（平成23）年の東日本大震災のような激甚災害は，防災や減災の公共政策に対する人々の期待を高める．そして，それに応えようと政府の災害対応策も変化する．たとえば，阪神・淡路大震災から東日本大震災までの被災経験を経て，日本の災害対応の基本理念が復旧から復興へ，さらに減災へとその視点を広げた．そのなかでも，東日本大震災以降は，「公助の限界」とともに減災のための地域防災力強化が災害対応の重要な政策課題と認識されるに至った．

災害対応策の変化に伴い，政府が人々に提供する災害と安全に関する情報も変化する[1)]．政府による災害対応を報告する防災白書が示すように，人々に提供される災害情報の量が大震災以降に増加する．本書ではそのような量的拡大よりも，減災への災害対応の変化に伴う災害情報の質的転換に注目する．防災政策を担う主な主体が行政であるのに対して，効果的な減災を担う主体として期待されるのが地域住民である．その違いに注目して，防災のために行政によって人々に伝達される災害情報を「災害防災情報」と呼び，減災のために人々の利用に供する災害情報を「災害減災情報」とすることで，本書では区別する[2)]．

さらに言えば，防災への制度構築と災害危機管理システムの整備・運用のために行政が人々に災害リスクを伝達する類の災害情報を，災害防災情報とする．

そして，減災への地域防災力強化を担う活動主体となる人や組織の集団形成に資する災害情報は災害減災情報とする．本書の災害情報の質的転換とは，制度構築とシステム運用のために行政が提供する災害防災情報から，地域防災力強化を担う主体形成に資する災害減災情報への変化をいう．そして，ここでいう災害減災情報が人々を取り巻く環境を構築できるならば，人々の災害対応への積極的な関与を促進できるかもしれないし[3]，人々の災害対応への主体的な関わりが行政による減災へのさらなる対応策につながるだろう．

本書の目的は，災害防災情報から災害減災情報への情報の質的転換の「兆し」がすでに見られることを明らかにすることである．地域防災力の強化のためには，災害対応への人々の積極的かつ主体的な関与が望まれる．しかし，地域防災力の強化が従来からの防災意識の向上と防災訓練の実施にとどまるならば，人々の災害対応への積極的な関与に至らないかもしれない．多様で重層的な「ネットワーク集団」が行政から提供された災害情報を自ら積極的に利用できるならば，人々の主体的な関与への突破口となるだろう．本書においては，そのような兆しがどのようにみられるかを検証し，その検証過程で将来に向けての有益な知見を得ることが研究成果となる．

## 1．災害情報と災害対応の公共政策

災害情報の意味は様々であり使い方も多様であるが，ここでは包括的に捉えている．災害情報と聞いて最初に思いつくのは気象情報だろう．人々を取り囲む気象等に関する情報のうち，特に災害対応と関連の深い情報は次のとおりである．気象業務法第 13 条に基づいて気象庁が行う「一般の利用に適合する予報及び警報」がある．予想される現象が重大な災害を引き起こすおそれが大きく気象庁が定める基準に該当する場合，気象庁が気象業務法第 13 条の 2 に基づいて行う「気象，地象及び水象に関する情報」（特別警報）及び気象業務法第 14 条の 2 第 1 項に基づく「気象，津波，高潮及び洪水についての水防活動の利用に適合する予報及び警報」がある．特に洪水に関して水防法が規定する情報としては，気象業務法第14条の2第2項及び水防法第10条第2項に基づき「国土交通大臣と気象庁長官が共同して行う洪水予報」，水防法第16条第1項に基づき「国土交通大臣又は都道府県知事が行う水防警報」，気象業務法第14条の2第3項及び水防法第11条第1項に基づき「都道府県知事と気象庁長官が共同して行う洪水予報等」がある．

「一般の利用に適合する予報及び警報」は，気象業務法第4条にその種類が定められている．それらは，天気予報，週間天気予報，季節予報，地震動予報，火山現象予報，津波予報，波浪予報，気象注意報（風雨，風雪，強風，大雨，大雪等によって災害が起こるおそれがある場合に，その旨を注意して行う予報），地震動注意報，火山現象注意報，地面現象注意報（大雨，大雪等による山崩れ，地滑り等によって災害が起こるおそれがある場合に，その旨を注意して行う予報），津波注意報，高潮注意報，波浪注意報，気象警報（暴風雨，暴風雪，大雨，大雪等に関する警報），地震動警報，火山現象警報，地面現象警報（大雨，大雪等による山崩れ，地滑り等の地面現象に関する警報），津波警報，高潮警報，波浪警報，海面水温予報，海流予報，海氷予報，浸水注意報，洪水注意報，浸水警報，洪水警報である．また，気象業務法第13条の2に基づいて気象庁が行う「気象，地象及び水象に関する情報」（特別警報）としては，気象特別警報（暴風雨，暴風雪，大雨，大雪等に関する特別警報），地震動特別警報，火山現象特別警報，地面現象特別警報（大雨，大雪等による山崩れ，地滑り等の地面現象に関する特別警報），津波特別警報，高潮特別警報，波浪特別警報がある．

予報や警報といった類の災害情報が1952（昭和27）年制定の気象業務法に依拠している一方で，災害対策基本法に依る災害情報も多くある．災害対策基本法では，災害対応機関が情報を把握して共有し，必要な情報は住民等に伝達すると定めており，情報収集と伝達の重要性にふれている．以下に示す災害対策基本法第51条の条文からそのことが確認でき，第51条2項の地理空間情報への言及も注目される．法規では，災害情報の収集は基本的に災害対応機関での情報把握と機関どうしの情報共有のことであり，それらの情報の伝達対象として人々を位置づける程度である．しかしながら，情報利用を災害対応の主体形成の手法として意図する本書では，対象への伝達手段だけに留まらない情報利用の意義を見ようとしている．

> 災害対策基本法（情報の収集及び伝達等）
> 第五十一条　指定行政機関の長及び指定地方行政機関の長，地方公共団体の長その他の執行機関，指定公共機関及び指定地方公共機関，公共的団体並びに防災上重要な施設の管理者（以下「災害応急対策責任者」という．）は，法令又は防災計画の定めるところにより，災害に関する情報の収集及び伝達に努めなければならない．
> 2　災害応急対策責任者は，前項の災害に関する情報の収集及び伝達に当たつては，地理空間情報（地理空間情報活用推進基本法（平成十九年法律第六十三号）第二条第一項に規定する地理空間情報をいう．）の活用に努めなければならない．
> 3　災害応急対策責任者は，災害に関する情報を共有し，相互に連携して災害応急対策の実施に努めなければならない．

一般的な災害情報については，防災白書における体系的整理を参考にしつつ，広い意味での災害に関する一切の情報と定義することができる．具体的には，① 平常時の災害啓蒙情報，② 災害発生直前の災害予報・災害警報，③ 災害発生直後の災害避難情報，④ 復旧・復興過程の災害支援情報に分類できる．くわえて，情報の受け手と情報の目的による表 序-1 の分類も考えられ，さらには，災害に対する安全情報として，「いつ」「どこで」「どのように」危険があるのかについての危険に関する情報と，「いつ」「どこで」「どのように」回避するかの回避に関する情報を区別することもできる．災害情報の研究では，これらの分類に基づき詳細な研究がなされてきたが[4]，災害対応の主体の形成について災害情報からアプローチする研究はあまり多くない．

**表 序-1　災害時の情報の受け手と情報の目的からの災害情報の分類**

| | 重度被災地の居住者 | 軽度被災地の居住者 | 被災地域外の居住者 | 災害時要支援者 |
|---|---|---|---|---|
| 安全確保 | ○ | ○ | ○ | ○ |
| 安否確認 | ○ | ○ | | ○ |
| 救援 | ○ | ○ | ○ | ○ |
| 避難 | ○ | | | ○ |
| 生活 | ○ | ○ | | ○ |
| 避難生活 | ○ | | | ○ |
| 生活再建 | ○ | ○ | | ○ |
| 予定変更 | | | ○ | |
| 社会経済活動への波及 | | | ○ | |

（出所）内閣府「防災白書」をもとに著者が一部修正.

本書の研究は，災害情報を個別的に捉える研究からは距離を置き，政策過程に注目しながら災害情報に関わる実践的な展開を志向する研究としての独創性を有する．そのような本研究での災害情報の概念は，災害対応の活動主体の形成の可能性の探求を主眼とするため，災害と人々の関係において防災と減災の両者を捉えられるような広い災害情報の概念としている[5)]．そこでは，「災害情報が有効であるためには，情報が適切な防災・減災行動，避難行動に結びつくことが求められる」ことを考慮している[6)]．

日本の国土は地震や火山活動，豪雨や豪雪といった災害を受けやすい自然条件の下に位置するため，災害対応は発災時のみならず平常時においても優先順位の高い公共政策であろう．したがって，発災時には避難勧告などの災害情報が人々を「取り囲む」が，平時から様々な災害情報が人々を「取り巻いている」．「取り囲む」と「取り巻く」は辞書では同義であるが，本書では両者の表現を区別する．また，政府が提供する災害対応についての様々な災害情報から，減災への地域防災力強化の活動主体である人々が自ら利用できるような災害情報が「取り巻いている」状況を，どのように工夫できるかに興味がある．

以上のように災害情報を広く機能的に捉えるが，具体的な災害情報の１つとしてハザードマップに注目する．ハザードマップに注目する理由は，行政とは異なる災害対応の新たな主体として地域住民や組織を形成する手段となりうるといったハザードマップの可能性にある．災害におけるハザードマップの有用性については地理空間情報の研究において議論されてきたが，新たな災害対応の主体形成に資するハザードマップの利用に関する研究はあまりない．そのような意味から，本研究は地理空間情報の利用についての実践的研究を目指すとともに，災害危機管理の公共政策の研究との学際的な研究として位置づけられる．本研究と関連する先行研究としては，危機管理学の構築において特に自然災害に注目する災害危機管理の研究がある[7]．

公共政策学と本研究の関係も考慮する必要がある．災害情報を念頭に置きつつ災害対応の政策過程での活動主体の形成に注目する本研究と直接に関係する先行研究は見いだせないが，地域防災力での人々の活動を議論するものは多い．しかし，本研究では具体的な地域防災力の活動について，個々の具体的な政策についてのいわゆる in の知識ではなく，政策プロセスでの情報の意味を考える of の知識に注目する[8]．そのような政策過程の構造との関わりにおける情報について，政策実施のアクターである行政機関にとっての情報必要性を議論するものはあるが，実施の主体となる人々の活動のネットワークと情報について議論する研究はあまりない．本書では，新たな主体の形成には新たなネットワークが重要であり，人々を取り巻く災害情報を共有するネットワーク集団が多様で重層的に生じれば，地域防災力強化へ向けた災害対応の政策過程の変化での新たな起爆剤となる可能性があると考えた．

## 2．災害と人々の関係における災害情報の質的転換

災害対応についていくつかの疑問がある．「公助の限界」が認識されるなかで，災害対応における地域防災力の強化への方策が，従来からの防災意識の向上と防災訓練の実施では充分とは言えないのではなかろうか[9]．地域防災力強化に

関する「指針」は矢継ぎ早に示されるものの，「実際」の強化にはつながっていないのではなかろうか．そして，地域での災害対応に主体的に関わる集団の形成がうまく進んでいないのではないか．そのような疑問から，地域防災力強化を担う主体の形成には，様々な主体が災害情報を積極的に利用できることが必要と考え，その方策を模索することを本研究の目標とした．そこで，防災・減災のための災害情報が，行政をはじめとする災害対応機関が主体となって「見える化」することで役立つ情報から，人々や組織が積極的に自ら役立てる「見る化」に貢献する情報へと転換することに注目した[10]．そのような災害情報が，減災への地域防災力の強化に向けて変化することを災害情報の質的転換として捉え，それによって，次の２つの研究成果が得られるのではないかと考えた．

① 災害情報について災害防災情報から災害減災情報への質的転換に注目することで，日本の災害対応の全体像についての新たな視点を提供できる．
② 人々が積極的に災害対応に関わり地域防災力強化へと向かう可能性を秘めた「見る化」情報に注目することで，災害情報が減災へとつながる芽があることを示唆できる．

阪神・淡路大震災や東日本大震災などを経て，地域防災力強化による減災への災害対応の重視へと政策課題が変化している．日本の行政による防災対応策は，制度の構築と災害危機管理システムの整備・運用を主眼として進められている[11]．災害対応策の変化とともに，災害防災情報から災害減災情報への災害情報の質的転換を理解するための研究枠組みが図 序-1である．そこでの検証は，厳格な証拠に基づくというよりも，図 序-1のような理論的枠組みから現在起こりつつある現象を示すことである．本書の各部の検証仮説は以下のとおりである．

① 第Ｉ部では，日本の災害対応は問題解決のための制度構築を目指す前提に

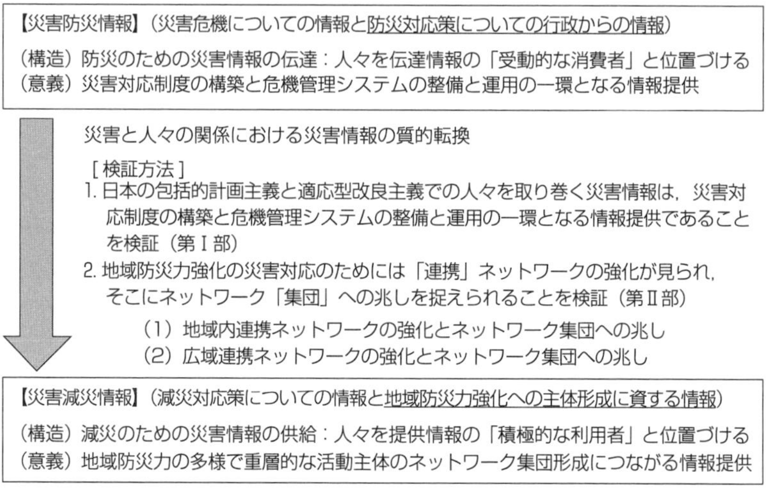

【災害防災情報】（災害危機についての情報と防災対応策についての行政からの情報）
（構造）防災のための災害情報の伝達：人々を伝達情報の「受動的な消費者」と位置づける
（意義）災害対応制度の構築と危機管理システムの整備と運用の一環となる情報提供

災害と人々の関係における災害情報の質的転換

［検証方法］
1. 日本の包括的計画主義と適応型改良主義での人々を取り巻く災害情報は，災害対応制度の構築と危機管理システムの整備と運用の一環となる情報提供であることを検証（第Ⅰ部）
2. 地域防災力強化の災害対応のためには「連携」ネットワークの強化が見られ，そこにネットワーク「集団」への兆しを捉えられることを検証（第Ⅱ部）
（1）地域内連携ネットワークの強化とネットワーク集団への兆し
（2）広域連携ネットワークの強化とネットワーク集団への兆し

【災害減災情報】（減災対応策についての情報と地域防災力強化への主体形成に資する情報）
（構造）減災のための災害情報の供給：人々を提供情報の「積極的な利用者」と位置づける
（意義）地域防災力の多様で重層的な活動主体のネットワーク集団形成につながる情報提供

**図 序-1　災害と人々の関係における災害情報の質的転換の検証枠組み**
（出所）筆者作成.

立って，「災害対応の制度構築における災害防災情報が人々を取り巻いている」との仮説を検証する.

そこでは，行政による制度構築と災害危機管理システムの整備・運営の災害対応策のこれまでの推進を踏まえて，今日的課題である地域防災力の強化を目指す行政の「指針」がどのようであるかがわかる.

② 第Ⅱ部では，地域防災力の強化に向けてはネットワークに注目する災害対応が役立つことを前提として，「減災へのネットワーク志向をネットワーク集団形成への兆しとして捉えることができる」との仮説を検証する.

そこでは，地域防災力の強化の「指針」から，災害対応への「志向」の芽が防災活動の主体となるネットワーク集団の形成へと「実際」に向かうような，災害防災情報から災害減災情報への「転換」を予感させる.

防災での「公助の限界」からの地域防災力強化による減災への行政による期待は，人々や組織のネットワークによる災害対応を求める形として表象する.

災害対応におけるネットワーク志向は災害情報のあり様に反映する．減災への災害情報の質的転換は，災害リスクに関する情報が一般公開され，人々を受動的な消費者と想定する災害防災情報を整備する制度的な要請のもとに，連携ネットワークの強化が政府によって意図されるところから始まる．そして，減災活動の主体となるネットワーク集団の形成による地域防災力の向上に資するような，人々を積極的な利用者と想定する災害減災情報の整備提供へと進展することで，災害減災情報への質的転換に至る[12]．本書では，災害リスクに対する対応と災害リスクに関する情報は相互に関連していると仮定する．地域防災力強化への対応の変化と関連して，受動的な消費者としての人々に提供される災害防災情報による「見える化」から，提供された災害減災情報を人々が自主的に利用する「見る化」への，災害と人々の関係における災害情報の機能についての質的転換は必要だろう．それには，図 序-1の「連携」ネットワークへの強化とネットワーク「集団」への兆しが重要な意味を持つ．第Ⅱ部でのそのような検証のための前提となるのが，第Ⅰ部での検証といった枠組みになっている．

## 3．地域防災力強化に向けてのネットワーク集団と「見る化」情報の意義

本書の主題である災害防災情報から災害減災情報への質的転換を捉えるための鍵となる概念は，ネットワークである．ネットワークという言葉は，コンピュータ・ネットワークのように網の目のつながりを指す言葉として使われる．災害については，災害に備えるネットワークのように，NPOや福祉・環境・人権など異なる分野で活動する団体の「連携」などを指す言葉として使われることが多い．本書では，一般的に使われるような組織間の網の目の連携自体ではなく，ネットワークで形成される集団のあり様に注目する[13]．そのような視点からの災害対応のネットワークについて，市町村の地域内ネットワークと市町村を超える広域ネットワークを区別する．そこでは，ネットワークを地域防災力強化のための災害減災情報の共有の基盤と捉える．災害対応の第一義的責務のある基礎自治体の域内で，住民個々人がつながる多数の連携ネットワーク

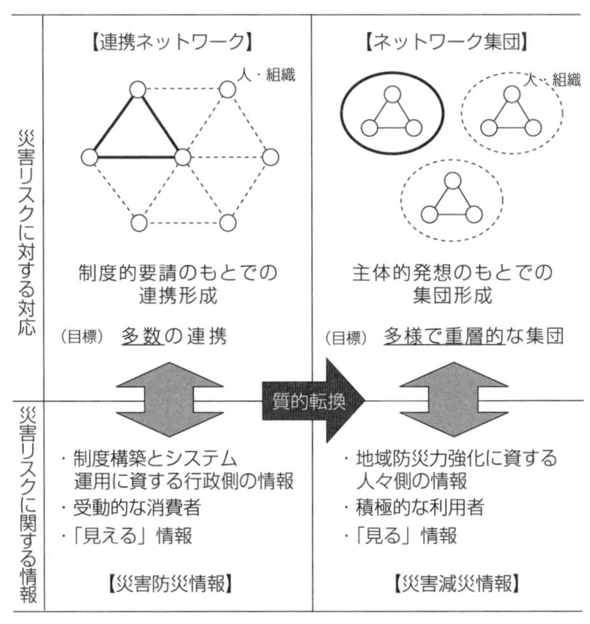


**図 序-2　災害情報の質的転換における連携ネットワークとネットワーク集団**

(出所)　筆者作成.

が構築され，そこで形成される多様なセクターをネットワーク集団と呼ぶ．図序-2にそのような「連携」ネットワークとネットワーク「集団」の違いを示している．くわえて，災害対応での連携ネットワークとネットワーク集団の構造的な違いと，災害防災情報と災害減災情報の違い（図 序-1を参照）との組み合わせにおける災害情報の質的転換を図示している．この連携ネットワークとネットワーク集団の概念図が，第Ⅱ部の議論の基礎になる．

ネットワーク集団の多様性と重層性が，災害対応への人や組織の主体的な関与による地域防災力の向上に資すると考える．現行の政策において行政が推進する連携ネットワーク形成であっても，災害防災情報の共有の促進に災害減災情報を主体的に利用するネットワーク集団の形成へとつながる可能性が見られないわけではない．ネットワーク集団の形成につながる兆しとして災害防災情報から災害減災情報への質的転換に至るなら，地域防災力の強化は行政による「指針」から「実際」への可能性を増す．そのような地域減災情報が人々を取り巻くことで，ネットワーク集団が積極的に情報を利用する活動も現れるだろう．市町村の地域内ネットワークにおいて住民が多様につながるセクターを形成するのと，市町村を超えた広域でのそれぞれの重層的なつながりのセクター形成には違いがあると考える．いずれにも「多様」と「重層」の要素はあると思われるが，それらに違いがあると見て地域内ネットワークと広域ネットワークの特徴を区別する．

本書では，市町村内もしくは広域のいずれのネットワーク集団においても，災害防災情報から災害減災情報への災害情報の質的転換への兆しが見えることを示そうと思う．行政の役割は統一的な秩序の下での公共政策の実施を図ることであり，ともすれば，自由で主体的なネットワークを避けて効率的なシステム運営と安定した制度の構築に向かいがちになる．だからこそ，災害情報の質的転換の兆しが地域防災力強化の「実際」へとつながる可能性を追求しなければ，「指針」の提起が効果を発揮できない局面を迎えることになるだろう．被災の影響が長期化して地域の崩壊につながりかねないとき，地域再建への地域防災力の強化が注目される．「自分ごと」として個人が主体となる防災対応は一人ひとりの意識と行動に依拠しており，啓発のあり方などの検討は必要だが，基本的に個人の意思決定の問題である．一方で，地域団体を主体とする防災・減災・再建が地域防災力の強化を左右するため，自治会などの地域コミュニティとそこに立地する地域企業が地域防災力強化にどのようにつながるかが注目される．そのようなコミュニティと企業とのつながりは，多様・重層的かつ主体的なネットワーク集団の形成が災害情報の質的転換の「兆し」から地域防災力強化の「実際」へとつながる鍵となるかもしれない．

注

1）廣井脩編著『災害情報と社会心理』北樹出版，2004 年，13-14 頁によれば，阪神・淡路大震災では災害情報における問題から国や自治体の初動体制が遅れたことが問題視され，震災後に震度観測ネットワークと被害情報早期収集システムといった災害情報の整備が進められた．

2）本書のキーコンセプトである災害防災情報と災害減災情報は，防災と減災の区別に基づいている．しかし，一般的には防災を生活再建までをも含む広い概念として捉え，減災をも含めて防災を議論する場合も多い．たとえば，牧は巨大災害を乗り越えるための課題を防災として議論する（牧紀男『復興の防災計画——巨大災害に向けて——』鹿島出版会，2013 年，80-81 頁，169-170 頁）．また，阪神・淡路大震災や東日本大震災の経験を踏まえての転換のキーポイントが「防災から減災へ」「防災対策から危機管理へ」「行政主導から連携協働へ」にあるとして，防災は被害を防ぐこと，減災は被害を減らすこととしている（室﨑益輝「東日本大震災から見えてきた『減災行政』の課題」『年報行政研究』48 号，ぎょうせい，2013 年，39 頁）．本書ではそれらを参考に，防災は「災害を防ぐこと」で減災は「被災の影響を減じること」と区別する．詳細については，松岡京美・村山徹編『災害と行政——防災と減災から——』晃洋書房，2016 年，202-204 頁を参照されたい．

3）吉井博明「災害情報の提供による防災対策の促進効果」田中淳・吉井博明編『災害情報論入門』弘文堂，2008 年，124-126 頁では，災害情報が防災対策に及ぼす影響の波及過程に関する概念図が示されており，災害広報，災害イベント，災害関連行政資料，災害文化などが地域住民や住民組織等を取り巻いている状況が描かれている．また，田中隆文編著『想定外を生まない防災科学——すべてを背負う「知の野生化」——』古今書院，2015 年，65-67 頁は，検証が不十分な情報であっても公表しないデメリットより公表するメリットの方が大きく，吟味した情報だけを専門家が発信する時代は終わりつつあると指摘している．矢守克也「言語行為論から見た災害情報——記述文・遂行文・宣言文——」『災害情報』No.14，2016 年，1-9 頁は，災害情報がその目的のもとに有効に機能するためには，状況を言語として記述する「記述文」と，発せられた言語に基づき状況を変化させる「遂行文」の両側面を併せ持つ「宣言型アプローチ」が適切と述べる．そして，そういった宣言型アプローチの災害情報は，宣言文に対する関係各位の感覚的同意が必須であり，宣言する本人が宣言を発する行為に関与している必要があると述べる．つまり，災害情報は人々を受け手とするだけでは不十分であることが言語行為論から解釈できる．

4）災害情報の定義に関する研究は以下のとおりである．池田謙一「災害時の情報ニーズ」東京大学新聞研究所編『災害と情報』東京大学出版会，1986 年，130-132 頁は，災害情報の機能区分として，ものごとを知ること自体を自己目的化するコンサマトリー性と，ある情報を知ることが何らかの意味で道具的な使用価値を持つといった道具性について説明する．廣井脩『災害情報論』恒星社厚生閣，1991 年，6-8 頁は，事実にかかわる一切の情報である認知情報と，特定の行動の奨励あるいは禁止を表す行動指示情報とに災害情報を分類する．田中淳「災害情報論の布置と視座」田中淳・吉井博明編『災害情報論入門』弘文堂，2008 年，20-24 頁は，災害情報について，「すべての人を守る情報」,「入手され，利用される情報」,「相互理解に基づき共有される情報」,「行動に結びつく情報」,「減災に資する情報」の５つの目的と視座を示している．また，災害情報論の今後の課題として，関心の個人差に起因する知識量のギャップ，求められる情報の多様性に対する適応の必要性をあげている．牛山素行『豪雨の災害情報学』古今書院，2008年，12頁は，災害情報の定義として，防災および減災のために必要とされる情報についてその内容・送り手，受け手，伝達方法，情報伝達システム等までを含むとしている．平塚千尋『災害情報とメディア 新版』リベルタ出版，2012年，138-139頁は，被災地内と被災地外という空間的広がりから必要となる災害情報を，次のとおり整理している．避難誘導情報，緊急・ライフライン・一般の生活情報，医療や行政情報は，被災地内を情報圏とする災害情報とし，被災地内外を結ぶ情報としては，安否情報，生活物資の不足といった救援情報，遠隔地避難やボランティアに関する情報をあげている．また，被災地外を結ぶ情報としては，支援やボランティア情報，その組織化情報，内外問わず全域を情報圏とする災害情報としては，地震・津波情報，余震情報，被害情報といった具合に整理している．大野隆造「災害の行動科学」大野隆造編『地震と人間』朝倉書店，2007年，43頁は，災害に関する情報ニーズの経時的変化から，つぎのとおりまとめている．

| 時期 | 必要な情報 |
|---|---|
| 平常時（準備・対策期） | 居住地の災害リスク情報，防災対策情報 |
| 警戒期 | 災害予知情報，行動指示情報（事前避難） |
| 災害発生 | |
| 発災期 | 被害の状況・規模の情報，行動指示情報（二次災害防止） |
| 避難・救援期 | 安否情報，インフラ・建物の安全確認情報 |
| 復旧・復興期 | 生活再建情報，復興計画情報 |

吉井博明「災害と情報――問われる自治体の情報力――」市町村アカデミー監修『防災対策と危機管理』ぎょうせい，2005年，145-147頁は，災害情報を災害リスク情報と防災対策関連情報に区分している．そして，平常時・警報期・応急対策期，避難期，復旧・復興期の下表の５つの段階での災害情報を整理している．

| | 平常時 | 警報期 | 応急対策期 | | 避難期 | 復旧・復興期 |
|---|---|---|---|---|---|---|
| | | | 発災期 | 被害拡大期 | | |
| 災害リスク情報 | 震度予想マップ，被害想定結果 | 津波警報，大雨・洪水警報，記録的短時間大雨情報 | 火災延焼情報，破堤情報，大雨情報，河川水位情報 | | 応急危険度判定，余震情報 | 余震情報，崖崩れ危険情報 |
| 防災対策関連情報 | 住宅耐震化，防災まちづくり情報，応急対策準備 | 避難呼びかけ（勧告・指示） | 避難呼びかけ情報（勧告・指示），消火・救出等の応急対策活動情報 | | 救援情報，安否情報 | 応急処理，各種支援情報 |

5）牛山素行『豪雨の災害情報学』古今書院，2008年，163-164頁は，災害情報を災害対応の「実際」において役立つものとする技術の１つとして，防災ワークショップに注目している．災害情報は「技術開発」だけでは効果に結びつきにくく，「人との関わり

方」が今後の課題となることを指摘する．片田敏孝「災害情報リテラシー――災害情報を主体的に活用してもらうには――」『災害情報』No.7，2009 年，1 頁よれば，行政による過度な情報提供は本来の防災主体である住民の主体性を失わせ，「他人任せ」な態度を助長する．自らの主体的行動として情報が活用されるためには，情報の特性を理解し自らで賢く使いこなす情報リテラシーの醸成が必要と述べる．

6）災害情報の概念は広く，災害に関する一切の情報と定義される．本書の研究の射程が災害と人々の関係についてであることから，日本災害情報学会編『災害情報学事典』朝倉書店，2016 年，260 頁に言及される防災と減災についての人々の行動に結びつく災害情報の有効性に注目する．ここでは，災害情報について，上子秋生「発災への行政」松岡京美・村山徹編『災害と行政――防災と減災から――』晃洋書房，2016 年，38-42 頁を参考に，法規に基づく災害情報を検討し，次に，防災白書や内閣府が公表する資料から，今日の災害情報の捉え方を見ている．

7）本書の研究に直接に関わる先行研究は少ない．本書が主題とする災害と安全についての災害情報の質的転換はこれまでにあまり議論されておらず，固有の研究領域に属する研究テーマではない．それでも，東日本大震災後に発表された以下の 3 つの論文が本書の研究の出発点にはある．前掲の室﨑「東日本大震災から見えてきた『減災行政』の課題」42-44 頁は，防災対策から危機管理への転換に対するリテラシーの必要性を指摘する．森田朗「東日本大震災の教訓と市民社会の安全確保」『年報行政研究』48 号，ぎょうせい，2013 年，58-61 頁は，災害対応を総合的かつ複合的な活動であるとして整理しており，リスク管理から危機管理，さらに復興への一連の過程に注目する．佐野亘「東日本大震災が公共政策学に問いかけること――従来型政策パラダイムからの脱却に向けて――」『公共政策研究』第 11 号，2011 年，40-41 頁は，価値選択の問題についての指摘であり，「量」の問題に還元しがちなところで「質」の問題への視点の必要性を議論することから示唆を得ている．本書の研究は，これらの先行研究の論点について，人々を取り巻く災害情報という新たな視角から考えようとしている．

8）行政の災害対応に関する情報を研究対象としている．具体的な政策も例示するが，個々の政策に興味があるのではなく，災害対応の公共政策のプロセスを捉えて，そこでの災害情報と政策過程の変化に注目する．宮川公男『政策科学の基礎』東洋経済新報社，1994 年，19-20 頁は，ラスウエルの政策志向についての 2 つの志向性を，of の知識と in の知識に関連付けて説明している．ラスウエルの of の知識と in 知識については，Harold D. Lasswell, *Preview of Policy Sciences*, American Elsevier, 1971, p.1 を参考としている．災害情報の研究は，公共政策の政策過程における人々と災害対応政策との関係に関わる of の知識を増すことにつながる．公共政策を「公共問題を解決するための，解決の方向性と具体策」と捉える（秋吉貴雄・伊藤修一郎・北山俊哉『公共政策学の基礎』有斐閣，2010 年，4 頁）．また，ラスウエルとカプランの公共政策の定義「目標，価値，実践について計画したプログラム」，あるいはダイの定義「政府によって，行動する，もしくは行動しないと決定されたものすべて」も本書では参考にしている．Thomas R. Dye, *Understanding Public Policy*, Prentice Hall, 1972, p.1, pp.32-33 の議論に立脚すれば，災害情報の対象を，政府プロジェクトなどを含む災害対応の問題設定から政策形成，政策実施，政策評価を含む災害対応と広く設定しても差し支えないだろう.

9）現在の日本の災害対応について本書で注目するのは，公助の限界と地域防災力強化である．平成26年版の防災白書において「共助による地域防災力の強化～地区防災計画制度の施行を受けて～」といった特集が組まれていることからも，公助の限界と地域防災力強化が今日的課題であることがわかる．東日本大震災後は地域防災力の活動事例が紹介されることも多いが，東日本大震災前は，災害対応を網羅的に整理する災害対策制度研究会刊行の『新日本の災害対策』においても地域防災力の記述はない．前掲の『災害情報学事典』でも地域コミュニティの防災を担う自主防災組織の共助についての記述はあるが（230頁），地域防災力は企業の自助との関係で一言のみ言及される程度である（379頁）.

10）一般的には「見える化」は可視化と同義で使われることが多い．元来は，自動車の生産ラインで異常を知らせる生産現場の取り組みといったビジネス用語として使われ始めたと言われている．最近では，2016（平成28）年5月の刑事訴訟法改正法成立に伴い，警察官・検察官が被疑者を取り調べる状況を録音・録画し，当事者以外の関係者にも取り調べの内容を分かるようにすることが議論された．災害情報に関わっては，原子力政策における情報公開について，福島第一原発事故を踏まえて緊急時の情報収集・普及の制度の構築の必要性が指摘される（高村ゆかり「情報に対する権利の国際的保障の展開と原子力政策」『公共政策研究』第14号，2014年，99頁）．また，三木由希子・山田健太編著『社会の「見える化」をどう実現するか――福島第一原発事故を教訓に――』専修大学出版局，2016年，118-122頁は，情報公開請求の視点から「見える化」に注目する．本書では，人々に見えるように災害情報が人々を取り巻くことを「見える化」と広く捉え，そのような災害情報を人々が自ら役立てることを「見る化」と呼んでいる.

11）制度構築における制度の定義を，「行動の規則性を共振的に生じさせる社会的変数（制度的要素）の体系」とする（アヴァナー・グライフ，（河野勝訳）「歴史比較制度分析のフロンティア」河野勝編『制度からガヴァナンスへ――社会科学における知の交差――』東京大学出版会，2006年，27頁）．つまり，制度の定義を，可能な行動ルールに従うよう人々を仕向けるものと捉える．社会問題の解決のためにそのような制度を構築することが政策の目標となる．経済学の制度主義からではあるが，宇沢弘文『社会的共通資本』岩波書店，2015年（2000年），20-24頁のいう社会全体の共通資産として管理運営される公共的な制度も，本書での制度構築とシステム整備に通じる．中邨章・市川宏雄編著『危機管理学――社会運営とガバナンスのこれから――』第一法規，2014年，27-28頁によると，危機管理という言葉が自然災害の被害対応に使われたのは阪神・淡路大震災以降である．東日本大大震災後の危機管理のポイントと概念の整理については，前掲の森田朗「東日本大震災の教訓と市民社会の安全確保」が詳しい.

12）片田敏孝『人が死なない防災』集英社，2012年，224-227頁は，自助に関して，受け身な自助と内発的な自助があることを指摘する．そして，人々の側としては，行政から提供された情報に基づき指示されたから避難するといった姿勢ではなく，行政の側としては，避難者の主体的な姿勢をサポートするような情報提供が必要と述べ，災害情報は行政と住民の関係構造の問題と述べる.

13）ネットワーク集団の概念に関連して，黒田由彦『ローカリティの社会学――ネットワーク・集団・組織と行政――』ハーベスト社，2013 年，22 頁，84 頁，91 頁は，地域社会の集団に注目している．そして，異なる質を持つ複数の縦横に張りめぐらされた町内横断的なネットワークの多層性，複数のネットワークの重層性が，ソーシャル・キャピタルのような「見えない資源」になるとしている．政策過程におけるソーシャル・キャピタルの議論については，辻中豊「政策過程とソーシャル・キャピタル――新しい政策概念の登場と展開――」足立幸男・森脇俊雅編著『公共政策学』ミネルヴァ書房，2003 年，273 頁が，ロバート・パットナムのソーシャル・キャピタル論を説明している．市民的積極参加のネットワークが社会関係資本の本質的形態の 1 つであり，社会に有益な結果をもたらすことについては Robert D. Putnam, *Making Democracy Work: Civic Traditions in Modern Italy*, Princeton University Press, 1993, p.97 がある．災害対応におけるソーシャル・キャピタルについては平成 26 年版の防災白書でも具体的に言及されており，本書では，ソーシャル・キャピタルも踏まえつつ，形成されるネットワーク集団が災害情報を積極利用する主体になると仮定し，主体形成に向けての方策の可能性を地理空間情報の新たな利用方法として視野に置いて議論している．

# 第Ⅰ部

# 人々を取り巻く災害情報

日本の災害対応の公共政策は，災害に関わる問題解決のための制度の構築を目指してきた．その前提に立って，第１章で検証を試みる仮説は，「災害対応の制度構築における災害防災情報が人々を取り巻いている」である．厳密な仮説検証ではないが，人々を取り巻くいくつかの災害防災情報を証拠として示して，人々がそのような情報を知ることができる状況を明らかにする．そこからは，災害対応の日本の特徴とその対応策についての情報の現状がわかる．それは，本書の主題である災害防災情報から災害減災情報への質的転換によって，減災への地域防災力強化へと向かう新たな可能性を検討する出発点を確認するものである．災害情報が災害対応策の変容に呼応すると同時に，災害情報の変化が新たな災害対応策の展開に反映すると仮定している．したがって，人々を取り巻いている災害情報の変化を見ることで，日本の災害対応の特徴が明らかになり，日本の災害対応の今後を展望できると考えている．

序章で述べたように，本書での災害情報は広義な情報と定義する．災害と人々の関係において災害と安全の情報を考えようとする本書の災害情報は，行政の側に関わる情報と人々の側に関わる情報の２つのカテゴリーに区別することができる．図Ⅰ-1には，災害情報が人々を取り巻き・取り囲むイメージを示している．行政側の情報と人々側の情報の区分には，政策プロセスについてのofの知識と政策におけるニーズの情報などのinの知識が，災害対応の政策決定において必要とのラスウェルの議論を参考にしている．図中の災害対応についての人々の意識の情報は人々側の情報であり，政策の意思決定においては，対応策に対する人々のニーズがどのようであるかを行政が知るために重要である．一方，行政の側に関わる災害対応についての情報は，行政の災害対応策がどのような政策プロセスにおいて行われているかの情報であり，災害対応の制度構築と災害危機管理システムの整備・運営に不可欠な情報である．

行政の側に関わる情報と人々の側に関わる情報のすべてが，人々を取り巻く災害情報である．図Ⅰ-1に示すように，人々を取り巻く災害情報は人々が知っ

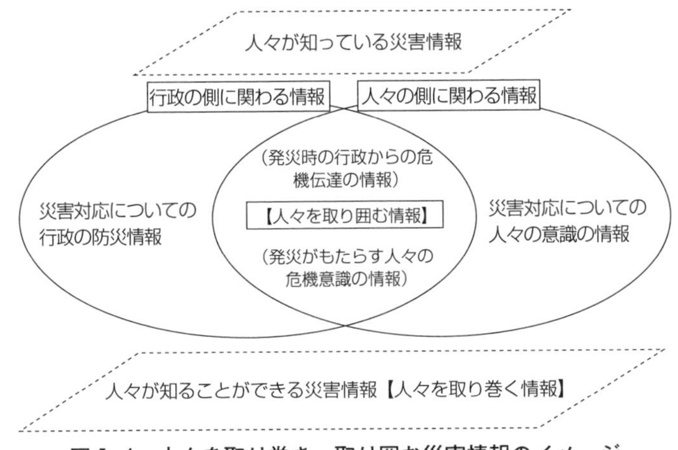


**図Ⅰ-1　人々を取り巻き・取り囲む災害情報のイメージ**

（出所）筆者作成.

ている災害情報だけとは限らない．本書で注目する災害情報は，人々が知っているか否かにかかわらず，人々が知ろうとすれば知ることが可能な情報である．また本書では，人々を「取り巻く」災害情報を，人々を「取り囲む」災害情報と区別して用いる．図中に示す行政の側に関わる情報と人々の側に関わる情報との重なる部分が，人々を取り囲む情報である．たとえば，行政の側に関わる情報としては，発災時の洪水リスクや避難勧告のような行政からの危機伝達の情報がある．そして，人々の側に関わる情報としては，発災時にメディアを通じて人々が見聞きする発災がもたらす人々の危機意識の情報がある．

人々を取り巻きあるいは人々を取り囲むそれらの災害情報が，これまでの日本の災害対応の変容に呼応している．したがって，災害防災情報が人々を取り巻く状況の検証のため，災害対応についての行政の防災情報，発災に関連する行政・人々の情報，災害対応についての人々の意識の情報を第1章で取り上げる．第1章で取り上げるいくつかの災害情報の事例からは，これまでの日本の災害対応の基本理念が何を目指してきたかを知ることができ，行政による災害対応のプロジェクトやプランからは，災害対策の展開におけるネットワークへの「志向」や，多様な人々が主体的に参画することを求める「指針」への変化の兆しを見ることができる．第2章では，災害情報の具体例として，災害リスクの伝達ツールとして普及するハザードマップに注目する．ハザードマップは災害リスクの「見える化」への貢献が大きいが，ハザードマップのそのような特徴を踏まえて，災害対応に人々が主体的に関わるための災害情報の「見る化」の議論へとつなげる．

第Ⅰ部「人々を取り巻く災害情報」が，第Ⅱ部「災害と人々の関係の変化の兆し」についての議論の前提となっている．本書の主眼は，減災への地域防災力強化に向けて人々の主体的な関与の可能性を検討する第Ⅱ部にある．何をどのようにすれば減災への人々の活動の主体性を促進できるかが研究課題である．人々の主体的な関与のためには，災害と人々の関係においてどれだけ多種多様な災害情報で人々を取り巻くかが重要と考える．本書での主体性とは，防災活動の推進において人々が動員されるのではなく，自らが判断して活動することである．そして，人々の主体的な関与の判断の土壌となるのが，人々を取り巻く災害情報であり，行政の側に関わる情報と人々の側に関わる情報に区分した人々が知ることのできる災害情報である．日本の災害対応の今後の展開が，災害防災情報から災害減災情報への質的転換を伴いながら，人々を取り巻くどのような災害情報の下で進みつつあるかを，第Ⅰ部では例示する．

# 第1章
# 日本の災害対応と防災制度構築の災害情報

防災は自然災害に対応するための公共政策である．もちろん個人による対処もあるが，自然災害による影響の広がりと大きさから，防災は社会問題として認識される．公共政策は，「個人や企業では解決できない問題に対する政府のとる問題解決の技法」と一般的に定義される[1]．いつ発生するかわからない自然災害に対して，国と地方政府は常に災害予防・事前対策を講じ，いったん災害が発生すれば発災時の災害応急対策を行い，続けて災害復旧・復興対策を実施する．長年にわたり継続して防災計画を整備し，防災会議で方針を検討しながら災害対策を推進してきている．そのような日本の災害対応の行政は，一連の防災政策の継続のように思われることもあるが，実際には，包括的計画主義の下での適応型改良主義で漸進的に変化してきている[2]．その変化に注目することが災害と行政についての日本の状況を知るには重要である．そして，人々の周りにある災害に関わりのある様々な情報が，その変化を知る手がかりの1つとなる．そこで，先の図Ⅰ-1の区分に従って，行政による災害対応についての防災情報と，災害対応についての人々の意識に関わる情報を含めて，災害と人々の関係における災害情報を概観する．

公共政策が社会の問題解決を目指す以上，社会の問題が変化すればその解決策も変化する．備えるべき主な自然災害が風水害，地震・津波，火山，雪害であるのは変わらないが，その頻度や大きさが変化するのみではなく，もたらす社会的な影響のあり方の変化が，解決すべき問題を変容させる．くわえて，少子高齢化と低成長社会での公共政策の財源の脆弱化は，解決すべき問題とともに解決策の技法にも変化をもたらす．ここでは，その変化を復旧から復興および減災への理念の拡大と，公助から共助への方法の拡大とする．そして，減災と共助への変化が，本書で後に議論する地域防災力強化のネットワーク志向に基づく防災情報から減災情報へと災害情報の質的転換の土壌となっている．

そのような視点に基づき，本章では「災害対応の制度構築における災害防災情報が人々を取り巻いている」との仮説の検証のため，防災の法制度についての情報，防災体制の組織と計画の情報，復興と減災の災害危機管理システムの整備と運営の情報といったいくつかの災害情報を例示する．さらには，災害への対応策が防災体制の制度構築のプロジェクトから減災と共助を模索する新たなプランへと推移していることにも注目する．

## 第1節　災害対応についての行政の防災情報

### 1-1．防災の法制度についての情報が人々を取り巻く

公共政策は，一般的には法律となって政策形成され，ガイドラインや通知などを通じ，行政の政策実施で具体化する．災害の発生によって明らかになった問題の解決に向けて，以上のような政策過程における既存の法規の改正や新たな法規の制定が行われる．表1-1は，災害の発生によって制定された主要な法律を示している．日本の災害対応の戦後の出発点となるのが災害救助法と水防法であり，その後，激甚災害法などが加わって今日の災害応急対策に至っている．災害対応の制度構築については，甚大な被害をもたらした伊勢湾台風，阪神・淡路大震災，東日本大震災での防災法制度の変化が注目される．なかでも，1959（昭和34）年の伊勢湾台風の後の1961（昭和36）年に制定された災害対策基本法は，防災行政の責任の明確化と総合的かつ計画的な防災行政の推進を定めており，それまで分立していた災害関連の法規をまとめた災害対策の基本となる法律となった．災害対策基本法の制定から，包括的計画主義の日本の災害対応が出発したといえる．

大規模災害による被害を踏まえつつ，漸進的かつ継続的な見直しが行われて

## 表1-1　災害対策に関する主な法律と制定・改正の一覧

| | 法　規 | 制定・改正の経緯 |
|---|---|---|
| 基本法 | 災害対策基本法<br>（昭和36年法律第223号）<br>（内閣府，消防庁） | 1959年伊勢湾台風後に制定<br>1995年阪神・淡路大震災後に一部改正<br>2011年東日本大震災後に一部改正 |
| | 南海トラフ地震に係る地震防災対策の推進に関する特別措置法<br>（平成14年法律第92号）<br>（内閣府，消防庁） | 東日本大震災の影響により改正 |
| | 東日本大震災復興基本法<br>（平成23年法律第76号）<br>（復興庁） | 2011年東日本大震災後に制定 |
| | 福島復興再生特別措置法<br>（平成24年法律第25号）<br>（復興庁） | 2011年東日本大震災後に制定 |
| | 首都直下地震対策特別措置法<br>（平成25年法律第88号）<br>（内閣府，消防庁） | 東日本大震災の影響により制定 |
| 災害予防 | 津波対策の推進に関する法律<br>（平成23年法律第77号）<br>（内閣府） | 2011年東日本大震災後に制定 |
| | 津波防災地域づくりに関する法律<br>（平成23年法律第77号）<br>（国土交通省） | 2011年東日本大震災後に制定 |
| 災害応急対策 | 災害救助法<br>（昭和22年法律第118号）<br>（国土交通省） | 1946年南海地震後に制定 |
| | 水防法<br>（昭和24年法律第193号）<br>（国土交通省） | 1945年枕崎台風と1947年カスリーン台風後に制定<br>2000年東海豪雨後に一部改正<br>2004年新潟・福島豪雨後に一部改正<br>2011年東日本大震災後に一部改正 |
| 災害復旧・復興、財政金融措置 | 激甚災害に対処するための特別の財政援助等に関する法律<br>（昭和37年法律第150号）<br>（内閣府） | 1959年伊勢湾台風後に制定 |
| | 災害弔慰金の支給等に関する法律<br>（昭和48年法律第82号）<br>（厚生労働省） | 1967年羽越豪雨後に制定 |
| | 被災者生活再建支援法<br>（平成10年法律第66号）<br>（内閣府） | 1995年阪神・淡路大震災後に制定 |
| | 東日本大震災復興特別区域法<br>（平成23年法律第122号）<br>（復興庁） | 2011年東日本大震災後に制定 |
| | 大規模災害からの復興に関する法律<br>（平成25年法律第55号）<br>（内閣府） | 2011年東日本大震災後に制定 |
| 組織 | 復興庁設置法<br>（平成23年法律第125号）<br>（復興庁） | 2011年東日本大震災後に制定 |

（出所）内閣府資料をもとに筆者作成.

いる．阪神・淡路大震災後の一部改正では，ボランティアや自主防災組織による防災活動の環境整備，自衛隊の災害派遣要請の法制化等がなされた．東日本大震災後の一部改正では，大規模災害の広域対応，防災教育の強化や多様な主体の参画による地域防災力の向上などが示された．さらに，被災者支援の充実，住民等の円滑安全な避難の確保，大規模広域な災害に対する即応力の強化，平素からの防災対策の強化等がなされた．そのような改正とは別に，災害弔慰金の支給等に関する法律に加えて，阪神・淡路大震災後に制定された被災者生活再建支援法などは，被災者の個人補償による復旧から復興への防災政策の基本理念の拡大にも関係する興味深い変化である．また水防法もたびたび改正され，2000（平成12）年以降の浸水想定区域の公表や指定対象区域の拡大など，災害情報の提供に資するハザードマップの活用から，減災への手法としての利用の拡充という意味でも注目される．そこには，新たな課題に対して改良を加える適応型改良主義の災害対応があり，それにまつわる災害情報の変化が人々を取り巻いている．

### 1-2. 防災体制の組織と計画についての情報が人々を取り巻く

日本の防災体制の中心は内閣府にあり，特命担当大臣である防災担当大臣が行政各部の防災施策の統一を図っている．橋本政権から小泉政権に至る行政改革による中央省庁再編（2001）と内閣主導の強化の流れとも呼応して，防災体制においても，防災に関する基本的な政策立案，大規模災害発生時の対処に関する企画立案および総合調整などが内閣府を中心に行われている．東日本大震災からの復興に関しては，内閣に設置されている復興庁が内閣官房とともに内閣の事務を行っており，復興庁の地方機関として復興局が岩手県，宮城県，福島県に置かれている．復興庁は，東日本大震災復興基本法に基づく復興庁設置法において，2021年3月31日までに廃止されることが定められている．

緊急時および平時の日本の災害対策全般については，災害対策基本法をはじめとする災害対策法制により，災害予防・事前対策，災害応急対策，災害復

**1 防災に関する理念・責務の明確化**
- 災害対策の基本理念―「減災」の考え方等、災害対策の基本明確化
- 国、都道府県、市町村、指定公共機関等の責務―防災に関する計画理念の作成・実施、相互協力等
- 住民等の責務―自らの災害への備え、生活必需品の備蓄、自発的な防災活動への参加等

**2 防災に関する組織**―総合的防災行政の整備・推進
- 国：中央防災会議、非常(緊急)災害対策本部
- 都道府県・市町村：地方防災会議、災害対策本部

**3 防災計画**―計画的防災対策の整備・推進
- 中央防災会議：防災基本計画
- 指定行政機関・指定公共機関：防災業務計画
- 都道府県・市町村：地域防災計画
- 市町村の居住者等：地区防災計画

**4 災害対策の推進**
- 災害予防、災害応急対策、災害復旧という段階ごとに、各実施責任主体の果たすべき役割や権限を規定
- 市町村長による一義的な災害応急対策(避難指示等)の実施、大規模災害時における都道府県・指定行政機関による応急措置の代行

**5 被災者保護対策**
- 要支援者名簿の事前作成
- 災害時における避難所、避難施設に係る基準の明確化
- 罹災証明書、被災者台帳の作成を通じた被災者支援策の拡充
- 広域避難・物資輸送の枠組みの法定化

**6 財政金融措置**
- 法の実施に係る費用は実施責任者負担
- 激甚な災害に関する、国による財政上の措置

**7 災害緊急事態**
- 災害緊急事態の布告　⇒政府の方針(対処基本方針)の閣議決定
- 緊急措置(生活必需物資の配給等の制限、金銭債務の支払猶予、海外からの支援受入れに係る緊急政令の制定、特定非常災害法の自動発動)

**図1-1　災害対策基本法の概要**

（出所）内閣府「日本の災害対策」2016年，p. 6.

旧・復興対策のあらゆる局面において，国や地方公共団体等の権限と責任を明確にするとともに，関係する官民の主体の連携が図られている．災害対応の政策形成と実施は，主に災害対策基本法に沿って進められ，図1-1はそのような災害対策基本法の概要を示している．中央防災会議が内閣府に設置されており，防災計画の作成や防災基本方針の策定などを行い，内閣総理大臣や防災担当大臣の諮問に応じて防災に関する重要事項を審議する役割を担っている．防災基本計画は，日本の災害対策の根幹となる最上位の計画である．それに基づき，指定行政機関（24の国の行政機関）および指定公共機関（独立行政法人や公益的事業を営む66機関）の防災会議が作成する防災業務計画や，都道府県および市町村の防災会議が作成する地域防災計画が作成され，さらには市町村内の地区内居住者および事業者が自発的に共同して作成するコミュニティレベルの地区防災

計画へとつながる．

災害対策基本法５条（地方自治法２条）に基づき，住民の生命，身体，財産を災害から保護する第一義的責務は市町村にあるとされる．災害対策基本法４条（地方自治法２条５項）から，都道府県には広域的な見地から市町村が処理することができない事務，市町村が処理することが適当でない事務を行い，区域内の市町村の総合調整を行う責務があるとされる．災害対策基本法３条では，国は国土並びに国民の生命，身体および財産を災害から保護する使命を有し，災害予防，災害応急対策および災害復旧の基本となるべき計画を作成し，地方公共団体，指定公共機関，指定地方公共機関等が処理する責務を負う．また，防災に関する事務又は業務の実施の推進と総合調整を行ない，災害に係る経費負担の適正化を図らなければならないとされている．そして，地方自治体は地域防災計画において自らの第一次的責任の所在を示している．

国レベルから都道府県と市町村レベル，さらには住民レベルまで，それぞれの組織の長と防災会議の下で防災計画の策定と実施を推進するのが，日本の防災体制の基本構造である．そのような基本構造においては，災害予防・事前対策，災害応急対策，災害復旧・復興対策の各段階で，国，地方公共団体，住民等との関係のもとに何をどのようにできるかが災害対応の成果を左右する．くわえて，実情に応じた地方政府独自の政策策定の可能性を視野に置く中央政府の指針の変化も注目される．表1-2は，防災基本計画が災害の発生を受けて修正された様子を，特に阪神・淡路大震災以後に注目して示す．そこからは，災害対策基本法の改正による防災政策の変化に連動して防災基本計画が修正され，防災対策基本法と防災基本計画が日本の防災政策の展開の基盤となっていることがわかる．なかでも，東日本大震災の被害の継続的な影響の大きさから，2014（平成26）年と2015（平成27）年の防災基本計画の修正履歴が示すように，大規模災害からの復興対策および原子力防災体制の充実・強化が重視されるようになったとの防災情報が，人々を取り巻いていることが注目される．

## 表1-2　防災基本計画の修正履歴

| 年月 | 修正等の概要 | 背景 |
|---|---|---|
| 昭和38年6月 | ・災害対策基本法の制定を受け、防災基本計画を作成<br>・災害の未然防止、被害の軽減、災害復旧のための諸施策について記載 | ・S34.9.26　伊勢湾台風<br>・S36.11.15　災害対策基本法制定 |
| 46年5月 | 一部修正<br>・地震対策の充実（地震予知等の施設、消防用ヘリの整備）<br>・危険物対策、石油コンビナート対策、林野火災対策を新たに位置付け | S42.9.6　災害防止対策に関する行監勧告（最近の経済社会に対応した見直しを勧告） |
| 平成7年7月 | 全面修正<br>・災害の種類別に編を構成するとともに、予防、応急、復旧・復興の順に記載<br>・国、公共機関、地方公共団体、事業者等の主体の明確化及び対策の具体化<br>・高齢化社会等の社会構造の変化を踏まえるべき旨を記載 | H7.1.17　阪神・淡路大震災 |
| 9年6月 | 一部修正<br>・事故災害対策編の追加（非常対策本部の設置等の体制整備）<br>・雪害対策編の追加 | H9.1.2　ナホトカ号油流出事故 |
| 12年5月 | 一部修正<br>・原子力災害対策特別措置法の制定に伴い、原子力災害対策編を修正 | H11.9.30　茨城県東海村ウラン加工施設臨界事故 |
| 12年12月 | 一部修正<br>・中央省庁等改革に伴う修正 | 中央省庁等改革 |
| 14年4月 | 一部修正<br>・洪水対策、土砂災害対策、高潮対策について、住民等へ情報伝達、避難対策に関する記述を充実<br>・原子力艦の原子力災害について新たに位置付け | ・H11.6.29　広島県豪雨災害<br>・H11.9.24　熊本県高潮災害 |
| 16年3月 | 一部修正<br>・東南海・南海地震防災対策推進基本計画の作成等を踏まえた修正（公共建築物の耐震強化等）<br>・緊急地震速報の提供体制の整備など施策の進展を踏まえた修正 | H16.3.31　東南海・南海地震防災対策推進基本計画作成 |
| 17年7月 | 一部修正<br>・災害への備えを実践する国民運動の展開や企業防災の促進、地震防災戦略の作成・実施、津波避難ビルの整備など津波防災対策、集中豪雨時等の情報伝達及び高齢者等の避難支援など、施策の進展を踏まえた修正 | ・H16.7.28　地震防災戦略作成<br>・H16.12.26　インド洋津波災害（スマトラ沖地震） |
| 19年3月 | 一部修正<br>・防衛庁の防衛省への移行に伴う修正 | 防衛庁の防衛省への移行 |
| 20年2月 | 一部修正<br>・防災基本計画上の重点課題のフォローアップの実施、国民運動の戦略的な展開、企業防災の促進のための条件整備、緊急地震速報の本格導入、新潟県中越沖地震の教訓を踏まえた原子力災害対策強化等 | H19.7.16　新潟県中越沖地震 |
| 23年12月 | 一部修正<br>・東日本大震災を踏まえた地震・津波対策の抜本的強化等（津波災害対策編の追加） | H23.3.11　東日本大震災 |
| 24年9月 | 一部修正<br>・災害対策基本法の改正（第1弾改正）、中央防災会議防災対策推進検討会議の最終報告等を踏まえた大規模広域災害への対策の強化（各編）<br>・原子力規制委員会設置法等の制定を踏まえた原子力災害対策の強化（原子力災害対策編） | H23.3.11　東日本大震災<br>H24.6.27　災害対策基本法の一部改正<br>H24.9.19　原子力規制委員会の発足 |
| 26年1月 | 一部修正<br>・災害対策基本法の改正（第2弾改正）、大規模災害からの復興に関する法律の制定等を踏まえた大規模災害への対策の強化（各編）<br>・原子力規制委員会における検討を踏まえた原子力災害対策の強化（原子力災害対策編） | H23.3.11　東日本大震災<br>H25.6.21　災害対策基本法の一部改正、大規模災害からの復興に関する法律の制定 |
| 26年11月 | 一部修正<br>・災害対策基本法の改正に伴う放置車両及び立ち往生車両対策の強化<br>・大雪についての警報等の情報伝達手段の多重化・多様化など平成26年2月豪雪の教訓を踏まえた記述の追加 | H26.2　平成26年2月豪雪<br>H26.11.21　災害対策基本法の一部改正 |
| 27年3月 | 一部修正<br>・地域原子力防災協議会の設置及び地域防災計画・避難計画の具体化・充実化に係る国の支援などの原子力防災体制の充実・強化（原子力災害対策編） | H27.3.5　内閣官房3年以内の見直し検討チーム「原子力防災体制の充実・強化について（第二次報告）」 |

（出所）　内閣府『平成29年版　防災白書』.

### 1-3. 復興と減災の災害危機管理システムの整備と運営の情報が人々を取り巻く

頻発する豪雨災害や甚大な地震災害は，近年，自然災害に対応する日本の公共政策の見直しを迫ってきた．1995（平成7）年の阪神・淡路大震災，2011（平成23）年の東日本大震災の衝撃と，その他にも大きな被害を伴った地震，土砂崩れ，火山噴火など多くの災害が，災害対策基本法で示されてきた防災への再考を促した．そのような災害対応の公共政策の変化が，2012（平成24）年6月から今日まで数回の災害対策基本法の改正に表れている．改正では，防災への取り組みの強化を目指して基本理念の明確化が意図された．2013（平成25）年に新設された第2条の2において「我が国の自然的特性に鑑み，災害発生を常に想定し，被害の最小化，迅速な回復を図る」，「速やかに施設の復旧，被災者の救援を図り，災害からの復興を図る」と規定された．それは，災害への公共政策の目標が，復旧から復興および減災へと拡大する基本理念の変化を示している[3)]．減災の理念の明確化や多様な主体の参画への自助・共助・公助の概念が，災害対策法制見直しの防災対策推進検討会議の中間報告（2012）が意図したほど法改正で明記されなかったことに不十分とする評価もある．しかし，災害対策の中に復興の概念が明確に示されたことは大きな変化であり，政策の展開として評価できるだろう．そして，そのような変化の内実を確かなものにするため，災害後の危機にこれまで以上に注目した施策の推進が望まれる．つまり，激甚災害からの復興の長い過程で被災者が力尽きたり，家庭が崩壊したり，町村が衰退するなどからの再建までを視野に置く減災の取り組みが，事前の防災対策，発災時の応急対策，復旧対策，復興対策の一連の災害対応とともに求められる．

復興から減災への災害対応の流れのなかで，本書は災害防災情報から災害減災情報への質的転換を議論しようとする．しかし，生活再建の地域振興まで視野に置くと，どのような災害情報が人々を取り巻くかは分かり難くなる．松岡・村山（2016）では，生活再建などといった災害の影響を乗り越えることを「越災」と呼称し，図1-2のように防災や減災とともに時系列で示した[4)]．本書

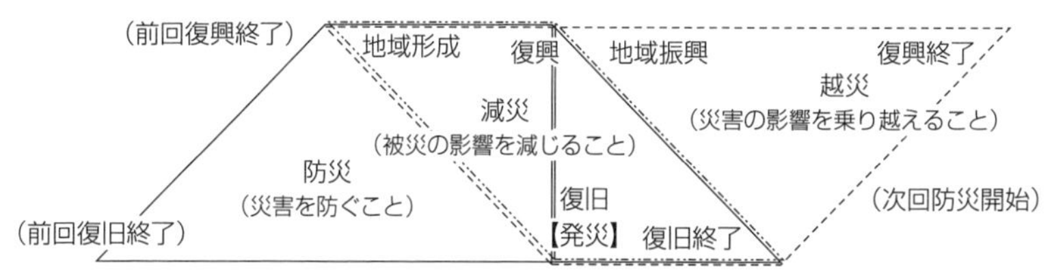


**図1-2　復旧と減災から越災への災害対応の公共政策の推移**

（出所）　松岡京美・村山徹編『災害と行政』晃洋書房，2016年，p. 203.

の災害減災情報の減災も，図に示すような発災を挟んで前後に広がる段階として捉える．発災前のまちづくりといった地域形成に関わる情報や，越災に関わる地域振興の情報も本書での災害情報の一部とする．序章で述べた本書での広義の災害情報の具体的内容は，図中に示すキーワードに関連するすべての情報を指している．しかし，本書の主な研究対象である災害減災情報の減災の概念と手法については，未だ明確になっていないのが現状である．

「災害への行政対応が減災にどのように向かえる可能性があるか」について，自主防災組織や防災関係予算など，地域防災力強化に関わる多くの災害情報が人々を取り巻いている．東日本大震災後の復旧・復興における災害対策の法整備と組織や計画の検討において，防災から減災への展開が意識され，公共の側だけではなく人々の側での防災活動が期待されるようになった．2014（平成26）年の防災白書がその特集「共助による地域防災力の強化～地区防災計画制度の施行を受けて～」を組んでいるのは，その表れだろう．東日本大震災によって明らかになった「公助の限界」とは，行政が全ての被災者を迅速に支援するのが難しいこと，行政自身が被災して機能が麻痺する場合があることと捉えている．そして，今後の防災政策の方向として，大規模災害の被害を少なくするためには，地域コミュニティにおける自助・共助による「ソフトパワー」を効果的に活用することが不可欠であるとする．くわえて，地域住民や事業者による防災活動を活性化させるには，地域コミュニティの活性化と地域防災力の向上が表裏一体の関係にあるとし，自発的な地区防災計画を普及させることが重要

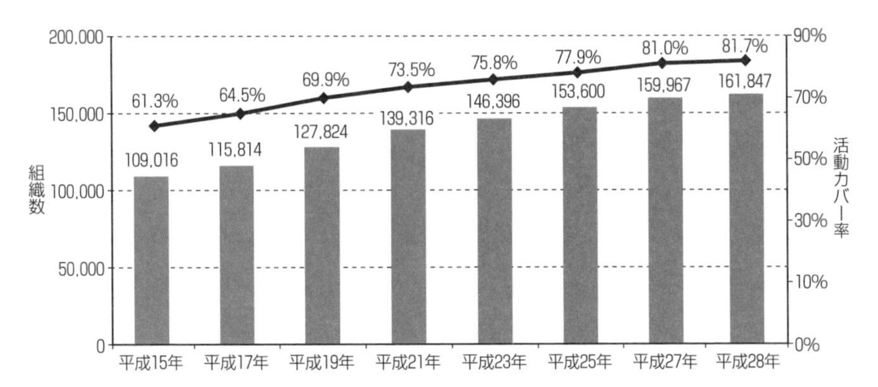


**図 1-3　自主防災組織の推移**

（出所）　内閣府『平成 28 年版　防災白書』.

であるとする[5]．防災訓練などの地域防災活動の主体として自主防災組織への行政の期待は高く，図 1-3 が示すように自主防災組織の数や活動量が年々増加している．

しかし，行政が期待する自主防災組織の役割は重要であるが，災害応急対策として自助や共助を意図する点において災害予防・事前対策に目的が限られ，災害復旧・復興対策，とりわけ激甚災害からの長い復興過程で生じる「復興災害」における減災の取り組みとして十分でない[6]．地域コミュニティの活性化と地域防災力の向上が表裏一体の関係にあると言われるが，個々の被災者の生活再建に資する減災を目指してこそ意味がある．地域防災力の強化は発災時の被害を減じるのみではなく，被災後の生活再建での地域の力を意味する．そのためには，自然災害の大規模化と広域化による行政の対応能力の限界において，少子高齢化と低成長社会での財源の脆弱化を視野に置きつつ，防災の社会インフラ資本からソーシャル・キャピタルと呼ばれる社会関係資本に期待する意図が見て取れる[7]．しかし，行政と市民の協働が第二次世界大戦中の危機管理を連想させる住民動員へと向かうようでは，復興につながる地域力とはならないだろう．そして，ソーシャル・キャピタルが地域の自主的なサッカークラブのような存在から醸成されるとの元来の見方を考えるなら，どのような防災訓練や自主防災組織が地域コミュニティでの減災に実際に役立つかは，慎重な検討が必要だろう．

地域コミュニティにおいて人的ネットワーク，お互い様の意識（規範・互酬性），相互の信頼関係等が構築されている場合には，共助による活動が盛んとなり，防災や復興に良い影響があると内閣府は指摘する．内閣府は防災や復興の社会的な効率性を高める要素として，ソーシャル・キャピタルを概念的に用いている．ソーシャル・キャピタルの醸成には，災害防災情報から質的に転換した災害減災情報が人々を取り巻く必要があるのではないかと，本書では考えている．そして，ソーシャル・キャピタルの増進が重要であるとするならば，地区防災計画制度の主要な目的をより明確にするような災害減災情報の提供による制度の推進が求められる．

また，防災におけるソーシャル・キャピタルへの注目が財源の脆弱化の代替であってはならない．図1-4の防災関連予算の推移をみる限り，激甚災害での被災による復旧・復興のための予算が一時的に増加することはあっても，防災関係予算が一般財源に占める割合は減少傾向にあり，東日本大震災後のような増加が継続するとは思えない．阪神・淡路大震災を例外に一般会計に占める割合が長期的に低下しており，災害対応においても低成長社会での政策実施の例外でない．東日本大震災後には数年間の増加傾向にあるが，図1-5の防災関連予算の使途の割合からわかるように，災害復旧等の予算が占める割合が大きい．今日，年金など社会福祉予算の増大で財源の脆弱化がさらに深刻になるなかで，復興への予算を継続しながら災害予防の公共政策を進めるには，予算の増大をあまり必要としない減災への取り組みが急務となる．

注目すべきは，図中の災害復旧等への予算のシェアと国土保全への予算のシェアとの関係である．大規模災害による災害復旧シェアの増加は災害予防シェアとも関係するが，国土保全シェアの増減と対をなしているのがわかる．そこに，東日本大震災後の災害復旧・復興予算が国土保全に関連する支出へと流れ

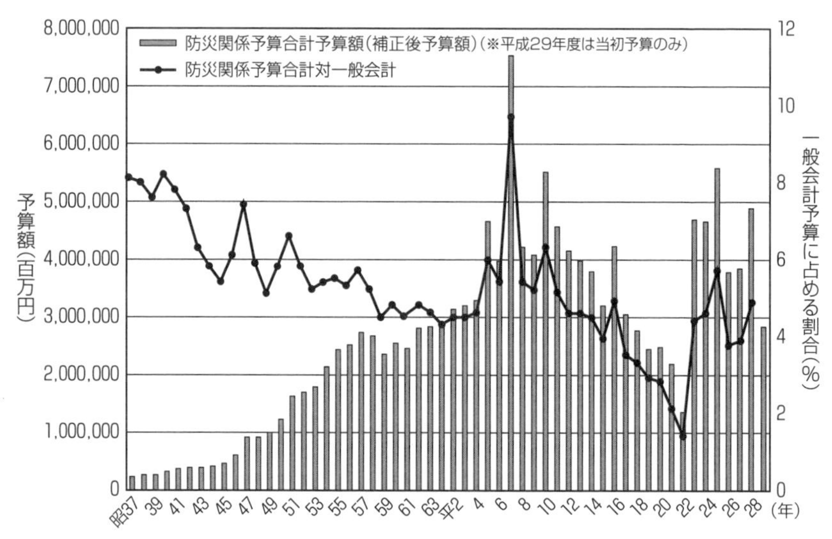


図 1-4　防災関連予算の一般会計予算との関係の推移

(出所)　内閣府『平成 29 年版　防災白書』.

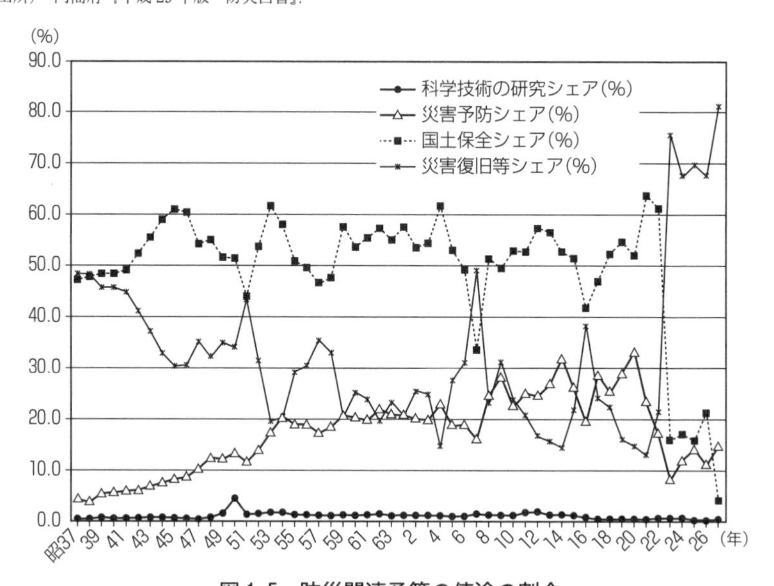


図 1-5　防災関連予算の使途の割合

(出所)　内閣府『平成 26 年度　防災白書』の資料をもとに筆者作成.

やすい要素が潜むとともに，シェアのバランスが旧来に戻る可能性をも示唆する．行財政のそのような状況を見ると，災害からの長期にわたる復興のためには，被災後の影響を少なくする減災が，発災時の直接の被害を減じる減災にも増して必要と思われる．脆弱な財源下での公助の予算のこのような構造から，減災の施策が自助と共助に向かうのは必然ともいえなくない．2度にわたる大震災での被災の影響が今日も継続している状況は，「減災の本旨が被災者の個人生活再建にある」ことを白日の下にさらしたとも言える[8]．したがって，被災者個人の生活が再建されなければ，災害に強い国土を作ることの意味も半減するかもしれない．そのような復興への対応策の情報が人々を取り巻いている．中央防災会議が2014（平成26）年に決定した大規模地震防災・減災大綱によると，現在のところ今後の日本の災害対策の指針においては，発災時の減災にとどまっており，個人生活再建への減災を想定内にするところまで至っていない．このままでは，次の大規模災害でも被災による個人生活再建の長期化への予防策にはつながらず，再び生じる個人生活再建の不十分さは想定外とされるかもしれない．そのため，それぞれの地域に応じた個人生活再建への減災の災害情報が，人々を取り巻くような工夫が必要だろう．

個人の生活再建については，大震災の経験からの災害対応の基本理念が復旧から復興および減災へと拡大し，被災者支援の制度構築が進んでいる．被災者支援に関する各種制度を案内するパンフレットやホームページからは様々な支援制度が準備されているのが分かり，支援制度に関する詳細な情報が人々を取り巻いている．いずれもが災害による被害を軽減し，速やかに復興を成し遂げるための被災者の生活再建を支援する制度である．国が用意するこれらの制度のなかでも，たとえば，災害弔慰金制度や災害復興住宅融資などと並ぶ図1-6の被災者再建支援制度は，阪神・淡路大震災後の住民運動を発端に議員立法で成立した法律に基づくものである[9]．それは，新たな政策課題への適応型改良主義における，人々を取り巻く復興・減災のシステムの整備・運用についての災害情報の一例といえる．

<table>
<tr><td>制度の名称</td><td>被災者生活再建支援制度</td></tr>
<tr><td>支援の種類</td><td>給付</td></tr>
<tr><td>制度の内容</td><td>●災害により居住する住宅が全壊するなど，生活基盤に著しい被害を受けた世帯に対して支援金を支給します.<br>●支給額は，下記の２つの支給金の合計額になります.<br>（世帯数が１人の場合は，各該当欄の金額が3/4になります.）<br><br>■住宅の被害程度に応じて支給する支援金（基礎支援金）
<table>
<tr><td rowspan="2"></td><td colspan="2">住宅の被害程度</td></tr>
<tr><td>全壊等</td><td>大規模半壊</td></tr>
<tr><td>支給額</td><td>100万円</td><td>50万円</td></tr>
</table>
<br>■住宅の再建方法に応じて支給する支援金（加算支援金）
<table>
<tr><td rowspan="2"></td><td colspan="3">住宅の再建方法</td></tr>
<tr><td>建設・購入</td><td>補修</td><td>賃借<br>（公営住宅を除く）</td></tr>
<tr><td>支給額</td><td>200万円</td><td>100万円</td><td>50万円</td></tr>
</table>
※一旦住宅を賃借した後，自ら居住する住宅を建設・購入（又は補修）する場合は，合計で200（又は100）万円<br><br>●支援金の使途は限定されませんので，何にでもお使いいただけます.</td></tr>
<tr><td>活用できる方</td><td>●住宅が自然災害（地震，津波，液状化等の地盤被害等）により全壊等（※）又は大規模半壊した世帯が対象です.<br><br>（※）下記の世帯を含みます.<br>■住宅が半壊し，又は住宅の敷地に被害が生じた場合で，当該住宅の倒壊防止，居住するために必要な補修費等が著しく高額になること，その他これらに準ずるやむを得ない事由により，当該住宅を解体し，又は解体されるに至った世帯<br>■噴火災害等で，危険な状態が継続し，長期にわたり住宅が居住不能になった世帯（長期避難世帯）<br><br>●被災時に現に居住していた世帯が対象となりますので，空き家，別荘，他人に貸している物件などは対象になりません.<br>※対象となる災害は，自然災害で1市町村において住居が10世帯以上の全壊した災害等です.</td></tr>
<tr><td>お問い合わせ</td><td>都道府県，市町村</td></tr>
</table>

**図 1-6　被災者再建支援制度**

（出所）　内閣府「被災者支援に関する各種制度の概要」p. 10.

### 1-4. 発災時の行政からの危機伝達の情報が人々を取り囲む

発災時には，災害に対処する機関を管理する災害応急対策責任者が情報を把握して共有し，必要なものを住民等に伝達する（災害対策基本法第51条）．住民に伝達される主なものは，災害発生直前の災害予報・災害警報と災害発生直後の災害関連情報である．人々は，災害での安全情報として，「いつ」「どこで」「ど

**表 1-3　市町村長の避難に関する権限**

| 類　型 | 内　　容 | 根拠条文等 |
| --- | --- | --- |
| 警戒区域の設定 | 警戒区域を設定し，災害応急対策に従事する者以外の者に対して当該区域への立入りを制限し，若しくは禁止し，又は当該区域からの退去を命ずる | 災害対策基本法<br>第4節　応急措置<br>第63条《罰則あり》 |
| 避難指示 | 被害の危険が目前に切迫している場合等に発せられ，「勧告」よりも拘束力が強く，居住者等を避難のため立ち退かせるための行為 | 災害対策基本法<br>第3節　事前措置及び避難<br>第60条《罰則なし》 |
| 避難勧告 | その地域の居住者等を拘束するものではないが，居住者等がその「勧告」を尊重することを期待して，避難のための立退きを勧めまたは促す行為 | |
| 避難準備情報<br>（要援護者避難情報） | • 要援護者等，特に避難行動に時間を要する者は，計画された避難場所への避難行動を開始（避難支援者は支援行動を開始）<br>• 上記以外の者は，家族等との連絡，非常用持出品の用意等，避難準備を開始 | 避難勧告等の判断・伝達マニュアル作成ガイドライン<br>（平成17年3月） |
| 自主避難の呼びかけ | （各市町村において独自に行っているもの） | 地域防災計画等 |

（出所）　中央防災会議「災害時の避難に関する専門調査会」第4回資料〈http://www.bousai.go.jp/kaigirep/chousakai/saigaijihinan/4/index.html〉（最終アクセス：2017年11月24日）.

のように」危険があるのかについての危険情報と，「いつ」「どこで」「どのように」回避するかの回避情報に取り囲まれる．表1-3は，2011（平成23）年の中央防災会議の災害時の避難に関する専門調査会の検討資料である．そこからは，災害時の避難に関する検討課題や避難の考え方に関する論点などの情報を知ることができる．また，表1-4の避難勧告・避難指示の発令の判断基準は，避難勧告・避難指示に関する詳細なガイドラインの情報である．人々がそれらを知るか否かに関わらず，ここで取り上げたような災害情報が人々を取り囲んでいる．以上のように，災害リスクの情報伝達が制度化され，洪水などに対する災害危機管理システムの運用に支障をきたさないような準備が進められている．

**表 1-4　避難勧告・避難指示発令の判断基準**

| | 発令時の状況 | 住民に求める行動 |
|---|---|---|
| 避難勧告 | 通常の避難行動ができる者が避難行動を開始しなければならない段階であり，人的被害の発生する可能性が明らかに高まった状況 | 通常の避難行動ができる者は，計画された避難場所等への避難行動を開始 |
| 避難指示 | • 前兆現象の発生や，現在の切迫した状況から，人的被害の発生する危険性が非常に高いと判断された状況<br>• 堤防の隣接地等，地域の特性等から人的被害の発生する危険性が非常に高いと判断された状況<br>• 人的被害の発生した状況 | • 避難勧告等の発令後で避難中の住民は，確実な避難行動を直ちに完了<br>• 未だ避難していない対象住民は，直ちに避難行動に移るとともに，そのいとまがない場合は生命を守る最低限の行動 |

（出所）　中央防災会議「災害時の避難に関する専門調査会」第 4 回資料〈http://www.bousai.go.jp/kaigirep/chousakai/saigaijihinan/4/index.html〉（最終アクセス：2017 年 11 月 24 日）．

東日本大震災での福島第一原発事故の教訓を踏まえて，原子力災害における住民避難の制度構築と危機管理システム整備が進められている．そして，内閣府が提供する原発避難についての情報が人々を取り囲んでいる[10)]．たとえば，東京電力福島第一原子力発電所事故より以前は，原子力災害に備えた防災対策を講じる重点区域の範囲は 8～10 km 圏であったが，事故後は図 1-7 のような重点区域の範囲になった．くわえて，PAZ および UPZ 圏内の住民が避難する場合，地域防災計画・避難計画に設定される UPZ 範囲外の避難先や避難経路に関する情報や，安定ヨウ素剤の住民への事前配布についての情報が示されている．また，それらの避難のための判断基準についても，図 1-8 のような情報が公開されており，人々を取り巻いている[11)]．

都道府県や市町村もそれぞれの地域の状況に応じて，避難先や避難方法についての様々な情報を提供しており，図 1-9 のような京都府が提供するスクリーニングポイントでの手続きに関する情報がある．また，原発立地県でなくても関連する地域においては，原子力防災のしおりのような資料を全戸配布する市町村もある[12)]．原子力災害による広域圏への影響が認識されるようになり，原子力災害住民避難の情報は人々が知ることのできる「取り巻く」情報から，

**○PAZ：Precautionary Action Zone**
原子力施設から概ね半径5km圏内。
放射性物質が放出される前の段階から予防的に避難等を行う。

**○UPZ：Urgent Protective action planning Zone**
PAZの外側の概ね半径30km圏内。
予防的な防護措置を含め、段階的に屋内退避、避難、一時移転を行う。

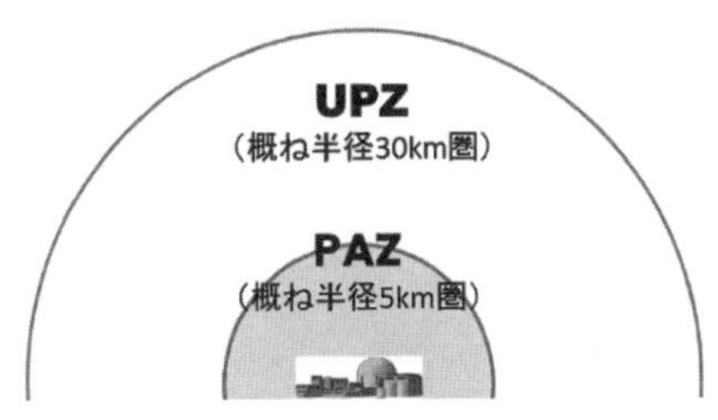


図 1-7　PAZ, UPZ とは

（出所）　内閣府「よくある御質問」〈http://www8.cao.go.jp/genshiryoku_bousai/faq/faq.html〉（最終アクセス：2017 年 11 月 24 日）.

○原子力施設の状態等に基づく、三段階の緊急事態区分を導入。その区分を判断する基準（ＥＡＬ：Emergency Action Level）を設定。
○ＥＡＬに応じ、放射性物質の放出前に避難や屋内退避を行う。
*※入院患者等の要配慮者の避難は、通常の避難より時間がかかるため、EAL（SE）（原災法10条）の段階から、避難により健康リスクが高まらない者は避難を開始し、避難により健康リスクが高まるおそれのある者は遮蔽効果の高い建物等に屋内退避する。*

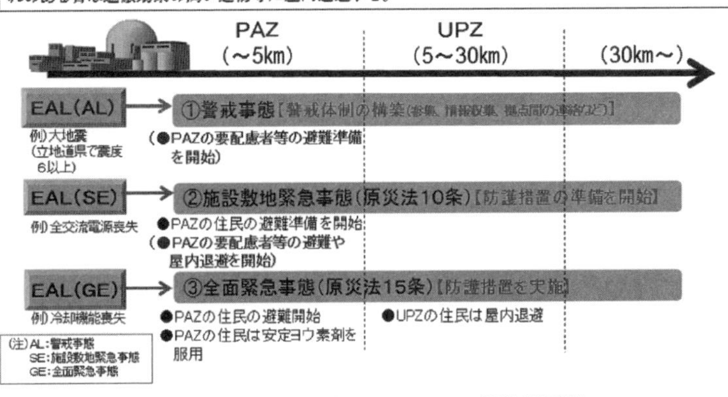


図 1-8　緊急時活動レベルによる段階的避難

（出所）　内閣府「よくある御質問」〈http://www8.cao.go.jp/genshiryoku_bousai/faq/faq.html〉（最終アクセス：2017 年 11 月 24 日）.

避難所に向かう途中の避難中継所（スクリーニングポイント）では、放射線測定器で放射性物質が衣服等に付着していないか調べます。これをスクリーニングといいます。

スクリーニングの結果をOIL4の基準と比べて、必要な人は除染を行います。

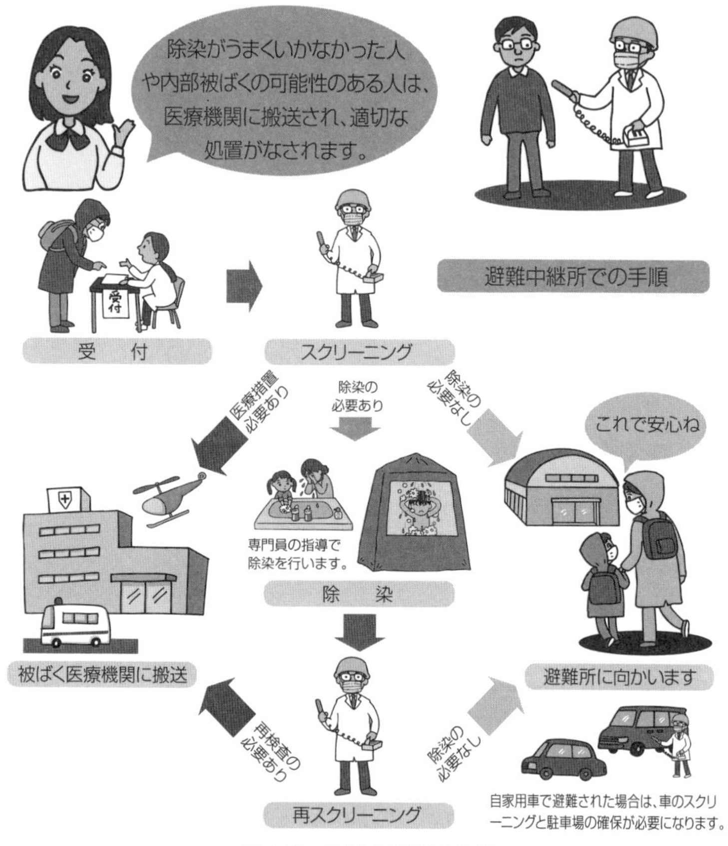


**図1-9　避難中継所の役割**

（出所）　京都府「原子力防災のしおり」2014年，p.9.

人々が知っている「取り囲む」情報へと変容している．また，新たな課題の発生による適応型改良主義の災害対応の政策展開の一例といえる．原発災害住民避難の政策は始まったばかりであり，包括的計画主義の下で，災害対応の制度構築と危機管理システムの運用の一部として展開されている．減災への地域防災力強化のためのどのような災害減災情報が人々を取り巻く，もしくは取り囲むことになるかは今後の課題である．

## 第2節　災害対応についての人々の意識の情報

### 2-1．発災がもたらす人々の意識の情報が人々を取り囲む

災害に対する人々の意識は，人々を取り巻き・取り囲む災害情報によって醸成される．そして，政策推進の原動力の1つは，災害対応制度の構築と災害危機管理システムの運用が不十分になることによって，政治行政が人々の信頼を失うことへの恐れである．そのため，政治行政は新たな災害対策を展開することで，災害に対する人々の意識に応えようとする[13]．つまり，政治行政の災害対応の動機は，災害と人々の関係にあると言える．行政への期待といった人々の意識は政策決定に必要な情報であるとともに，それ自体が災害情報の1つとなる．先に示した図Ⅰ-1のイメージでは，ここで注目する発災がもたらす人々の危機意識の情報を，行政に関わる情報と人々に関わる情報が重なる情報として位置づける．

図1-10は，4年ごとの4月に行われる統一地方選挙時における京都市議会議員選挙での意識調査の結果であり，甚大な被害をもたらした災害が人々の行政への期待をどのように変化させるかを示している[14]．京都市民の防災施策への期待について，1995（平成7）年から2015（平成27）年までの20年間の変化を知ることができる．1995（平成7）年と2011（平成23）年に期待値が上昇しており，1995（平成7）年1月の阪神・淡路大震災と2011（平成23）年3月の東日本大震災の影響を見ることができる．直接的被害のない京都市でも大震災の影響による防災施策の行政サービスへの期待が表われていることから，行政による様々な災害対応が，行政への期待といった人々の意識の強い影響のもとで展開されていくのが想像できる．防災施策への期待は12種類の代表的な施策に対する市民の期待のなかでは平均的だが，大規模災害時には常に人々の期待を受

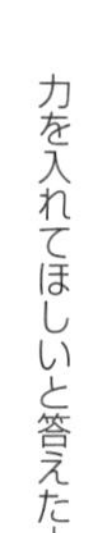


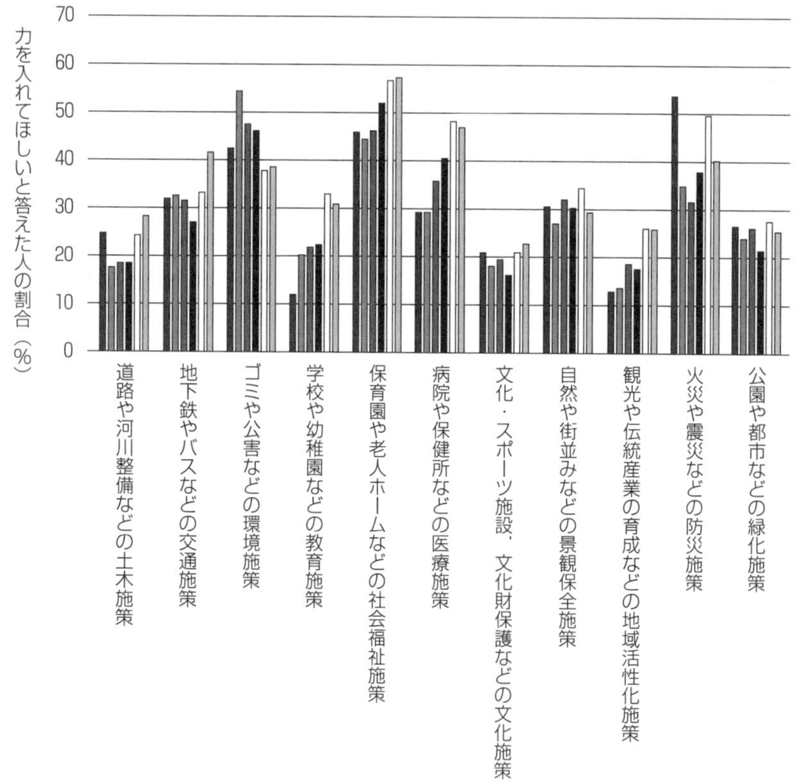


※京都市の行政について「次にあげる行政サービスのうち，あなたが今後力を入れてほしいとお感じになっているものはどれでしょうか」（複数回答形式）の回答.

**図 1-10　防災施策への人々の期待**

（出所）　京都市選挙管理委員会および京都市明るい選挙推進協議会による京都市議会議員選挙の調査データ.

ける社会福祉政策や医療政策と同程度になる．そのような時機に応じた施策展開のため，災害対応に人々の意識の反映が必要となる．そして，人々の意識を考慮した災害対応を進める責務が行政に課されるとの情報を，行政と人々は共有する状況にある.

図 1-11 は，性別と年齢層別の防災施策に対する期待である．1995（平成 7）

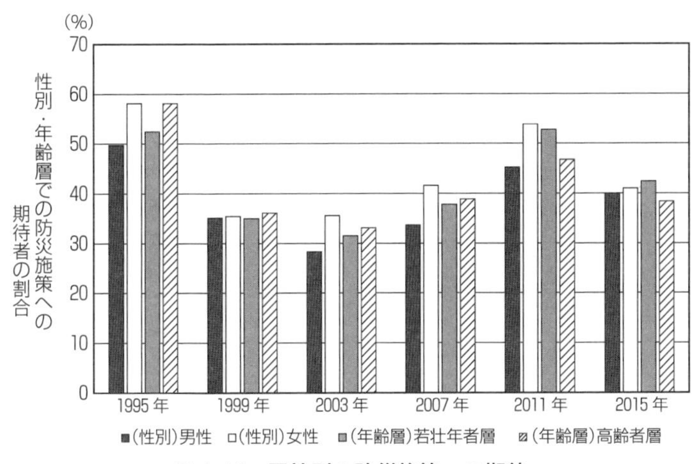


**図 1-11　属性別の防災施策への期待**

（出所）　図 1-10 と同じ.

年と 2011（平成 23）年の大震災時には，女性の防災施策への期待が高いのがわかる．年齢層別にみると，1995（平成 7）年の阪神・淡路大震災時は，20 歳から 59 歳の若壮年者層より 60 歳以上の高齢者層の期待が高いが，2011（平成 23）年の東日本大震災時には若壮年者層での期待が高齢者層より増加傾向にある．その後の 2015（平成 27）年も若壮年者層の期待が高齢者層より高くなっている．以上のような災害発生時の防災施策への人々の期待の増加，特に女性や若壮年者層での期待が比較的高くなることは，行政が防災や減災の施策を推進するうえで，その展開方法を考える要素となるだろう．異常気象による洪水被害が頻発し，南海トラフ地震による津波被害も予想される昨今において，防災と減災への対応方法の選択が女性と若壮年者層の期待にそぐわない施策展開に向かった場合，行政は信頼を損なうかもしれない．そして，市と市民の協働による防災や減災の推進に対して支障をきたすにとどまらず，市政への行政信頼の低下を招く危機管理の失政ともなりかねない．

被災の影響は限られた地域の問題であるが，日本の行政の災害対応は被災地以外も視野に入れつつ実施される．なぜなら，大規模災害が起こると，被害を受けなかった地域の人々による行政の災害対応への期待も増すからである[15]．また，被災自治体内においても，直接の被災地とそれ以外の地域では行政の災害対応への期待に違いが生じることもあるので，行政の災害対応には人々の期待が深く関わる．そのため，行政は自らの災害対応についての情報提供を積極的に推進する．発災に関連する情報が人々を取り囲み，情報が消費されることによって人々の期待といった意識として表面化する．そして，人々の期待に応えるべく行政の政策展開へとつながっていく．

### 2-2. 大震災後の復旧・復興への人々の意識についての情報が人々を取り巻く

図1-12は，東日本大震災後の2012（平成24）年と2013（平成25）年に行われた宮城県の県民意識調査で，震災からの復旧・復興の進捗評価を人々に聞いて

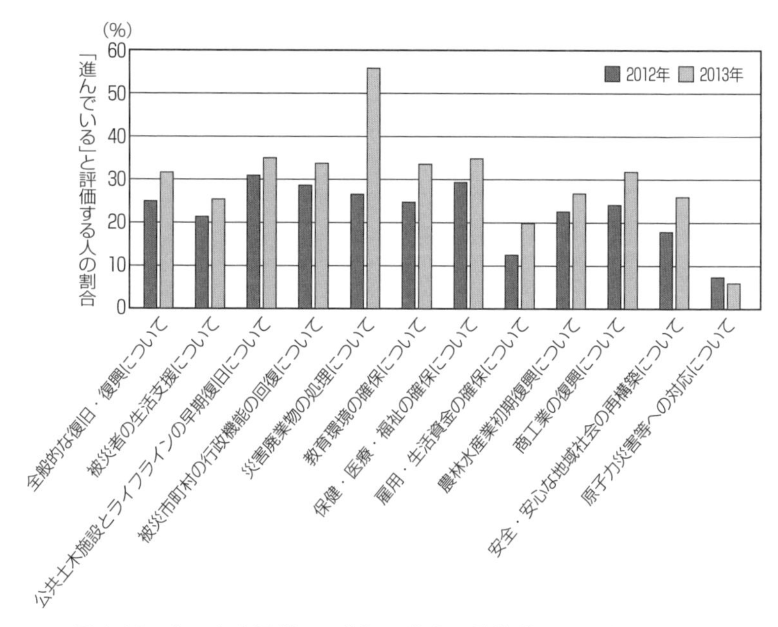


**図1-12　東日本大震災での復旧・復興の進捗状況への人々の評価**

（出所）　平成24・25年宮城県県民意識調査結果をもとに筆者作成．

いる．調査結果からは，宮城県民の災害対応への意識の変化を知ることができ，人々からの評価を災害情報として活用して防災制度構築を進める県の意図が垣間見える．甚大な被害を被った県の復興に向け，宮城県震災復興計画では10年間の復興の道筋を復旧期・再生期・発展期の三期に分けて計画している．図に示す県民意識調査結果は，宮城県震災復興計画の第二期計画期間に向けて，今後の新たな施策展開を検討する情報と捉えられる．災害廃棄物の処理について，発災から２年でかなりの進捗があったと評価する回答が目立ち，実際に翌2014（平成26）年の調査からは，廃棄物に関する質問項目はなくなっている．原子力災害等への対応以外については，進捗しているとの評価が2013（平成25）年には増加傾向にあり，人々が政策の進捗状況についてある程度の注意を払っていることがわかる．

図1-12の評価の傾向で特に注目したいのは，被災者の生活支援と雇用・生活資金の確保に対する人々の評価の比較である．大規模災害からの復旧・復興の一環として，個人生活の補償は欠かせない施策の１つである．適応型改良主義の日本の災害対応のもと，1998（平成10）年の被災者生活再建支援法の制定以降，災害被害によって明るみになった課題を克服するための改正を経て，今日の法制度が整備された．個人補償への人々の意識は，復興の制度の下で醸成され定着してきている．そして，個人補償に関わる被災者の生活支援は，宮城県震災復興計画の緊急重点項目の１つとして位置づけられている[16]．図1-12からは，被災者の生活支援の進捗状況を雇用・生活資金の確保のそれよりも評価する人々が2012（平成24）年，2013（平成25）年と多いことから，より注目度の高い取り組みであることがわかる．そして，被災者の生活支援が行政サービスの範囲内と人々が捉えていることを表している．市民立法での法案制定の運動が議員立法による制定となり，さらに新潟県中越地震などでの個人補償から東日本大震災復興基本法へと公的な個人補償の制度が変化してきた．そのような復興への制度の推移から，災害対応の変化が災害対応策への人々の意識を醸成する結果になったことがうかがえる．

### 2-3. 自助・共助・公助への人々の意識についての情報が人々を取り巻く

災害対応の主眼が復旧・防災から復興・減災へと変化するのに応じて，行政による政策選択にとっては，人々の意識への配慮が重要になってきている．なぜなら，防潮堤などのインフラ整備は重要だが，それだけでは復興や減災の実現には至らないからである．復興や減災の実現のためには多くの住民の関与を必要とするだけに，災害対応についての人々の意識がどのようであるかは行政による復興や減災の手法への評価を左右する情報となる[17]．行政による災害危機管理は，人々の安全の確保が主たる目的である．そして，被災後の生活再建の長期化を目の当たりにすると，被災時の生命の安全を行政の責務とするだけでは，人々が納得する政策推進の動機としては不十分かもしれない．ましてや，防災と減災政策の実施の内実が，政治決定された政策の推進だけでは積極的な実施につながらないため，災害情報が人々を取り巻くことによる影響が注目される．

どのような災害情報が人々を取り巻いている必要があるかの判断は難しい．実際に人々が行政にどのような内容の災害情報を期待しているかも定かでない．そこで，人々が災害対応の活動主体となることにつなげるためにも，人々が求める情報に応える必要がある[18]．災害対応における「公助の限界」の認識から地域防災力への期待が高まるなかで，国が強調する共助の災害対応にとっては，人々が災害対応と災害情報をどのように捉えるかの影響が大きくなる．図1-13は，公助，自助，共助についての人々の意識の情報である．災害対策基本法の一部改正（2013）では，平素からの防災への取り組みの強化の一環として，「減災」の考え方と災害対策の基本理念の明確化が意図され，自助・共助への人々の期待の高まりの必要とともに示された．

災害対応としての減災が効果的に機能するかは，減災に対する人々の認識がどれだけ高まるかによる．住民や民間組織の多様な主体が想定されるだけに，減災は共助との関わりで議論されることが多い．阪神・淡路大震災での自助を基本とする公助の災害対応から，東日本大震災を経ての共助に期待する公助の

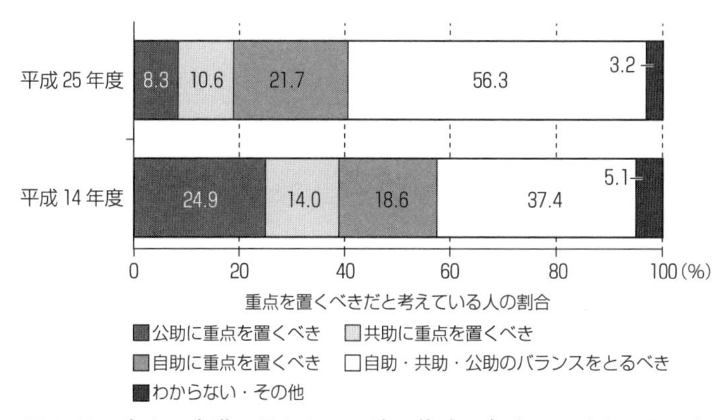


**図1-13　人々の意識に見られる公助，共助，自助への重点の置き方**

（出所）内閣府『平成26年版　防災白書』.

災害対応への制度変化において，人々の意識がどのように変化したかを知ることは重要だろう．図1-13からは，公助・共助への重要視が減少する一方で自助への重視が多少の増加傾向にあるが，自助，共助，公助のバランスをとるべきとする人々が大幅に増加しているのがわかる．共助への重要視も減少傾向にあるため，減災の手法としての共助の過度の強調は，行政への不信につながる危険性があることを示唆している．そのような論点は，第Ⅱ部第3章と第4章で検討するネットワーク集団の形成と深く関わる．

自助，共助，公助のバランスの内容を人々がどのように捉えているかについては，地域防災活動の活性化に必要な要素を聞いた図1-14の調査結果が参考になる．共助の要素の中でも「人・組織」が最も必要だと考えられており，公助の要素のうち「情報」を地域防災活動の活性のために必要だと回答した割合が高くなっている．このことから，地域コミュニティにおける防災に関する人・組織がしっかりすることと同時に，関連制度や支援に関する情報が不十分であるため，公助において関連情報を発信することを人々が求めていると考えられる．自助，共助，公助のバランスを重視する制度構築に向かうなら，効果的な減災につながる人々の意識が醸成されるだろう．しかし，防災訓練などの

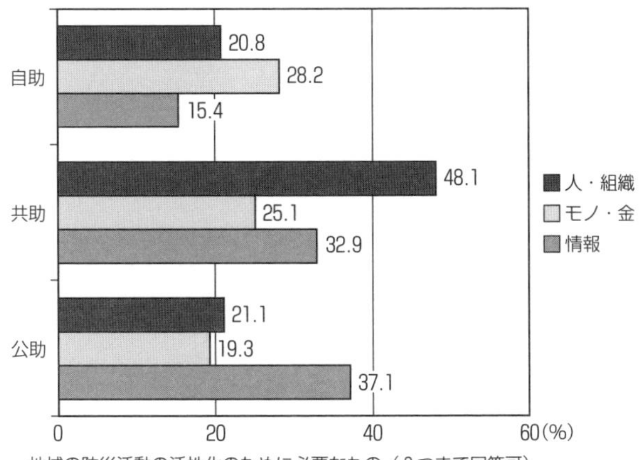


**図 1-14　地域防災活動の活性化に必要な要素**

（出所）内閣府『平成 26 年版　防災白書』.

災害予防・事前対策におけるコミュニティの地域防災力の強化を行政が強調しすぎるなら，人と組織による共助のための地域ネットワーク形成へと向かう人々の意識は醸成されないかもしれない．以上のような，減災の手法に関わる人々の意識と減災の制度構築に齟齬が生じるなら，それが行政不信へとつながる可能性がある．

減災の概念はいずれ明確にする必要がある．災害予防・事前対策や災害応急対策としての防災活動に限らず，災害復旧・復興対策のための地域ネットワークによる共助にとっての減災であることが望ましい．そのような減災のための制度構築が，人々の意識を伴って効果的なものとなるには，行政が提供するどのような情報が人々を取り巻けば良いかを検討しなければならない．市民と行政あるいは市民間の協働による災害対応の公共政策では，人々が主体的に取り組むことが必要となろう．公助，自助，共助のバランスのもとで人々が行政に求める情報は，防災意識の啓発や防災訓練，災害警報などの災害リスク情報だけでなく，災害対応への主体的な関わりにつながる情報である．

災害対応の公共政策と人々の意識との関係を知ることのできる情報は，われわれを取り巻く重要な災害情報の1つであり，「災害対応の制度構築における災害防災情報が人々を取り巻いている」との仮説の証明である．

## 第3節　災害対応の理念と対処方法の拡大のプロジェクトとプラン

### 3-1. 適応型改良主義での制度構築とシステム整備のプロジェクト

災害対応に関する情報に人々が接することで災害への人々の意識が変化し，新たな政策展開へと反映する．被災からの回復を目指す災害対応において，東日本大震災の経験によって「復興」概念が明確化したことが，災害政策の理念の拡大による災害対応制度の構築に大きな変化をもたらした．復旧から復興への取り組みが求められるようになったのは阪神・淡路大震災以降である．兵庫県や神戸市などの被災自治体が復興計画を策定したが，復興の定義や手法を明確に提示する根拠法令は存在しなかった．国は地方政府の復興計画の実現を支援する姿勢を見せていたが，兵庫県が復興事業の根拠を明確にするために要請した震災復興特別措置法の制定は受け入れなった．2011（平成23）年施行の東日本大震災復興基本法の第2条に復興の理念が明記され，復興への制度構築も明確になり，復興に関する企画，調整及び実施を担う組織も新設された．くわえて，2011（平成23）年には，仮設商店などの地域振興に利用される復興特区制度に関する東日本大震災復興特別区域法も施行されたが，表1-5はこれまでの震災経験による特区制度の経緯をまとめている[19]．

阪神・淡路大震災では，経済特区制度が復興を目指す被災地の地域振興のために提案された．しかし，当時の国の方針は特区制度を採用しなかったと松岡（2014）は指摘する．新潟県中越地震においては，震災後の復興を目指す地域振興のための災害特区制度はなく，小泉内閣が構造改革と地域活性化のために2002（平成14）年に導入した構造改革特区制度を援用することで，地域再生計画による復興が図られた．そして，東日本大震災後に，阪神・淡路大震災での復興の取り組みと新潟県中越地震での既存の特区利用の前例を踏まえて，震災

**表 1-5　近年の地震災害における特区制度利用の比較**

| | | 阪神・淡路大震災 | 新潟県中越地震 | 東日本大震災 |
|---|---|---|---|---|
| 発 生 時 | | 1995 年 1 月 17 日<br>（マグニチュード 7.3） | 2004 年 10 月 23 日<br>（マグニチュード 6.8） | 2011 年 3 月 11 日<br>（マグニチュード 9.0） |
| 政策目的 | | 復旧 | 部分的復興を伴う復旧 | 復旧と再生による復興 |
| 復興における特区制度の利用と内容 | 利用 | 無 | 部分的な利用 | 有 |
| | 内容 | 被災地の復興支援策の一環として，経済特区が検討された | 構造改革特区，<br>地域再生計画 | 東日本大震災復興特別区域法 |

（出所）　松岡京美『行政の行動』晃洋書房，2014 年，p. 32.

後の復興を目指す地域振興政策のための東日本大震災復興特別区域法が制定された．復旧から復興への災害対応の拡大が特区の利用によって進められた動きは，災害後の被災の影響を減じるための災害対応制度の構築に向けての適応型改良主義を示している．

2016（平成 28）年の熊本地震以降の災害対応プロジェクトとしては，ICT（通信情報技術）を活用した災害情報に関する官民連携が提唱され，減災に向けての災害危機管理システムの整備の試みとして注目される．情報共有を図るための効果的な手段として，内閣府は ICT を活用したプロジェクトの実施と図 1-15 のような災害情報ハブの創設を検討している．国と地方公共団体，民間企業・団体等の関係機関の間での情報共有について，共有の方法や期間等のルールを定めるため，中央防災会議防災対策実行会議災害対策標準化推進ワーキンググループの下に「国と地方・民間の災害情報ハブ推進チーム」が設置された．

熊本地震の被災者の中には，避難所に滞在することなく車中泊した被災者も多く，被災者ニーズや物資の配送状況等の正確な把握が困難なことも少なからず存在した．被災者の動向把握に関する課題解決のためには，国や地方公共団体，民間企業・団体等が把握している災害対応の情報を共有する枠組みを確立する必要がある．特に，災害時には官民連携による迅速な対応が求められるため，各機関が有する情報を一定のルールの下で円滑に共有することが重要とさ

**図 1-15　災害情報ハブのイメージ**

（出所）　内閣府『平成 29 年版　防災白書』.

れた．災害情報ハブ推進チームの発足によって，ICT を活用した新たな手法のアイデアが広く募集され，企業，プログラマーやデザイナー等のクリエイターが集い，新サービスの提案を競うイベントが開催された．災害情報ハブ構築を進めるプロジェクトからは，従来からの災害対応制度構築では生み出せない全く新しい対応策を，多様な活動を取り込むことで模索している．たとえば，行政のシステム保有による集約・発信でない情報ネットワークの形成を構想している．

以上のような災害対応策の変化についての多くの情報が人々を取り巻いているが，行政主導は人々の自由で積極的な活動にむすびつく可能性が低くなるため，行政がマネージメントをする意図を持たずに基盤の提供に徹して，活動主体としての多様なネットワーク集団が形成されるような工夫が必要かもしれない．

### 3-2. 減災と共助への対処方法の変化のプラン

災害対応がどのように変容してきたかを理解するのに役立つのが，過去の大災害を転換点とした図1-16のような情報である．多様な災害が発生しやすい自然特性の日本では，これまでの大災害の教訓を踏まえて防災の取り組みが進捗してきた．1959（昭和34）年の伊勢湾台風を「防災1.0」，1995（平成7）年の阪神・淡路大震災を「防災2.0」，2011（平成23）年の東日本大震災を「防災3.0」とする大きな転換点と捉えて，それぞれの制度構築の特徴を示している．そして，「防災4.0」の段階では，多様な主体の参画と，一人ひとりが防災を「自分ごと」と捉え，自律的に災害に備える社会に向かうための災害対応の指針が示されている．「指針」が「実際」に実現するには，人々や組織が災害対応に主体的に取り組む多様で重層的なネットワーク集団の形成が必要となる．そこで，行政が示す「自分ごと」への方策を人々に示す情報として図1-17のよ

**図1-16　災害対応の変容**

（出所）　内閣府『平成28年版　防災白書』．

**図 1-17　防災 4.0 が意図するネットワーク**

（出所）内閣府『平成 28 年版　防災白書』.

うな概念図があるが，企業間および住民間の連携ネットワークを意図するものの，それらのネットワークによって主体的に災害対応に取り組むための指針までは示されていない．

内閣府が「自分ごと」への方策を全く示していないわけではない．住民の自発的な防災活動の促進となる防災住民協議会を奨励することで，どのようにするかの情報を例示している．図 1-18 と図 1-19 は，住民主体での地域防災協議の運用マニュアルである．内閣府防災担当による「無作為抽出を活用した住民の防災意識向上のための取組に関する手引き」のような詳細な情報が人々を取り巻いている．災害は生命への危険を及ぼすため，不測の事態が生じないように管理された秩序の下で実施される必要もあるが，過度のマニュアル化は地域住民の主体的参加を阻害する場合もある．また，「自分ごと」の奨励が住民の災害対応への動員へとなるようなら，そこに主体性は育たない．そのため，「自分ごと」での住民の自由な主体性と秩序ある防災体制の構築とのバランスある

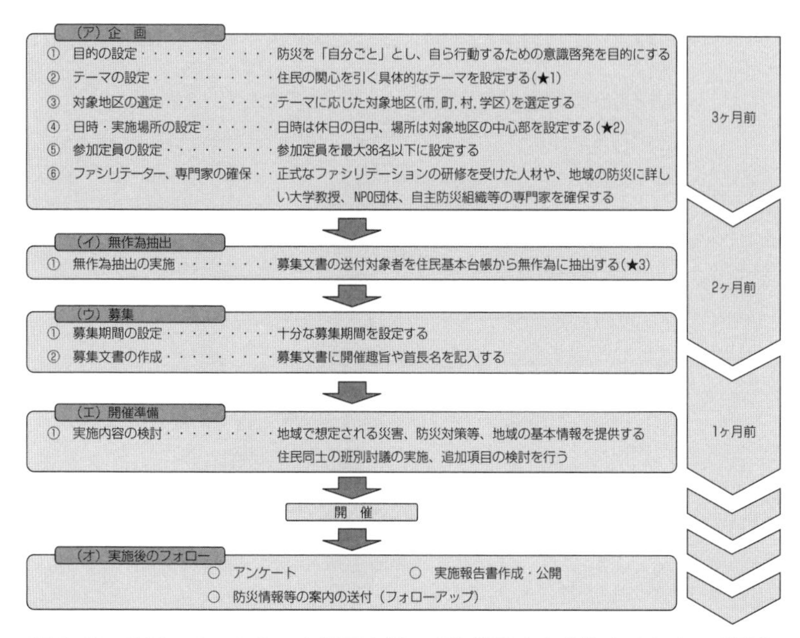


**図 1-18　住民へのアンケート調査を用いる取り組みを実施するための手引き**

（出所）　内閣府「無作為抽出を活用した住民の防災意識向上のための取組に関する手引き」.

危機管理システムの運用が求められる．マニュアルとともに示されるモデル事例の類似事業が全国的に広がり，そのような引き写しばかりに助成金が出ないようにする政策的工夫が必要である．

その他の対処方法に関する情報として，災害対応の「防災 4.0」にも関わる国土強靭化のプランに関する情報が人々を取り巻いている．平成 25 年版の防災白書の「国土強靭化の推進について」によると，災害対応の新たな基本的方針として「強くてしなやかな」国づくりを提唱している．レジリエンス（強靭化）と呼ぶリスクマネージメントに注目し，レジリエンスに向けた計画及び体制の整備を進めようとしている．具体的には，災害をもたらす外力からの「防護」にとどまらず，経済社会に関わる分野を幅広く対象として，経済社会システム全体の「抵抗力」，「回復力」を確保することを目的とし，リスクの特定・

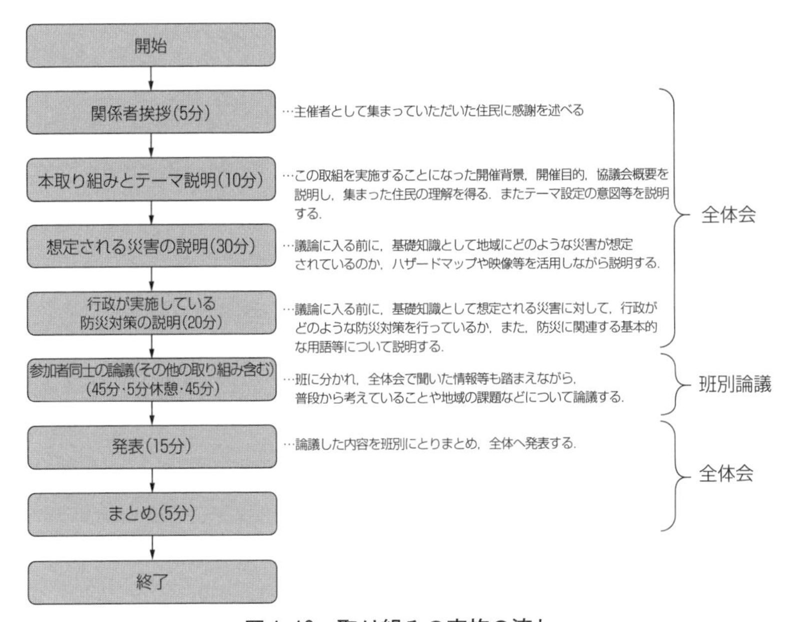


図 1-19　取り組みの実施の流れ

（出所）　内閣府「無作為抽出を活用した住民の防災意識向上のための取組に関する手引き」.

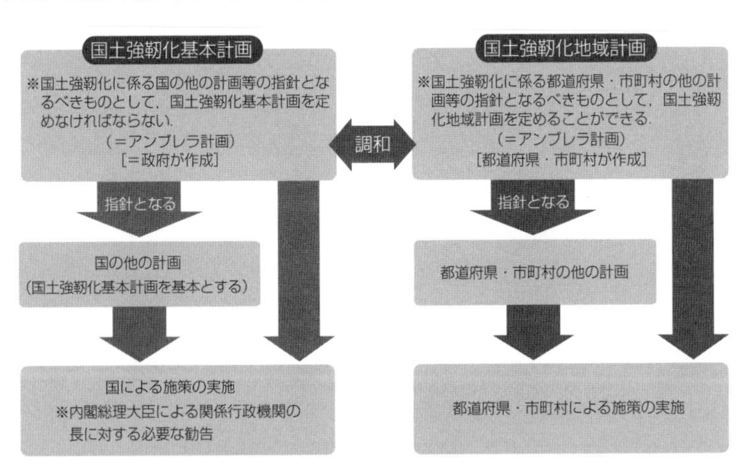


図 1-20　国土強靭化基本計画及び国土強靭化地域計画の関係

（出所）　内閣官房国土強靱化推進室「国土強靱化とは？」.

脆弱性の評価・計画策定／強靱化の取り組み・取り組みの評価のサイクルで，国全体の構造的強靱化を推進するとしている．図1-20は，中央政府による国土強靱化基本計画と地方政府の国土強靱化地域計画との関係を示している．

国土強靱化プランの根拠となる「強くしなやかな国民生活の実現を図るための防災・減災等に資する国土強靱化基本法」が，災害対応に限らない国際的な経済競争力の強化をも国土強靱化に含めており，そのことがアクションプランの災害対応に対する有効性を弱めている．「国土強靱化アクションプラン2017」からは，脆弱性評価に基づくインフラ整備が加速しそうな気配があり，「防護」の発想によるインフラ整備中心の防災対策だけでは限界があるとの東日本大震災の教訓があまり生かされていないと感じる[20]．そのため，「回復力」に向けたソフトの整備を目的に，脆弱性評価を重視することが考慮されなければならない．脆弱性（vulnerability）の反対概念であるレジリエンスの回復力に意識が向くような情報が人々を取り巻く必要があるだろう．国土強靱化の基本方針には，自助，共助，公助の適切な組み合せによる取り組みを基本とすることが示されており，国土強靱化のレジリエンスを災害対応の制度構築と危機管理システムの整備・運営に組み込むには，共助のネットワークを促進するソフトの復元力を脆弱性評価の対象とすることが不可欠だろう．

## 第4節　小　　括

第1章では，図Ⅰ-1の人々を取り巻く災害情報のイメージを基本に，いくつかの災害情報を例示した．行政の災害対応についての情報は，災害対応制度の構築と危機管理システムの整備・運用の一環として提供されることを示した．そして，何をどのようにするかの災害対応において，「復旧から復興および減災」への基本理念の拡大と，「公助から共助」への対処方法の拡大の方向にあることを，人々の災害対応への意識といった災害情報からも示した．くわえて，そのような対処方法のプロジェクトとプランを，基本理念と対処方法の拡大がどこに向かおうとしているかの証拠として紹介した．行政の責務が統一的で予見可能な制度での政策実施であると仮定するならば，行政による災害対応の基本は災害対応制度の構築と危機管理システムの整備・運用である．しかし，「公助の限界」の認識から減災への地域防災力の強化に力点を置くことが，これまでの災害対応の理念と対処方法に変化を促しつつあり，人々を取り巻く災害情報も変化を必要とし始めている．

第1章では，本書が議論する災害防災情報から災害減災情報への質的転換の土壌となる災害対応の公共政策を例示することを試みた．災害情報を見ることで，過去の災害対応の内容を知ることができ，今後の災害対応を考えることができた．「災害防災情報が人々を取り巻いている」といった仮説を厳密には検証できないが，人々がそのような情報を知ることができる状況にあることを示すには充分であった．また，その過程において，日本の災害対応の特徴である包括的計画主義と適応型改良主義のもとで，災害対応制度の構築と災害危機管理システムの整備・運用の災害対応が推進されていることを明らかにした．そして，そのような災害対応の推進のため，災害対応についての行政の防災情報がどのように人々を取り巻いているかを示唆することができた．

注

1）佐々木信夫『自治体の公共政策入門』ぎょうせい，2000年，62頁を参照されたい．

2）政策対応における行政機能の拡大に付随して計画強化が図られる．そのような計画は，「未来の複数または継続的な人間行動について，一定の関連性のある行動系列を提案する活動」と定義される（西尾勝『行政学の基礎』東京大学出版会，1990年，195-196頁）．政策展開は，行政過程のみではなく政治過程を伴う．たとえば，東日本大震災での政治過程と政策については，辻中豊編『政治過程と政策』東洋経済新報社，2016年，20-25頁に，2011年3月11日から2015年9月10日までの時系列の対応が詳細に示されている．Schneider, S. K.（1992）によれば，行政の災害対応の成否は実際に発生した被害と官僚の行動規範とのずれの大きさに左右されると述べる．

3）津久井進『大災害と法』岩波書店，2012年，92頁によると，阪神・淡路大震災当時は復興の法制度がなく，災害対策基本法にわずかな努力規定があったのみである．その後，東日本大震災復興基本法が震災からの復興についての基本理念を定め，復興のための資金の確保，復興特別区域制度の整備その他の基本となる事項を定めるとともに，東日本大震災復興対策本部の設置及び復興庁の設置に関する基本方針を定めること等により，東日本大震災からの復興の円滑かつ迅速な推進と活力ある日本の再生を図ることを目的とすると定めた．

4）　詳細については松岡京美・村山徹編『災害と行政——防災と減災から——』晃洋書房，2016年，202-203頁を参照されたい．被災者個人の生活再建が長期にわたるなら，それは個人の意図や努力とは関係なく，社会の問題として公共政策の対象となるとして，復興の終了を被災者の生活再建の社会問題が克服できた越災の終了時と想定する．

5）　地域防災力強化を地域コミュニティの活性化やまちづくりと関連づけて議論する研究は多い．島田明夫『実践地域防災力の強化——東日本大震災の教訓と課題——』ぎょうせい，2017年，209-210頁は，地域防災力向上の実践的ポイントとして地域での人材育成に注目する．三船康道『減災と市民ネットワーク——安全・安心まちづくりのヒューマンウエア——』学芸出版社，2012年，14頁は，減災のための様々な市民ネットワークを検討する．さらに，減災への地域防災のためのコミュニティ活動の方法について，中村八郎・森勢郁夫・岡西靖『防災コミュニティ——現場から考える安全・安心な地域づくり——』自治体研究社，2010年，174頁は工学系出身者の地域への注目を示す．

6）　災害を契機に結成率が高まっている自主防災組織であるが，復興および防災における実際の活動が不明確な現状については，復興プロセス研究会・中越防災安全推進機構復興デザインセンター編『復興プロセス研究』復興プロセス研究会，2011年，53-59頁の報告がある．「復興災害」については注8）を参照されたい．

7）　災害における地域コミュニティの役割が強調され，共助との関連でソーシャル・キャピタルが語られることは多い．たとえば，砂金祐年「ソーシャル・キャピタルと共助——東日本大震災を例にして——」中邨章・市川宏雄編『危機管理学——社会運営とガバナンスのこれから——』第一法規，2014年，206頁も，住民主体の応急対応の背景にソーシャル・キャピタルの存在を指摘する．「協働する市民」とは別に，坂本治也『ソーシャル・キャピタルと活動する市民——新時代日本の市民政治——』有斐閣，2010年，219-221頁は，政府の統治パフォーマンスを高める「活動する市民」によるソーシャル・キャピタルに注目する．防災活動においても政府への監視・批判をも視野に置く，主体的なネットワーク集団である自主防災組織の可能性も考えられるだろう．

8）　塩崎賢明『復興〈災害〉——阪神・淡路大震災と東日本大震災——』岩波書店，2014年，175頁は，「災害復興で絶対に欠かせない事項は被災者の生活再建である．それなしに市街地整備をどれだけ進めても復興にはならない．被災者にとっての復興は，被災後も健康を維持し，収入を確保し，人間らしい暮らしを続けながら，避難・仮住まい，終の棲家の確保といった住宅復興を成し遂げることである」と指摘する．

9）　被災者再建支援制度のなかった阪神・淡路大震災当時の兵庫県知事であった貝原俊民は，住宅地震災害共済制度をとりまとめた経緯や，復興事業への財源確保の柔軟な対応への経験を紹介している（貝原俊民『兵庫県知事の阪神・淡路大震災——15年の記録——』丸善，2009年，77頁，104-108頁）．

10）　政府等の公的機関や原発関連企業からの多くの情報とは別に，市民活動に役立つ情報を提供しようとする特定非営利法人原子力資料情報室の出版物も人々を取り巻いている．たとえば，『原子力市民年鑑2015』や『検証福島第一原発事故』がある．東日本大震災の原発災害において，大手メディアが特定の公式発表のみを大量に伝えることによって生じる「情報空白」を指摘するものには，徳田雄洋『震災と情報――あのとき何が伝わったか――』岩波書店，2011年，2-3頁，129-170頁がある．「事故当事者の東京電力などが提供するデータに基づく政府の公式発表が，類似の見解をもつ専門家の解説とともに報じられ」人々を取り囲むなかで，事故後6カ月を過ぎてわかってきた災害情報の指摘は興味深い．

11）田中幹人・標葉隆馬・丸山紀一朗『災害弱者と情報弱者――3・11後何が見過ごされたのか――』筑摩書房，2012年，96-99頁は，東日本大震災での福島第一原発事故を例に，1つの物の見方に判断を頼ってしまう危険性から，前提条件として多様な情報に触れられる機会が保障されていることが重要だと指摘する．

12）京都府は原発立地県ではないが，PAZやUPZおよび避難に関する「しおり」を作成し，舞鶴市，宮津市，綾部市，福知山市で配布している．

13）政治行政の災害対応の正統性は，災害と人々の関係における人々の意識を基盤にしている．東日本大震災で政府の復興構想会議議長を務めた五百旗頭は，大災害への対応は新たな歴史を築くことであり，国民の安全への政府の裏切りは統治の正統性を失わせると指摘して，人々を視野に置く側面を示す（五百旗頭真『大災害の時代――未来の国難に備えて――』毎日新聞出版，2016年，17頁，22頁）．一方，政治意識の研究者である谷藤は，制度構造への人々の支持が維持されなければ「正当性」の危機が生じるとして，メディアによる危機に関わる「イメージ」の管理に注目する（谷藤悦史「21世紀の危機管理をどう構築するか――危機管理研究の議論を踏まえて――」中邨章・市川宏雄編『危機管理学――社会運営とガバナンスのこれから――』第一法規，2014年，47-48頁，63頁）．また，メディアとも関連する人々の意識については，善教将大「震災記憶の風化――阪神・淡路大震災と東日本大震災に関する新聞記事の比較分析――」御厨貴編著『大震災復興過程の政策比較分析――関東，阪神・淡路，東日本三大震災の検証――』ミネルヴァ書房，2016年，216頁は，記憶の風化をくい止めることについて被災地以外の人々に言及する．

14）調査の詳細については，京都市選挙管理委員会「京都市民の投票行動――京都市議会議員選挙（平成27年4月12日執行）を素材として」の報告書がある．第2節における意識の分析については，村山皓「行政の災害対応への人々の意識」，松岡京美・村山徹編『災害と行政――防災と減災から――』晃洋書房，2016年，110-115頁を参照されたい．

15）被災地域外での災害対策への期待の高まりに関しては，前掲の池田（1986）が議論するコンサマトリー性といった災害情報の機能区分からも説明できる．

16）デビッドW．エジントン（香川貴志・久保倫子共訳）『よみがえる神戸――危機と復興契機の地理的不均衡――』海青社，2014年，103-116頁によれば，阪神・淡路大震災以降の復興計画における責任の所在に関して，日本政府は兵庫県と神戸市による復興事業の実施が最適との判断を下したことを指摘する．

17）広井脩「情報伝達体制」東京大学新聞研究所編『災害と情報』東京大学出版会，1986年，59-61頁は，災害情報の効果は情報を受け取るコミュニティの「災害経験」「災害知識」「防災訓練の程度」といった社会的要因によって決定されると説明する．つまり，情報伝達体制がどれ程うまく機能したとしても，そのコミュニティに3つの要因が不足していれば災害情報による防災効果は十分に発揮されないとしている．さらに，廣井脩『災害情報論』恒星社厚生閣，1991年，40-41頁では，コミュニティの社会要因にくわえて，災害の可視性といった環境的要因と認知度や災害観といった心理的要因を，災害情報が効果的に機能するための影響因子としてあげる．吉川肇子『リスク・コミュニケーション――相互理解とよりよい意思決定をめざして――』福村出版，1999年，22-26頁によれば，円滑なリスク・コミュニケーションには4つの義務があり，リスク情報を受け取るかどうかは情報の送り手が決定するものではないという実用的義務，人々の選択を限定する形でのリスク・コミュニケーションはあってはならないという道徳的義務，人々の求めに応じた十分な情報伝達が求められるという心理的義務，リスク管理に関する情報公開を強く求める制度的義務の4つがある．さらには，木村玲欧『災害・防災の心理学――教訓を未来につなぐ防災教育の最前線――』北樹出版，2015年，59-60頁は，災害情報の内容や発信のあり方を検討するにあたり，人々がリスク情報を受け取るまでには様々なバイアスがあり，情報は素直に受け取られないことを考慮すべきと指摘する．Mileti, D. S. et al.（1997）は，災害リスク情報へのアクセスの程度は人々の社会経済的属性にあまり影響されないことを明らかにしている．

18）　電通総研「震災一ヶ月後の生活者意識」調査（http://www.dentsu.co.jp/news/release/pdf-cms/2011040-0427.pdf）によると，震災後に強まっているであろうと調査主体が仮定する24の人々の意識のうち，「わかりやすく，一見正しいように見える情報よりも，できるだけ本質的・実質的な情報を選んでいきたい」という情報質指向については，65.7%と高い支持を得ている．

19）　3つの震災に関する特区制度利用の比較の詳細については，松岡京美『行政の行動――政策変化に伴う地方行政の実施活動の政策科学研究――』晃洋書房，2014年，31-38頁を参照されたい．

20）　前掲の塩崎賢明『復興〈災害〉――阪神・淡路大震災と東日本大震災――』180頁は，「国土強靱化の主眼は東日本大震災や今後の大規模災害の被害に対する国民のおそれを最大限に利用して，その防止を旗印にあらゆる分野でハード整備の事業を展開しようとするところにある」と言う．そのような問題を含むプランが押しすすめられる理由の1つに，阪神・淡路大震災や東日本大震災がもたらした複合災害の被害の大きさとその影響の継続性がある．外岡秀俊『3・11複合被災』岩波書店，2012年，15-16頁は，複合災害としての東日本大震災がもたらした交通，通信，電力，物流などにもたらした大規模な影響を指摘する．北後明彦「地震・津波．火災による複合災害に備える」神戸大学震災復興支援プラットフォーム編『震災復興学――阪神・淡路20年の歩みと東日本大震災の教訓――』ミネルヴァ書房，2015年，186頁は，震災による火災がもたらす複合災害への備えとして安全な国土のデザインに言及する．津波は避難すれば助かるとの「生存避難」の重要性を主張する河田惠昭『津波災害――減災社会を築く――』岩波書店，2010年，163頁は，減災社会の構築を自助，共助，共助の組み合わせによる危機管理に求める．

# 第2章 災害防災情報としてのハザードマップ

## 第1節 ハザードマップによる災害情報の伝達と活用

### 1-1. ハザードマップの目的と現在までの普及状況

大雨，地震，強風などによる自然災害の発生メカニズムは，図2-1のように科学的に解明されている[1)]．2015（平成27）年9月に発生した鬼怒川流域での大規模水害を例に説明するとつぎのとおりである．誘因となる記録的大雨が鬼怒川上流域を中心に降り続き，つぎに，地形等の自然素因に作用したことで水位が上昇し洪水となった．そして，堤防かさ上げ工事の一部未着工などの社会素因が洪水に作用したことで，10日午前6時過ぎの茨城県常総市若宮戸における越水，午後1時ごろの同市三坂町での破堤による大規模な浸水被害につながった．さらに，もし仮に住民への避難勧告システムや救援体制が不十分であったならば，さらなる混乱などの二次被害へと災害が波及する可能性があった．

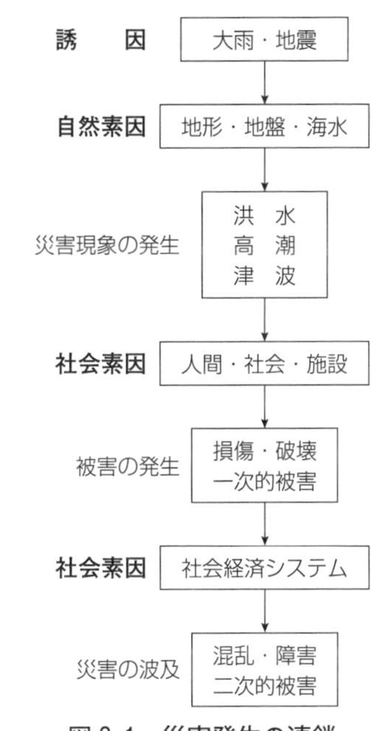


図2-1　災害発生の連鎖

（出所）水谷武司『自然災害調査の基礎』古今書院，1993年，p.8を加筆修正．

以上のように，自然災害は自然現象を誘因とする多様な素因の連鎖によって発生する．したがって，その災害発生の連鎖をどこかで断つことが出来れば，災害をゼロにするのは理論上不可能でない．たとえ災害をゼロにするのが事実上不可能だとしても，ソフト対策により人や社会の防災力を高めることで，災害による被害を最小限にすることは十分に実現可能なのである．地域防災力強化が目的として掲げられる理由もそこにある．被害を減ずるためには，自然現象がもたらすリスクを未然に「知る」，もしくは「知らせる」ことが対応の１つとなり，そういった災害リスクに関する情報伝達の手法として期待されているのがハザードマップである．本節では，そのような情報伝達の手段としてのハザードマップに注目することで災害防災情報の現状についてまとめ，次節では，人々を受動的な消費者として位置づける災害防災情報の限界についても指摘しようと思う．

ハザードマップという言葉に明確な定義はなく，災害予測地図もしくは防災地図と直訳される．また，災害に対してどのような地形・地質・土地条件のところが危ないかを判定し，防災上の諸施設や避難場所・避難経路などを示した地図の総称として用いられる．ハザードマップは，災害発生の連鎖における人間や社会といった社会素因の影響によって生ずる被害を軽減する目的のため，行政が災害により生ずる被害を事前に予測し，災害により生ずる危険箇所の情報を市民に伝達することによって，地域社会の防災意識向上に役立てようと意図されている．現在，洪水，内水，高潮，津波，土砂災害，火山の６種類の自然災害に対するハザードマップがあり，インターネットなどを通じて公開されている．また，ハザードマップを通じて災害リスクに関する情報を住民に伝達することで，災害発生時における速やかな避難行動や平時の災害学習に役立てられている．鈴木（2015）は，そのようなハザードマップを「災害像を伝える地図」と「避難情報を住民に周知する地図」に区分し，水害ハザードマップには避難情報の周知を目的とする後者が多いと説明する[2)]．

ハザードマップの存在が認知され始めたのは，自然災害によるリスクについての情報の取り扱いが大きく変化した阪神・淡路大震災以降である．公助の限界による自助・共助への注目が，ハザードマップの急速な普及の要因の１つと

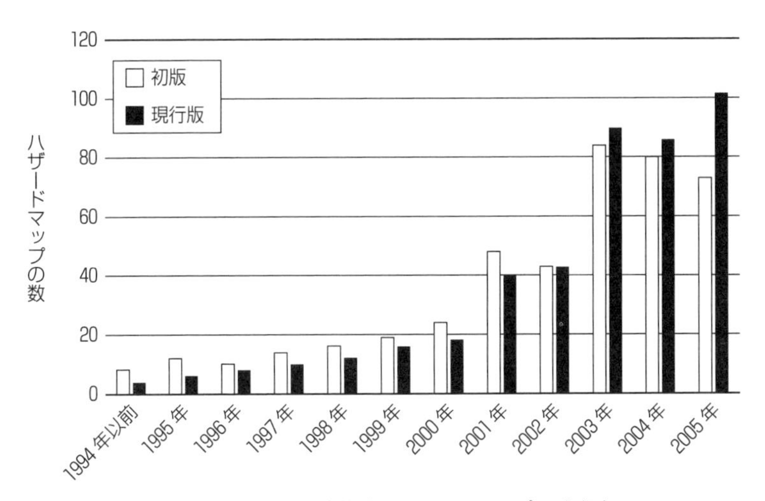


**図2-2　洪水・土砂災害ハザードマップの発行年**

（出所）　牛山素行『豪雨の災害情報学』古今書院，2008年，p. 29.

なった．図2-2は，全国2393市町村を対象とした調査における1995（平成7）年からの10年間に発行されたハザードマップの推移である．それによると，ハザードマップの発行数は1997（平成9）年頃から徐々に増加し，2001（平成13）年と2003（平成15）年に急増しているのが分かる[3)]．また，2003（平成15）年以降は初めて発行される初版のマップ数が徐々に減少する一方，現行版の部数が増加しており，一度作成したハザードマップの見直しを実施する自治体が多いのが分かる．図中にみられる2001（平成13）年の洪水ハザードマップ数の全体的な増加と2005（平成17）年の現行版の増加は，その前年に発生した自然災害による被害の状況と，そこから得られた教訓を生かすための根拠法改正の影響によるところが大きい．

自助・共助のソフト対策の充実のため，ハザードマップに注目する防災政策が2000（平成12）年代より急速に推進されたが，多くの自然災害を経験し10年以上経過した現在，全国でどの程度水害ハザードマップは普及しているのだろうか．図2-3は，洪水ハザードマップをインターネットで公表する市町村の分

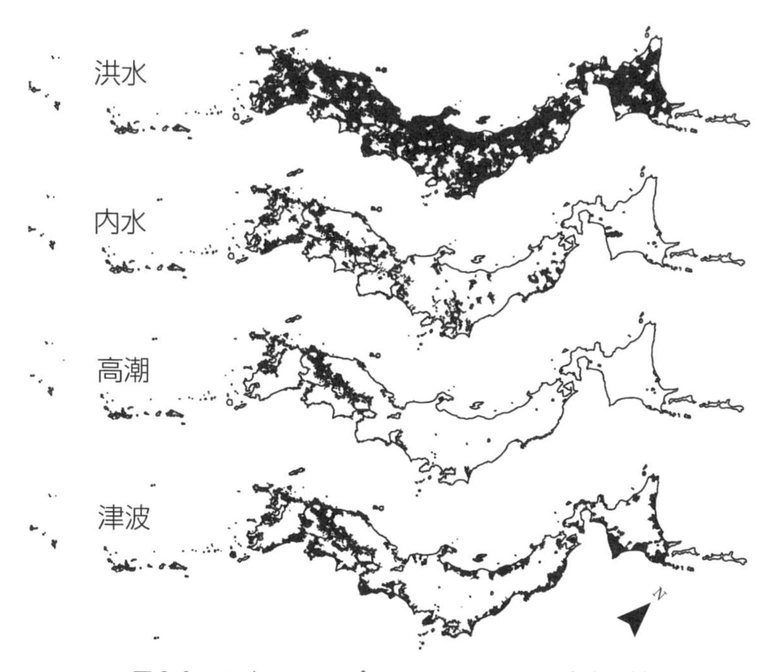


**図 2-3　ハザードマップのインターネット公表市町村**

（出所）　国土交通省「ハザードマップポータルサイト」〈https://disaportal.gsi.go.jp〉（最終アクセス：2017 年 12 月 4 日）の情報をもとに筆者作成.

布を示している[4]. 2016（平成 28）年 1 月時点で，1,310 市町村が洪水ハザードマップを公表しており，そのうち 1,228 市町村がインターネットでマップを公開している．近畿地方では，奈良と和歌山との県境付近山間部の村などを除いた全市町村がハザードマップの公開を完了している．京都府では 6 市町村が冊子形式でハザードマップを公開し，そのほか，表には浸水想定区域や避難所の地図を配し，裏には避難や災害学習に関する情報を図解するマップ形式のハザードマップを公開する自治体が多くみられる．全国的にみても，山梨県と埼玉県，東京都の県境自治体，伊豆半島，高知県などを除き，ほとんどの市町村が洪水ハザードマップをインターネットで公開している．

図 2-3 には，その他の水害ハザードマップの公表状況も図示している．内水

ハザードマップは307市町村が公表し，287市町村がインターネットで公開しているに過ぎない．内水ハザードマップの作成は，洪水災害における水防法のような根拠法が明確でなかったため，市町村が独自に内水浸水想定区域を指定するといった努力目標となっていたからである．そのため，国土交通省都市・地域整備局下水道部が「内水ハザードマップ作成の手引き（案）」を2008（平成20）年に公表したが，内水ハザードの作成は基礎自治体にあまり普及しなかったのがわかる．そのほか，瀬戸内海沿岸の123市町村が高潮ハザードマップを公表しており（うち，107市町村がインターネットで公開），津波ハザードマップは沿岸部の566市町村が公表している（519市町村がインターネットで公開）．高潮浸水予測図と高潮ハザードマップ作成に根拠法がないのに対して，津波についての根拠法はあるため，災害現象が発生する地形条件の違いを差し引いても，根拠法の有無がハザードマップによる防災政策の浸透に影響しているのが分かる．しかし，2015（平成27）年の水防法改定で，内水と高潮の浸水想定区域の設置が規定されたため，今後はこれらのハザードマップの普及も急速に進むと思われる．

### 1-2. 内水・洪水リスクを伝えるハザードマップ

ここでは，水害ハザードマップの一例として京都府長岡京市の内水と洪水ハザードマップを取り上げる．長岡京市では，５つのエリア別に内水と洪水による災害リスクの情報を公表している[5]．図2-4は，長岡京市南部の長四小・長八小学校区の内水氾濫に関するハザードマップである．内水氾濫とは，雨水を河川へと流す排水処理が追いつかずマンホールや側溝から溢れ出す水害で，図中の色の濃いエリアが市の上下水道部が想定する内水氾濫の可能性が高い浸水想定区域である．市のシミュレーションによれば，図2-4の中央辺りに位置する排水ポンプ場の周辺エリアで，排水処理機能の容量オーバーによる3.0m未満の内水氾濫の可能性が想定されている．ハザードマップでは，それらの浸水想定区域に避難所を重ねて図示することで，住家が浸水想定区域に含まれるか

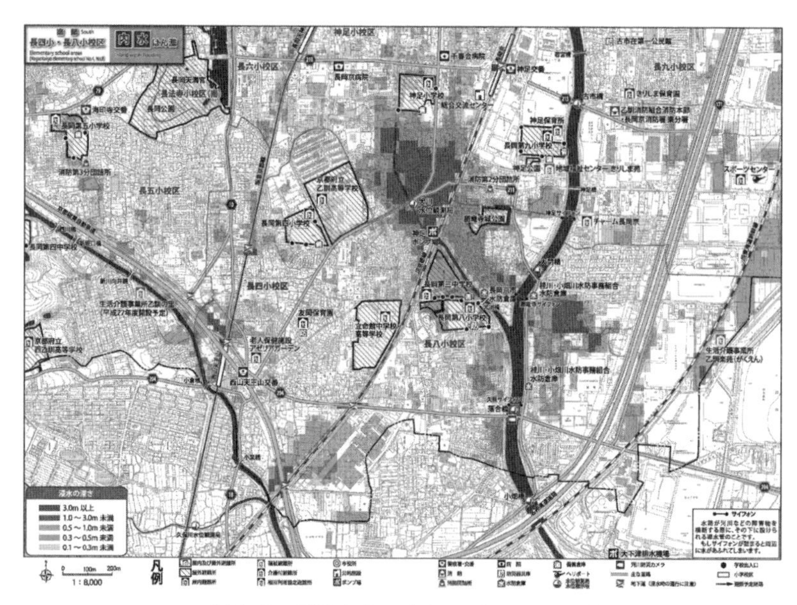


**図 2-4　長岡京市の内水ハザードマップ**

（出所）　長岡京市「防災ハザードマップ」〈http://www.city.nagaokakyo.lg.jp/0000000329.html〉（最終アクセス：2017 年 11 月 25 日）．

否かだけでなく，近隣の指定避難所までの距離や方位といった避難経路を確認することができる．そのほか，ハザードマップには市役所，消防署，警察署，病院といった公共施設も図示されることが多い．

図 2-5 は，先と同じ長岡京市の長四小・長八小学校区の洪水（外水氾濫）ハザードマップである．色の濃いエリアが，淀川水系桂川支流の一級河川である小畑川が洪水になった場合の浸水想定区域で，河川両岸の広範囲での 0.5～3.0 m 未満の浸水と，高速道路と交差する周辺域での 3.0 m 超の浸水が想定されている．これらの浸水想定区域は，市ではなく京都府によるシミュレーション結果である．そして，先の内水ハザードマップにも表記される避難所等の情報に加え，各地点からの大まかな避難予定経路が矢印で示されている．その他にも，高潮と津波ハザードマップに関しては，「国土交通省ハザードマップポータル

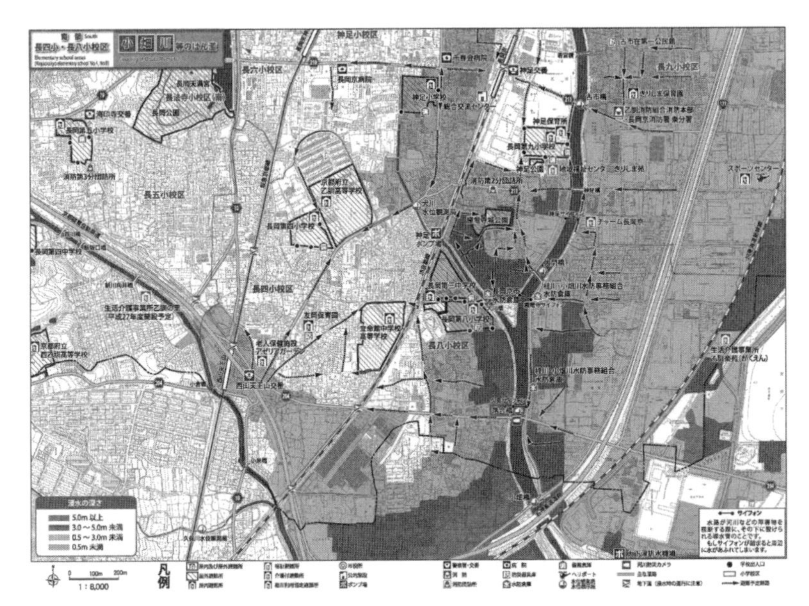


**図 2-5　長岡京市の洪水ハザードマップ**

（出所）　長岡京市「防災ハザードマップ」〈http://www.city.nagaokakyo.lg.jp/0000000329.html〉（最終アクセス：2017 年 11 月 25 日）.

サイト」〈http://disaportal.gsi.go.jp/index.html〉から各自治体のハザードマップを参照することができる.

### 1-3. 災害情報の地図化による効果

ハザードマップにどのような情報を記述するかは作成主体である市町村の判断に一部委ねられるが，浸水想定区域と避難所の位置は地図に必ず記述すべき情報として定められている．ハザードマップはそれらを地図上に重ね合わせて表示することで，災害リスクに関する情報伝達と，地域住民の迅速かつ安全な避難行動の促進に役立てられている．一般的に，地図にすることでの効果は様々な地物や現象の「見える化」であるとされ，そうした地図による「見える化」はコミュニケーション・ツールとしての地図活用の最大の利点といえる．

しかし，「見える化」の内実について具体的に述べられることは少ないため，ここでは，地図化によって「何が見えるようになるのか」を洪水ハザードマップの事例で概説し，災害リスク地図による情報伝達の効果についてまとめる．

地図にすることで何が見えるようになるかは，「分類」と「位相」の2点から説明できる．「分類」とは特定の地物を種類別に分けること，もしくは，全体をいくつかの同類の集まりに区分することと定義される．一方，「位相」は数学の考え方の1つで要素どうしの近さやつながり方に関する情報を指し，トポロジーとも呼ばれる．ハザードマップに記述される情報においては，浸水想定区域の浸水深の区分と，利用可否に応じた避難所の区分が「分類」にあたる．浸水深は0.5 m 未満，0.5〜3.0 m 未満，3.0 m 以上の三段階で図示され，避難所は浸水時2階以上が利用可能などといった区分で色分け表示される．これらの分類に共通するのは，洪水が発生した場合にその場所で想定される浸水リスクであり，その危険度を分かりやすくするために，浸水深や利用可否を段階に分けて図示している[6)]．つまり，危険を認識し行動するための枠組みである分類を明示できるといった点に，地図による「見える化」の効果があるといえる．

要素どうしの近さやつながり方に関する情報である「位相」とは，数学的に厳密な理解においては少し異なるかもしれないが，複数の地物や現象の接続，内包，近傍，交差などといった空間的関係と捉えることができる．そして，地理情報科学では，それらの位相構造を有するものの集まりを位相的空間と呼ぶ．ハザードマップにおいては，浸水想定区域といった面（ポリゴン）と住家や避難所の点（ポイント）との近傍状態といった位相的空間関係が論点となる．具体的には，居住地点を中心とする周辺域が浸水想定区域という面集合に含まれるといった近傍状態にある場合は，洪水による潜在的リスクが高い場所であることが読図できる．また，住家から避難所までの避難経路が浸水想定区域の境界と交差するといった位相的空間関係からも同様のリスクが読み取れる．さらには，その浸水想定区域が浸水深3.0 m 以上の場合，洪水によるリスクがより高い場所であることが読み取れ，分類と位相の組み合せから災害リスクの程度を推察することが可能となる．このような，読図者が意識的でなく自然に実践している読図の基本は，地図による「見える化」によって画一的に実践される．

以上のように，地図にすることで何が見えるようになるのかについては，「分類」と「位相」の視点より説明することができる．そして，そのような「見える化」による画一性の担保が，住民に対するリスク情報の伝達といった行政側の意図を反映した情報コミュニケーションを大いに助ける．しかし，わかった風といった欠点も同時に考慮する必要がある．たとえば，浸水想定区域に住家が含まれないといった位相的空間関係が地図によって強調されることで，安全であると誤認してしまうといった失敗がおこる可能性が生じる．そのため，分類や位相を過度に信頼するのでなく，災害リスクを理解しようといった読図者各自の態度が重要となる．

### 1-4. 災害リスクの伝達ツールからの進歩

ハザードマップが注目されて既に10年以上が経過し，様々な問題に直面することで災害情報の伝達に関する取り組みも進歩している[7]．1つ目のハザードマップの進歩は，国土地理院がインターネットで公開する「地理院地図」である[8]．地理学においては，ハザードマップが現在のように普及する以前から，地形や土地条件などの地図を用いることで災害の規模や被害範囲などを検討してきた[9]．地理院地図サイトでは，土地条件図や治水地形分類図に加えて，各種災害の被害状況などを地図上で重ね合わせて表示することができる．そのほかにも，1945（昭和20）年以降の空中写真や宅地利用動向調査による1974（昭和49）年以降の土地利用図，ハザード関連としては都市圏活断層図や火山土地条件図などを重ね合わせて表示することができる．図2-6は，2015（平成27）年9月の関東・東北豪雨における堤防決壊箇所を中心に，治水地形分類図と最大浸水域を重ね合わせた地図である．図中央を縦断する鬼怒川沿いの十字マークの箇所が，茨城県常総市三坂町の堤防決壊地点である．治水地形分類図では，決壊箇所周辺東側の薄いグレー色のエリアが微高地（自然堤防）に分類され，さら

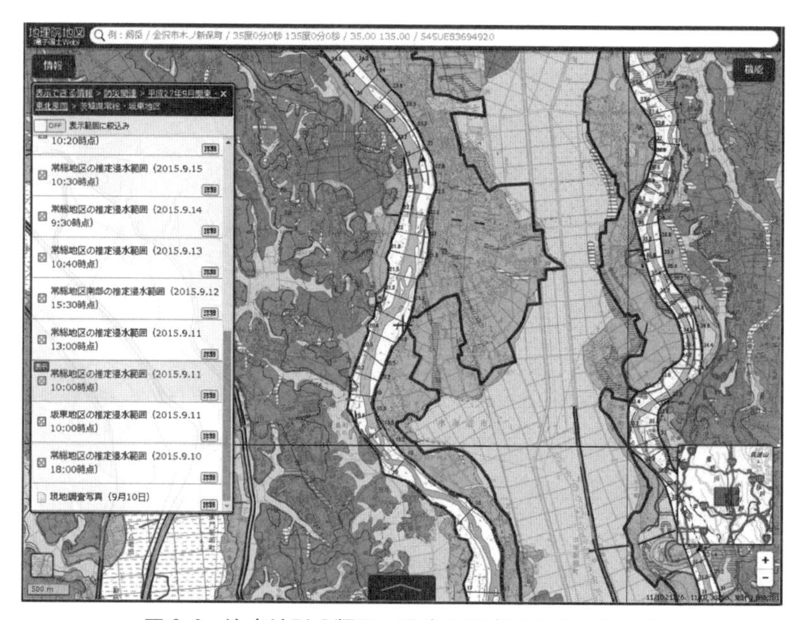


**図 2-6　治水地形分類図と過去の浸水域の重ね合わせ**

（出所）　国土地理院「地理院地図 電子国土 Web」〈https://maps.gsi.go.jp〉（最終アクセス：2017 年 11 月 25 日）.

に東方面に広がる白色のエリアは氾濫平野に分類される．そして，決壊箇所を始点に氾濫平野を囲む太線の範囲が最大浸水域であり，両者の範囲はほぼ一致するのが分かる．つまり，洪水に社会素因などが作用して越水や破堤が発生すれば，上述の範囲が浸水被害に対してとても脆弱であることは，地形や土地条件などから自明である．このような新たな情報公開の試みによって，既存のハザードマップなどによって災害リスクを知らされるだけでなく，災害リスクに関する情報を主体的にマッピングすることが可能となる．

つぎに注目するハザードマップの進歩は，国土交通省が推進する「まるごとまちごとハザードマップ」である[10)]．まるごとまちごとハザードマップとは，図 2-7 の右写真にあるように，水災にかかる各種情報を洪水関連標識として生活空間である市街地に表示する事業である．このような取り組みが政策として

明治29年琵琶湖洪水
(滋賀県高島市深溝)

まるごとまちごとハザードマップ
(兵庫県豊岡市下陰)

**図2-7　水害記憶の伝承の過去と現在**

(出所)　左写真：筆者撮影，右写真：豊岡市「まるごとまちごとハザードマップ」〈http://www.kkr.mlit.go.jp/toyooka/marumachi/index.html〉(最終アクセス：2017年11月25日).

展開され始めたのは最近のことだが，図2-7左写真の滋賀県高島市の洪水位標のように，石碑の設置によって水害の痕跡を保存し，その記憶を後世へと伝承する取り組みは古くより行われてきた．今後は，ハザードマップの認知不足や被災経験のある住民の減少などによって，災害リスク意識が低下することが予想されるため，洪水関連標識を街中に設置し，予測される浸水深や避難所の方角と距離といった情報を伝達することで，生活空間の中で災害リスクを擬似的に経験できるような試みが注目されている[11].

## 第2節　災害リスクに関する情報政策としてのハザードマップ

### 2-1. 水防法改定とハザードマップの射程

ハザードマップの内容や普及状況，さらにはハザードマップ自体に進歩がみられることは先に述べたとおりだが，ここでは，災害リスクを住民に伝達するといった災害対応制度としてのハザードマップの側面を取り上げる．はじめに，洪水等発生時における浸水想定区域の指定に関する根拠法である水防法改定に注目することで，ハザードマップによる災害情報の射程の変化を概観する．つぎに，ハザードマップやマップに記述する災害リスク情報の作成に関する中央政府と地方政府との役割分担についてまとめる．そして，国が策定するハザードマップ作成マニュアルより，どのような情報がハザードマップに記載され，災害情報として人々を取り囲んでいるかを検討する．

表2-1に，2000（平成12）年以降に発生した自然災害と水防法改定の変遷を示す[12]．ハザードマップなどの災害情報に関する扱いが1995（平成7）年の阪神・淡路大震災を契機に変容したのは，先に述べたとおりである．それまでの防災は行政による「公助」が中心で，自然災害に伴うリスクについての情報が住民に公開されることは少なかった．しかし，震災以降は防災の政策方針が公助から「自助・共助」へと移り変わり，住民に対する災害リスクの情報公開が促進された．そして，2000（平成12）年の北海道有珠山噴火では，防災マップに記載される情報に基づいて多くの登山者が無事に避難したことで，ハザードマップによる自助・共助の防災効果が社会的注目を集めた．

名古屋市を中心に内水氾濫と外水氾濫が同時発生した2000（平成12）年9月の都市型水害では，庄内川と新川流域における被害が甚大で，住家の浸水被害が約1万8,000棟，総被害額は約6,700億円に上った[13]．そして，翌年7月には水防法が見直され，次のように都市型水害対策の充実が図られた．

**表 2-1　自然災害と水防法の変遷**

|  |  |
|---|---|
| 1990年代 | 阪神・淡路大震災（一九九五年一月）<br>自然災害による危険に関しての情報公開が促進される。 |
| 2000 | 有珠山噴火（二〇〇〇年三月）<br>ハザードマップ（「有珠山火山防災マップ」）に対する社会的注目が高まる。 |
| 2001 | 東海豪雨（二〇〇〇年九月）<br>⬅ **※水防法の改定（二〇〇一年七月）**<br>［地域防災計画におけるハザードマップの作成は市町村の努力義務<br>洪水予報河川の浸水想定区域の作成を都道府県に義務付け<br>都道府県管轄の河川を対象とし、都道府県知事が洪水予報］ |
| 2004 | 新潟・福島豪雨（二〇〇四年七月） |
| 2005 | ⬅ **※水防法の改定（二〇〇五年五月）**<br>［洪水予報河川以外の中小河川でもハザードマップ作成を市町村に義務付け<br>災害弱者に対する避難計画の策定を市町村に義務付け］ |
| 2011 | 東日本大震災（二〇一一年三月）<br>⬅ **※水防法の改定（二〇一一年一二月）**<br>［津波防災における水防活動全体の強化<br>津波を洪水予報、水防警報等の対象として明示］ |
| 2015 | 集中豪雨による都市型浸水の増加<br>⬅ **※水防法の改定（二〇一五年二月）**<br>［内水及び高潮に係る浸水想定区域の設置］ |

（出所）　村山徹「減災手法の進展にみる日本の災害政策の特徴」『名古屋地理』No. 30，2017 年，p. 8.

① 国土交通省だけでなく，都道府県管轄の 2 級河川を対象として都道府県知事が指定河川の洪水予報を実施する．

② 洪水予報の対象河川における浸水想定区域の作成を都道府県の義務とし，浸水想定区域及び想定される浸水深を関係市町村に通知する．

③ 各地方政府が作成する地域防災計画において，市町村は洪水予報の伝達方法，避難場所などについて住民に周知するように努め，ハザードマップ作成を努力目標とする．

2004（平成 16）年 7 月，新潟県と福島県で発生した集中豪雨で，信濃川水系河川の計 11 か所で堤防が決壊，新潟県三条市や中之島町などの約 2 万 6,000 棟が浸水し，死者16名の被害が生じた．その犠牲者の多くが75歳以上の後期高齢者であり，屋内で犠牲になっていたことから，支援の乏しい高齢者の災害に対する脆弱性が明らかとなった．そして，翌年5月には水防法が一部改正され，次のように対策が講じられるに至った．

① 災害弱者である後期高齢者や要支援者に対する避難計画の策定を市町村の義務とする．
② 洪水予報の対象となっている河川以外の中小河川も対象とし，ハザードマップの作成を市町村の義務とする．

そして，住民間での認知不足といった防災ツールとしてのハザードマップの限界が指摘されるようになった後，2011（平成23）年の東日本大震災では当時のハザードマップの浸水想定を凌駕する津波被害に見舞われ，同年12月には，水防法の一部改正により以下のような津波災害への対策が講じられた．

① 津波を洪水予報や水防警報などの対象として位置づける．
② 津波防災における水防活動全体を強化する．

近年，集中豪雨を誘因とする都市型水害が増加したことで，2015（平成27）年2月の改定では，内水及び高潮に係る浸水想定区域の設置が明示された．そして，2017（平成29）年の改定では，ハード・ソフト対策を一体として社会全体で備える水防災意識社会の再構築への取り組みが急務とされ，利活用シチュエーションに応じた住民目線の水害ハザードマップの作成などが推奨されている．

### 2-2. ハザードマップ作成における中央政府と地方政府の役割

つぎに，ハザードマップに関連する中央政府と地方政府との役割の違いについてまとめる．たとえば，図2-4の内水ハザードのシミュレーションは市の上下水道部が実施する一方，図2-5の洪水ハザードのシミュレーションは府の土木事務所が実施している．さらに，ここでは取り上げていないが，長岡京市の「防災ハザードマップ」には，国土交通省近畿地方整備局が指定する浸水想定区域に基づいた桂川の氾濫を想定した洪水ハザードマップも掲載されており，それぞれの水害の発生源ごとに浸水想定区域の策定主体が異なる．

このようなシミュレーション実施主体の相違は，水防法を根拠とする各政府間の役割分担に起因する．国土交通省などの中央政府は水防法といった法の立案を主な役割とし，そのほかにも，国民経済上重大な損害が生ずるおそれのある2以上の都府県にわたる河川で洪水が発生した場合の浸水想定区域の指定を担当する．つぎに，都道府県といった中間自治体は，洪水により相当な損害を生ずるおそれがある中央政府管轄の大規模河川を除く河川を対象に，外水氾濫発生の条件設定や浸水想定区域の指定を担当する．そして，市町村などの基礎自治体は，国や都道府県が指定する浸水想定区域に基づいてハザードマップを作成し，それらのハザード情報を住民に周知する役割を担っている．つまり，中央政府は法整備（一部の大規模一級河川の浸水シミュレーション），中間自治体は浸水想定区域のシミュレーション，基礎自治体は水際対策と住民広報といった具合に，その役割を分類することができる．図2-8には，洪水災害リスクに関してのそのような中央政府と地方政府との役割を整理している．

以上のような中央地方間の役割分担のため，広域を流れる桂川の浸水想定地域には国の指定を，小畑川の浸水想定区域には府の指定を活用し，市の危機管理部局がハザードマップを作成するといった災害情報の伝達に関する事

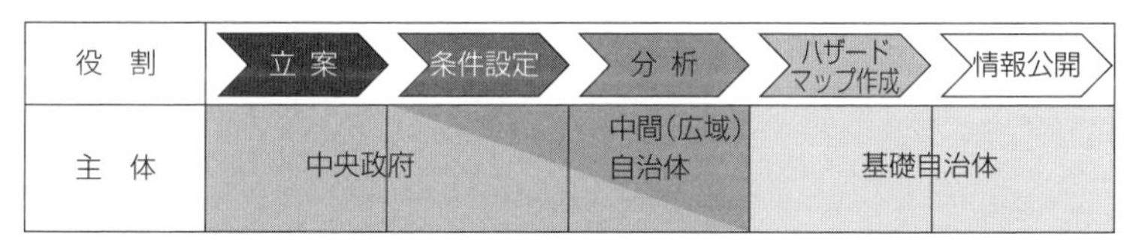


**図2-8　洪水災害リスクに関する中央政府と地方政府の役割**

（出所）　松岡京美・村山徹編『災害と行政』晃洋書房，2016年，p. 79.

業実施の流れになっている．また，内水氾濫に関しては河川管理でなく下水道管理の所管となるため，内水氾濫シミュレーションは市の上下水道部が実施している．

### 2-3. 作成マニュアルにみるハザードマップへの記載事項

ハザードマップの役割分化にみられるように，マップの作成は市町村が主に担当しているが，国が作成の手引きを定めて市がそれに従うことで，ハザードマップの均質化が図られている．ハザードマップは，浸水想定区域を図示する地図単体の場合もあれば，地図を含む災害情報資料集の場合もあり，市町村によってその形態は異なる．たとえば，長岡京市の内水・洪水ハザードマップは「防災ハザードマップ」という小冊子に含まれる地図であり，地図以外にも市の水害の歴史，氾濫発生の原因や被害の特徴に関する図説，シミュレーションの設定条件，災害情報の入手方法，適切な避難行動の心得などが記載されている．そこで，以下では，国土交通省「洪水ハザードマップ作成の手引き（改定版）」を参考に，洪水ハザードマップの基本的な決まり事や地図に記述される情報についてみてみる．

国土交通省水管理・国土保全局はハザードマップ作成の際に検討すべき基本事項を定めており，多くの市町村が作成の手引きに書かれた内容に準拠したハザードマップを作成している．手引きでは，ハザードマップの形式，地図作成の対象範囲（表示区域），地図の縮尺の３点を作成前に検討すべき基本事項としている．ハザードマップの形式とは，マップ形式，冊子形式，冊子形式＋マップ形式の３種のハザードマップの形態であり，避難活用情報や災害学習情報といった市民に周知する情報の全体量を踏まえて，適切な形態を選択すべきとしている．地図作成の対象範囲は，基本的に市町村全域を対象とすることが望ましいと定めるが，洪水予報の対象外河川であるとか隣接市町村の浸水域の非表示などがリスクの誤解とならないよう，それぞれの地域特性に応じた範囲を設定すべきと定めている．地図の縮尺に関しては，利用者が自宅を識別できるように配慮し，1 万分の 1 から 1.5 万分の 1 程度が望ましいと定める．加えて，避難経路となる道路等が識別できるような基図の選択にも注意喚起している．

ハザードマップにはどのような情報を記述するよう定められているのだろうか．表 2-2 は，作成の手引きが定める洪水ハザードマップへの記載事項の一覧

**表 2-2　洪水ハザードマップへの記載事項の一覧**

| 区　分 | 項　　目 |
|---|---|
| 共通項目<br>（必ず記載） | 浸水想定区域と浸水深 |
| | 洪水時家屋倒壊危険ゾーン |
| | 避難所等 |
| | 避難時の危険箇所 |
| | 土砂災害警戒区域 |
| | 水位観測所等の位置 |
| | 浸水ランク等に即した避難行動の心得 |
| | 洪水予報等，避難情報の伝達方法<br>（プッシュ型の情報） |
| | 洪水時に得られる情報と，その受信や取得の方法<br>（プル型の情報） |
| | 避難所等の一覧 |
| | 津波災害警戒区域に関する事項 |
| | その他 |
| 地域項目<br>（自治体が判断<br>（選択）して記載） | 避難活用情報<br>➢ 河川の氾濫特性<br>➢ 避難時の心得<br>➢ 避難勧告等に関する事項<br>➢ 地下街等に関する情報　等 |
| | 災害学習情報<br>➢ 水害の発生メカニズム，地形と氾濫形態<br>➢ 既往洪水に関する情報<br>➢ 洪水氾濫時に起こること及び避難の際に注意すべきこと<br>➢ 水害に備えた心構え<br>➢ 気象情報に関する事項<br>➢ その他　等 |

（出所）　国土交通省『洪水ハザードマップの手引き 改訂版』2015 年，p. 9.

である．記載事項は，原則として必ず記載しなければならない共通項目と，状況に応じて自治体が記載するかを判断できる地域項目に分類されている．そして，12 種類の共通項目のうち地図に記載すべきと定められている項目は，国または都道府県が通知する① 浸水想定区域と浸水深，② 洪水時家屋倒壊危険ゾーン，③ 土砂災害警戒区域，④ 水位観測所の位置があり，市町村が独自に指定する⑤ 避難所等と⑥ 避難時の危険箇所と合わせて計 6 種類になる．表中のその他の共通項目は，地図に図示する必要はないがハザードマップに掲載すべき項目とされている．

また，図示すべき共通項目については，標準的な表示方法を定めている．たとえば，浸水想定区域と浸水深の地図上での表記に関しては，0.5 m と 3.0 m を閾値とする 3 段階の区分で図示することを勧めており，地図上の凡例表記には 2 階建て家屋との関連を示した模式図を用いることを標準としている．このような区分や表現を標準とする理由は，0.5 m 未満の場合には標準的日本家屋の 1 階での床下浸水被害を，0.5〜3.0 m 未満は 1 階床上浸水を，3.0 m 以上は 2 階浸水をイメージしやすくするためである（一部，5.0 m 閾値を加えた 4 段階区分もある）．災害像や浸水リスクを生活スケールにおいて認識することによって，避難行動に即した判断基準となるような情報伝達が可能となっている．また，避難所等の色分け表示に関しても，浸水時の避難所の利用の可否が分かるよう，2 階以上が使える避難所，すべての階が使える避難所といった状態ごとに区分して表記することを定めている．さらに，避難行動に伴うリスクが想定されるアンダーパス冠水などの箇所を，市町村の判断で地図上に表示することも指示されている．

地図上でなくともハザードマップに必ず記載すべき項目として，① 浸水ランク等に即した避難行動の心得，② 洪水予報等の避難情報の伝達方法（プッシュ型の情報），③ 洪水時に得られる情報と取得方法（プル型の情報），④ 避難所等の一覧，⑤ 津波災害警戒区域に関する事項，⑥ その他の計 6 種類を定めている．たとえば，図 2-9 の長岡京市防災ハザードマップの避難行動の心得は，浸水想

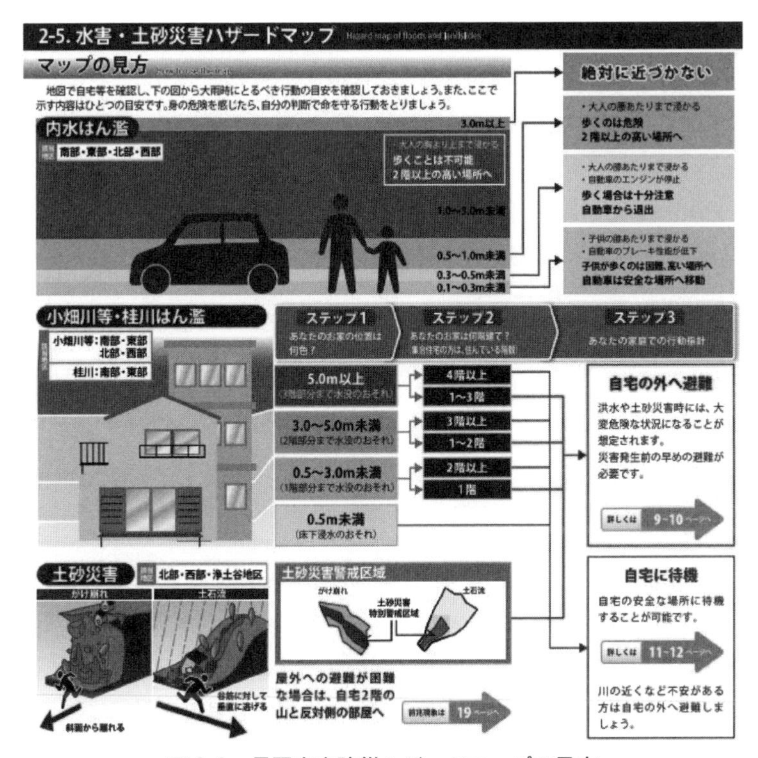


図2-9　長岡京市防災ハザードマップの見方

（出所）　長岡京市「防災ハザードマップ」〈http://www.city.nagaokakyo.lg.jp/0000000329.html〉（最終アクセス：2017年11月25日）．

定区域の浸水深ごとに，内水・外水氾濫時それぞれの場合において取るべき避難行動が解説されている．そのほかにも，行政から住民に伝達される防災情報の種別や入手方法をイラストで図説している．記載するかどうかを独自に判断する地域項目には，避難活用情報と災害学習情報がある．避難活用情報は① 河川の氾濫特性，② 避難時の心得，③ 避難勧告等に関する事項，④ 地下街等に関する情報であり，災害学習情報は① 水害発生のメカニズム，② 既往洪水に関する情報，③ 水害に備えた心構え，④ 気象情報に関する事項である．洪水ハザードマップ作成の手引きでは，避難行動時に活用できる情報としてこれらを推奨するが，これらの地域項目は災害のリスクを住民に啓発するために役立つと思われる．

長岡京市のように独自の情報を地図に記載する事例も一部で見られるが，基本的には，記述すべき共通項目を国がマニュアルに基づいて指定することよって，市町村の作成するハザードマップの均質化が図られている[14]．こういったハザードマップ作成のマニュアル化とそれに伴う画一化に関しては一部で批判の対象とされるが，近年にみられるハザードマップの急速な普及において，質を落とすことなく政策展開できたことに一定の効果があったことも評価すべきであろう．

## 第3節　ハザードマップへの批判と今後の展望

### 3-1．地図描画における問題

災害研究は学際的に取り組まれており，ハザードマップへの注目度も高いが，数多くの批判も同時にある．たとえば，予測の確実性はこの手のシミュレーションに必ずついて回る代表的な批判だが，ここでは地図の描画における批判と地図の活用における批判を取り上げる．地図描画の問題として位置精度と記号表現に注目し，地図活用の問題としてはハザードマップの認知とマニュアル化による弊害に注目する．災害対応としてハザードマップを評価するならば，後者の地図活用の問題は特に注目すべき批判といえる．

位置情報の正確性は，地図情報にとって最も重要な要素の１つである．地図学の地図表記の方法においては，境界線の位置精度が不十分なときには実線でなく破線で描き，現象の境界が変化する可能性がある場合は線引きしないことで，なるだけ分類しないよう心掛ける．しかし，既存のハザードマップでは，シミュレーションによる浸水深を便宜的に区分し，さらには，カテゴリーごとに色分け表示することでその境界をより鮮明に表現している．先にも述べたように，分類による情報の「見える化」は地図活用の利点でもあるが，リスク規模の誤認につながるおそれを同時に生じさせる．さらに，水害ハザードマップに用いられることの多いメッシュデータにも同様の問題がある．メッシュデータは一辺50 mや100 mといった正方形に地域を便宜的に区切った区画単位のデータであり，土地利用シミュレーション等に用いられることが多い．しかし，その境界線は実際の地形条件ではありえない直線となり，異なる色分けがなされたメッシュ内外では，被害が実際よりも甚大であるような印象を与える．

ハザードマップにおける記号表現に対する批判は，読図者が自宅の位置を特定することの妨げになることを問題視する．ハザードマップの読図と地図表現の関わりに関する調査結果では，一部の被験者がハザードマップ上で自宅を特定できず，ランドマーク等の記載量の不十分さと，基図における住宅形状の類似による混乱が一因であることを指摘する[15)]．ハザードマップには都市計画図を基図として用いることも多いが，ランドマークとなるコンビニエンスストアなどの商業施設やバス停といった交通機関の表記が不足し，マンションや住宅地など類似の四角形が密集する中から自宅を特定するのが困難になる．こういった記号表現に関する問題は改善すべき課題であるが，あまり多くの情報を1つの地図に詰め込んで描画することは，主題図として伝える情報が曖昧になるといった新たな問題を生む可能性もある．

### 3-2. 地図活用における問題

地図の活用に関する問題点の1つに，ハザードマップが住民に認知されていない問題がある．牛山（2008）は災害対応におけるソフト対策の重要性を説明するが，災害情報の価値はその周知の度合いによって変化することを指摘する[16)]．日本損害保険協会が2009（平成21）年に行った大阪府民500名を対象とした調査の結果では，ハザードマップ（防災マップ）を知っていると回答したものが全体の34.4%，知らないと答えた回答者が65.6%となっている．所有状況に関しては，実物が家にあると答えたのは27.3%しかおらず，残りの回答者は家に実物がないと答えている．また，水害対策を講じる際にハザードマップを活用しなかった理由については，「特に理由はないが，何となく」が42.4%，「存在を忘れていたから」が27.3%を占めている[17]．つまり，作成した地図を全戸配布し，インターネット上で公開したとしても，人々はハザードマップをあまり認知しておらず，興味そのものを持っていないといった現状が明らかとなった．しかし，ハザードマップを認知していたことが早めの避難行動につながったという減災効果を指摘する研究成果もあるため[18]，ハザードマップをどのように活用するのかが今後の大きな課題となってくる．

国土交通省のハザードマップ作成の手引きによって記載内容の統一が図られたのは先に述べたとおりだが，矢守（2013）はそのようなマニュアルの充実がかえって防災・減災の実践の不可視化を拡大すると指摘する[19]．マニュアル化によって多くの実践が組織的かつ効率的に成し遂げられる利点はあるが，マニュアルはある特定の実践への参加を自治体職員や住民といった関係者に対して可視化する一方，マニュアルが示唆する形とは異なる実践への参加を不可視化する弊害があると説明する．具体的には，マニュアル化は，必要な時に住民に対して避難を促すといった自治体職員の実践を住民にとって不可視化し，個々に避難行動を決定する住民の実践を自治体職員にとって不可視化することを指摘する．マニュアルによるそうした可視化・不可視化の弊害に鑑みると，現在の多くのハザードマップは，市全域や校区別といった地図縮尺の違いはあれども，災害の全貌の俯瞰的把握と画一的対応といった行政の実践に適した情報伝達ツールであり，個別に判断を迫られる住民の避難行動にとっては不適切なツールなのかもしれない．その結果，ハザードマップへの関心の低さが人々の中で表面化していると考えられる．

## 第4節　小　　括

阪神・淡路大震災以前，浸水想定区域などの災害リスクに関する情報は専門家や実務担当者のみが知りえる情報であり，一般には非公開であった．しかし，防災政策としてのハザードマップも急速に普及し，認知の程度はともかく，災害リスクに関する情報は広く住民全体に伝達されるようになった．そこには，「公助の限界」の認識による新たな災害対応を必要とする行政側の意図を見ることができる．そこで，第2章では，災害情報としてのハザードマップに注目し，ハザードマップの役割をその制度構築と地理空間情報による効果より検討した．以下，小括として，ハザードマップに対する批判を参考にしつつ，災害情報と人々との関係の課題について展望し，第3章で検証する「災害情報の質的転換」の基盤とする．

ハザードマップは防災上の諸施設や避難場所・避難経路などを示した地図であり，行政から住民への情報伝達の手法の1つとして有効であるが，ハザードマップに対する様々な批判の中でも，マニュアル化による実践の可視化・不可視化の弊害は，情報と人々との関係に関する注目すべき論点を内含する．なぜなら，従来のハザードマップが避難行動を個別に決定する住民の防災活動の実践を不可視化する問題は，人々を受動的な消費者として位置づける災害防災情報の限界を示唆するからである．ハザードマップに対する住民の認知が進まないといった課題から，災害リスクを地図上でなく日常生活の中で疑似体験できるような試みへとリスクの「見える化」の適応が進められてきた．しかしながら，進歩した災害リスク伝達のいずれの取り組みにおいても，人々を客体的消費者として位置づける情報伝達であるという前提に変化は見られず，地域防災力の向上に資する情報政策としては不十分であることが推察される．つまり，地域防災力の向上が目的であるならば，災害リスクに関する情報の「見える化」は有効な手段でなく，人々が必要な情報を積極的に取捨選択できるような災害情報に取り囲まれた状態が望ましく，そのような情報と人々との関係を災害情報の「見る化」と形容できるのではないだろうか．

2015（平成27）年には，国土交通大臣から「大規模氾濫に対する減災のための治水対策のあり方について」が諮問され，ハード面を中心とした防災の限界を意識した社会的備えの必要性が答申された．そして，その後に「水防災意識社会再構築ビジョン」が策定され，避難者視点のハザードマップの再構築や逃げ遅れゼロ実現のための多様な関係者の連携体制の構築が進められている経緯を踏まえると，ハザードマップにどのような情報を記述するかは，多様な関係者を包括する共同的な実践を地図情報を媒介として如何に組織化するかに基づいて検討されるべきである[20)]．つまり，人々を災害情報の積極的な利用者と位置づけた減災のための情報提供による情報と人々の関係構築が重要となるだろう．具体的には，住民主体による避難リスクの検討と，それらの情報を考慮したハザードマップを作成するといった取り組みが注目される．このような視点から，災害防災情報の１つである既存のハザードマップは限界にあると考えられ，新たな災害情報への転換が必要とされているのではないだろうか．

注

1）　水谷武司『自然災害調査の基礎』古今書院，1993 年，8 頁を参照されたい．

2）　鈴木康弘「そもそもハザードマップとは何か」鈴木康弘編『防災・減災につなげるハザードマップの活かし方』岩波書店，2015 年，19 頁を参照されたい．

3）　2001 年の水防法，同年の土砂災害防止法，2005 年の水防法改正といった法整備が，2001 年以降に急速に増加したハザードマップ策定に影響していると，牛山素行『豪雨の災害情報学 増補版』古今書院，2012 年，28 頁は指摘する．

4）　国土交通省「ハザードマップポータルサイト」では，国または都道府県が想定する各種の災害リスクに関する情報を重ね合わせて地図に描画することができる．くわえて，市町村のハザードマップの作成状況と各自治体のホームページへのリンクが集約されている（https://disaportal.gsi.go.jp/，最終アクセス：2017 年 12 月 4 日）．

5）　京都府長岡京市ではホームページでハザードマップに関して情報公開している（http://www.city.nagaokakyo.lg.jp/0000000329.html，最終アクセス：2017 年 11 月 25 日）．

6）　坂本賢三『「分ける」こと「わかる」こと』講談社，2006 年，55-60 頁は，英語やドイツ語における「わかる」の起源から，わかるためには対象を「分ける」行為と切り離すことは出来ないと述べる．

7）　2004 年から 2014 年までの土砂災害と洪水犠牲者の位置情報と，災害リスクに関する情報である土砂災害危険箇所と浸水想定地域との地理空間関係について分析している．その結果，土砂災害においては，犠牲者発生位置と危険箇所とが強い相関関係にあり，ハザードマップ的情報が示す場所以外での例外的犠牲者が少ないことを明らかにしており，洪水に関しては，遭難場所と危険箇所の関連は 50％以下と低く，想定外を多く含むことを，牛山素行「ハザードマップへの期待と不安」『地理』Vol.62，2017 年，28-35 頁は指摘している．

8）地理院地図では，空中写真や衛星画像だけでなく，地形や災害の記録に関する様々な災害関連データを地図上に重ね合わせて描画することができる（https://maps.gsi.go.jp/，最終アクセス：2017年11月25日）.
9）鈴木康弘「防災概念の変革期における地理学の役割」『地理学評論』70A-12，1997年，818-823頁は，従来の地震予知による防災から変化し，人間生活に基づいた地域的特性との関連への注目は，災害研究における地理学の役割を大きくすると述べる.
10）兵庫県豊岡市では，国土交通省と兵庫県の洪水標識を合計47か所，市の避難標識を243か所，市内に設置している（https://www.kkr.mlit.go.jp/toyooka/marumachi/index.html，最終アクセス：2018年1月30日）.
11）地域に残る災害遺構に関する地図デジタルコンテンツを作成することで，防災教育やダークツーリズムへの活用が進んでいることを，高橋和雄編著『災害伝承――命を守る地域の知恵――』古今書院，2014年，184-185頁は紹介している．Billy, M., Polic, M.（2005）は，洪水災害に対する人々の教育と訓練が重要になると述べる.
12）村山徹「減災手法の進展にみる日本の災害政策の特徴」『名古屋地理』No.30，2017年，7-10頁は，2001年，2005年，2011年，2015年の水防法改正の変遷を，直前に発生した水害による被害状況との関連からまとめている.
13）北原糸子・松浦律子・木村玲欧編『日本歴史災害事典』吉川弘文館，2012年，712-718頁では，2000年9月11日から12日にかけて発生した東海豪雨による被害の概要と，復旧・復興の概要が記述されている.
14）ハザードマップにどういった災害情報が記載されているかに注目した研究はいくつかある．たとえば，谷垣内亨宣「洪水ハザードマップの内容に関する分析――東京都における事例をもとに――」『災害情報』No.3，2005年，37-48頁は，東京都の7区のハザードマップを事例に，避難時に有益な情報を多く記述するハザードマップと平時の防災教育に役立つ情報が多いハザードマップといった違いを説明する．そして，多くのケースにおいて掲載される情報が混在しており，利用目的が想定されていないことが課題であると述べている．また，田中孝治・北川悠一・堀雅洋「洪水ハザードマップにおける情報表現のわかりやすさに関する認知心理学的検討」『災害情報』No.12，2014年，88-98頁は，全国の県庁所在地と政令指定市，大阪府内各市町村のハザードマップを対象に，地図面に記載の情報が画一的なのに対して情報面の記載情報が非共通性であることを問題視する.
15）高井寿文「ハザードマップ基図の読図と地図表現との関わり」『地図』Vol.47，No.3，2009年，1-7頁は，ハザードマップの読図実験を実施し，都市計画図を基図とすることによる読み間違えの多さを明らかにしている．Hodgson, M. E.（2001）は，地図上に描画される地図情報に関する注意点として，情報の一般化と簡素化をあげている．そして，地図上の災害リスクを絶対的と認識しないことが重要と述べる.
16）前掲の牛山素行『豪雨の災害情報学 増補版』古今書院，2012年，154-156頁は，ハザードマップのような災害情報が防災対策として効果を発揮するには利用者に認知されなければ何も始まらないが，認知されたからといって効果を発揮するわけでないと述べる.
17）日本損害保険協会・野村総合研究所「洪水ハザードマップ等の現状・課題に関する

調査研究」2010年では，大阪市在住の20歳以上の男女500名を対象とするハザードマップの認知状況に関するアンケート調査を実施している．

18）　片田敏孝『平成10年8月末集中豪雨災害における郡山市民の対応行動に関する調査』1999年（片田研究室HP，http://www.katada-lab.jp/index.html）を参照．

19）　矢守克也『巨大災害のリスク・コミュニケーション――災害情報の新しいかたち――』ミネルヴァ書房，2013年，31-35頁は，マニュアルによって多くの実践が組織的かつ継起的に生じることでの効率化に利点を見いだせるが，マニュアル化することによる功罪について，参加を助長するがためにある局面の不可視化を促進する場合があると述べる．

20）　矢守克也・渥美公秀編著，近藤誠司・宮本匠『防災・減災の人間科学』新曜社，2011年，102-107頁は，防災マップ（ハザードマップ）を事例に，災害対応における道具と実践について解説している．防災・減災を含む特定の実践がどのようなことであるかという認識と，実践を支える道具（例えば，防災マップ）とが互いに互いを支えあっている関係だと述べる．言い換えれば，道具によって実践を再構築することが可能であることを説明している．

# 第Ⅱ部

# 災害と人々の関係の変化の兆し

日本の災害対応は，今日まで防災の原則を確保しながら災害対応制度の構築を継続してきた．また，災害により明らかになった新たな課題に対する制度の修正と改善を繰り返し，災害危機管理システムの効率的な運営を図ってきた．そのような日本の災害対応の特徴を包括的計画主義と適応型改良主義と呼ぶが，第Ⅰ部ではそれらの具体的な内容の一端を示して，これまでの日本の災害対応においてわれわれを取り囲む災害情報がどのようなものであったかを明らかにした．そこで検証した仮説は，「包括的計画主義と適応型改良主義の災害対応においては，人々を伝達された情報の受動的な消費者と位置づけている」であった．そして，ハザードマップといった災害リスクに関する情報伝達の事例などから，行政から発信される災害情報には先の仮説のような特徴があることを示した．そして，そういった検証結果を踏まえて，第Ⅱ部では災害防災情報から災害減災情報への質的転換の兆しが見え始めていることを示し，人々を減災のために提供された災害リスクに関する情報の積極的な利用者として位置づけ始めていることを指摘してみる．

「防災は被害を防ぐことであり，減災は被害を少なくすることである」との端的な違いに従って，被害を防ぐ情報を災害防災情報，被害を減じる情報を災害減災情報と定義できる．そして，被害を防ぐためには公助が重視され，被害を減じるためには自助・共助といった人々の関与がより必要となる．そこで，行政が防災のための災害リスク情報を人々へと伝達することで，災害対応の制度構築と災害危機管理システムの効率的な運用を図っており，ここではそれらを災害防災情報と定義する．一方，人々を積極的な利用者と想定する情報は災害減災情報として区別する．

現在，減災に資する災害情報が何であるかは議論の俎上である．また，2012（平成24）年の防災対策推進検討会議以降，多様な主体の参画による自助・共助・公助とともに，減災の概念の明確化についても議論されているが，国による明確な定義づけが示されるには至っていない．しかしながら，阪神・淡路大

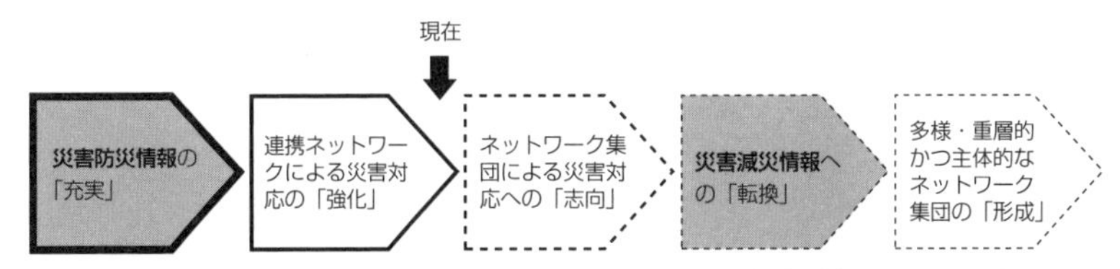


**図Ⅱ-1　地域防災力向上のための災害対応と災害情報の発展過程**

（出所）　筆者作成.

震災や東日本大震災の経験を経て「公助の限界」が認識された昨今において，防災から減災への転換が行政主導から連携協働へと変化した日本の災害対応の鍵であり，そこで人々を取り巻く災害情報も変化していることは間違いない.

本書では，災害リスクに対する対応と災害リスクに関する情報は相互に関連しており，対応と情報が互いに関連しながら地域防災力向上のゴールに向けて発展していると仮定する．図Ⅱ-1には，地域防災力向上のための災害対応と災害情報のそのような発展過程を示す．具体的には，「公助の限界」の認識から災害リスクに関する情報が一般公開され，人々を情報の消費者と想定する災害防災情報が「充実」したことに端を発す．そして，現在では，制度的な要請のもとに連携ネットワークを形成することでの災害対応が「強化」されるに至った．行政の要請による制度構築とシステム運用としては十分な環境が整ったといえるが，さらなる地域防災力の向上のためには，防災活動の主体となるネットワーク集団の形成による災害対応への「志向」と，人々を積極的な利用者と想定する災害減災情報への「転換」が必要となるだろう．そして，多様・重層的かつ主体的なネットワーク集団による災害対応が「形成」されることが地域防災力向上の近道であると本書では考えている．図Ⅱ-1では発展過程を５つの段階で整理しており，そのうち無色の３つは災害対応に関する段階，グレー色の２つは災害情報に関する段階を示している．また，実線は政策としてすでに実現している段階を表し，点線は今後に実現していく段階を表している．当然であるが，災害対応と災害情報の発展は順序良く交互に進むのでなく，同時的かつ紆余曲折しながら進む発展過程をたどる．ここではそのような発展過程を捉える枠組みとして，図のように便宜的に整理している．図中の実現していく段階のうち，前者のネットワーク集団による災害対応への「志向」に災害減災情報への「転換」の「兆し」を示すことが本書の検証の中心であり，後者の多様・重層的かつ主体的なネットワーク集団の「形成」への示唆となる事案について第Ⅱ部において検討する．災害対応における多様な主体の参画は地域防災力向上を目指す今日の日本における重要課題であり，「自分ごと」として自律的に災害に備える社会といった新たな防災フェーズを迎えていることはすでに述べたとおりである（50頁，図1-16）．「自分ごと」としての防災対応は個人の意識と行動に依拠しており，個人の意思にゆだねられる問題である．一方で，地域団体が主体となる防災・減災・再建においては，被災後の地域再生に関する各種団体による平常時からの活動が地域防災力の向上に影響を及ぼす．そのため，災害対応における多様な主体として，自治会などのコミュニティ組織と域内に立地する民間企業等が地域防災力強化にどのように寄与できるかが注目される．次章以降では，地域の様々な集団による多様・重層的かつ主体的なネットワーク集団の形成を検討してみる．

以上のような視点に基づき，連携ネットワークによる災害対応の強化からネットワーク集団への志向，災害減災情報への質的転換の兆しの一連の発展過程を，災害対応と災害情報の事例を用いて検証する．そして，減災のための地域防災力の向上を実効的にする具体策への基盤を確認する．そこで，第3章では，「災害と人々の関係における地域内ネットワークに注目する災害対応が見られ，そこに災害防災情報から災害減災情報への質的転換の兆しがある」といった作業仮説を検証する．くわえて，主体的な地域内ネットワーク集団の形成の示唆となる地域コミュニティの継続に関わる事案を提示する．そして，第4章においては，「災害と人々の関係における広域ネットワークに注目する災害対応が見られ，そこに災害防災情報から災害減災情報への質的転換の兆しがある」という2つ目の作業仮説を検証し，主体的な広域ネットワーク集団の形成の示唆となる地域企業の継続に関わる事案を提示する．

本書の研究目的の１つは，災害と人々の関係における災害情報の質的転換の検証枠組み（図 序-1）に沿って，第Ｉ部で行政の防災情報と人々の意識の情報がどのように人々を取り巻いているかを明らかにしたうえで，災害防災情報から災害減災情報への質的転換の兆しを検証することである．第Ⅱ部では連携ネットワークとネットワーク集団に注目する研究枠組みから，災害情報の質的転換を検証する（第Ⅱ部第３章第１節と第２節，第Ⅱ部第４章第１節と第２節）．そして，災害情報の質的転換の「兆し」が地域防災力強化の「実際」につなげられるかについて，住民一人ひとりの「自分ごと」としての防災への備えに加えて，地域社会の持続的回復力を担う地域団体に注目する．そのような団体による地域防災力の強化について，被災からの地域再生における地域コミュニティと地域企業の多様・重層的かつ主体的なネットワーク集団の形成の可能性についての事案で示唆してみる（第Ⅱ部第３章第３節，第Ⅱ部第４章第３節）．

# 第3章
# 地域内ネットワークに注目する災害対応と災害情報

東日本大震災後の「公助の限界」の認識は，地域防災力の強化策の重視への変化をもたらした．われわれを取り巻くそのような変化に関する情報環境の1つが，防災コミュニティへの注目などといった地域内ネットワークである．市町村内の地域を対象単位とする地区防災計画の推奨とともに，災害防災対応の制度構築と危機管理システムの効率運営のための地域防災力の最前線として，地域密着度の高い消防団の地域社会での役割に期待する施策が展開されている．そして，公である消防職員，私である自主防災組織構成員，半官半民の消防団員の三者による地域社会ネットワークを重視し，地域防災力向上による減災効果を実現しようとする災害減災情報の比重が増している．

消防団の役割は，これまで期待されていた発災時の応急対応から，コミュニティにおける防災リーダーとしての側面が強調されるようになった．消防団についてのそのようなネットワーク志向は，地域防災力の向上といった新たな課題への適応型改良主義の日本の防災対応の特徴の表れである．さらには，地域における防災ネットワーク構築の一環として地区防災計画の制度を位置づけようとするが，それは国の防災基本計画と都道府県および市町村の地域防災計画に地区防災計画を加える包括的計画主義の日本の特徴に沿った政策展開である．そして，そのような階層的な計画による災害対応の制度構築が地域防災力の強化に結びつくには，多様な人々の主体的な関わりを促進できる試みが必要だろう．愛知県豊橋市の防災に関する情報環境の整備には，開放性を備えた広がりのある地域内連携のネットワークによる多様な人々の主体的な関与に結びつく兆しが見て取れる．

以下では，災害と人々の関係における人々のネットワークに注目しつつ，災害対応の主体形成へとつながる災害減災情報への質的転換の兆しを，消防団と地区防災計画を例として具体的に検討する．まず，地域防災力向上のための消防団の強化による防災ネットワークの制度構築の施策展開としては，安全への地域内連携ネットワーク志向を防災手段として加えるプロジェクト推進となっていることを示す．次に，地域防災力向上のための地区防災計画制度の施策展開が，安全への地域内連携ネットワーク志向の制度化の推進であることを示す．さらには，豊橋市の事例から地域内における連携ネットワーク整備への志向の実践を概観する．それらによって，災害対応の変化に伴う災害防災情報から災害減災情報への質的転換の兆しと，人々が防災に関するそれらの情報環境に取り囲まれていることを検証する．しかし，災害情報の質的転換の兆しは見られるものの，人々は情報を消費する客体にとどまっており，災害対応の主体の形成までには至っていない．そのような質的転換の内実には，災害対応の自主的ネットワークに資する災害減災情報の手法が必要だが，その手段の追求の土壌となる兆しがすでに見え始めていることを第1節で明らかにする．

## 第1節　地域内ネットワークによる災害対応の変化の兆し

### 1．地域防災力向上のための消防団の強化

#### 1-1．消防団に関する法令

戦後日本の災害対応制度において，地域の防災活動の多様な主体として水防団や消防団が定着してきた．水防団は水防法を根拠とし，消防団は消防組織法によって組織される．現状，ほとんどの消防団員が水防団員を兼務しており，消防団員が担う役割が増大している[1]．消防団員は地域住民もしくは関係者であり，消防団には地域密着性，要員動員力，即時対応力といった特性があるが，東日本大震災での消防団員の殉職者が，警察官30人，消防署員27人に対して254人（消防庁災害対策本部，2014年3月7日現在）であった[2]．このような数値は，

1．目的・基本理念等

○ 消防団を中核とした地域防災力の充実強化を図り、もって住民の安全の確保に資することを目的とし、地域防災力の充実強化は，消防団の強化を図ること等により地域における防災体制の強化を図ることを旨として実施（1～3条）
○ 地域防災力の充実強化を図る国及び地方公共団体の責務（4条）
○ 住民に対する防災活動への参加に係る努力義務（5条）
○ 地域防災力の充実強化に関する関係者相互の連絡及び協力義務（6条）
○ 地域防災力の充実強化に関する計画・具体的な事業計画の策定義務（7条）

2．基本的施策
（1）消防団の強化

○ 消防団を「将来にわたり地域防災力の中核として欠くことのできない代替性のない存在」と規定（8条）
○ 消防団への加入の促進
・意識の啓発（9条）
・公務員の消防団員との兼職に関する特例（10条）
・事業者・大学等の協力（11・12条）
○ 消防団の活動の充実強化のための施策
・消防団員の処遇の改善（13条）
・消防団員の装備の改善・相互応援の充実（14・15条）
・消防団員の教育訓練の改善、標準化、資格制度の創設（16条）

（2）地域における防災体制の強化

○ 市町村による防災に関する指導者の確保・養成・資質の向上、必要な資機材の確保等（17条）
○ 自主防災組織等の教育訓練において消防団が指導的役割を担うための市町村による措置（18条）
○ 自主防災組織等に対する援助（19・20条）
○ 学校教育・社会教育における防災学習の振興（21条）

**図3-1　消防団を中核として地域防災力の充実強化に関する法律概要**

（出所）総務省消防庁『平成28年版　消防白書』p. 19.

消防団が地域の防災ネットワークで活動していることの証左と言えるかもしれない．

公助の限界において，地域の減災を実現するためには，地域防災力としての共助と自助が不可欠とされる[3)]．災害対策基本法第2条の2第2号では，公助は「国，地方公共団体及びその他の公共機関の適切な役割分担及び相互の連携協力を確保すること」，自助は「住民一人一人が自ら行う防災活動」，共助は「自主防災組織（住民の隣保協働の精神に基づく自発的な防災組織）その他の地域における多様な主体が自発的に行う防災活動」と定めている．そして，2013（平成25）年に議員立法で成立した「消防団を中核とした地域防災力の充実強化に関する法律」で，減災への地域防災力の強化に向けて，消防団が自助や共助のためのファシリテーターとなるようなネットワーク構築が期待されている．図3-1の概要からは，地域における防災体制の強化が示す他の組織との連携にネットワーク志向の兆しが垣間見える．

「消防団を中核とした地域防災力の充実強化に関する法律」（消防団等充実強化法）が2013（平成25）年に施行されて以降，消防団に関する情報環境が充実傾向にある．「政策は，公文書あるいは法文として文章化され，基本法手続きによる公共の同意をかちとってはじめて，政府政策となる」[4)]とあるように，地域防災力の充実強化に向けて消防団の整備の政策が一段と進んだのは，消防団等充実強化法の成立によるところが大きい．議員立法により成立したこの法律において，消防団は将来にわたり地域防災力の中核として欠くことのできない存在と規定されており，災害対応の制度構築における中心として消防団の充実強化が位置づけられている．

法文の基本理念において，「……多様な主体が適切に役割分担をしながら相互に連携協力して取り組むことが重要であるとの基本的認識の下に，地域に密着し，災害が発生した場合に地域で即時に対応することができる消防機関である消防団がその中核的な役割を果たすことを踏まえ，消防団の強化を図るとともに，…（中略）…地域における防災体制の強化を図ることを旨として，行われなければならない」と定められており，消防団にコミュニティでの防災リーダーとしての役割が期待されているのがわかる．ここに定められた役割が，従来からの消防団の特性である要員動員力の増強にとどまるなら，減災を目標とする地域防災力強化への効果はあまり期待できないが，新たな法令はその先を目指すものであると感じる．半官半民である消防団の活動が，多様な人々による防災活動への積極的な関与につながるには，人々の自発的なネットワークを基盤とするソーシャル・キャピタルの増進が重要となろう．そして，そのような消防団に対する新たな期待を踏まえると，始まったばかりではあるものの，コミュニティにおける防災ネットワークへの志向とその基盤整備としての消防団の役割があることが確認できる．

### 1-2. 消防職員と消防団員

図3-2が示すように，消防は市町村長が管理し，市町村は消防事務を処理するための機関として消防本部，消防署および消防団のうち全部または一部を設けなければならないとされている（消防組織法9条）．国と都道府県は必要な助言，指導，支援を行うが，市町村消防の原則に基づいて市町村が区域における消防の責任を負い管理運営にあたる（消防組織法6条）．消防の役割は，火災予防，消化，救急・救助活動，風水害等への対応と，火事にとどまらず広く災害に対応すると定義されている．そして，そのような消防機関は，消防本部・消防署などの常備の消防機関と，消防団などの非常備の消防機関で構成される．

非常備の消防団員は，通常，各自の職業に就きながら予防・防災活動に従事している．そして，災害時には自宅や職場から現場に駆けつけて，その地域での生活経験を生かして防災活動や救助活動に従事する非常勤特別職の地方公務

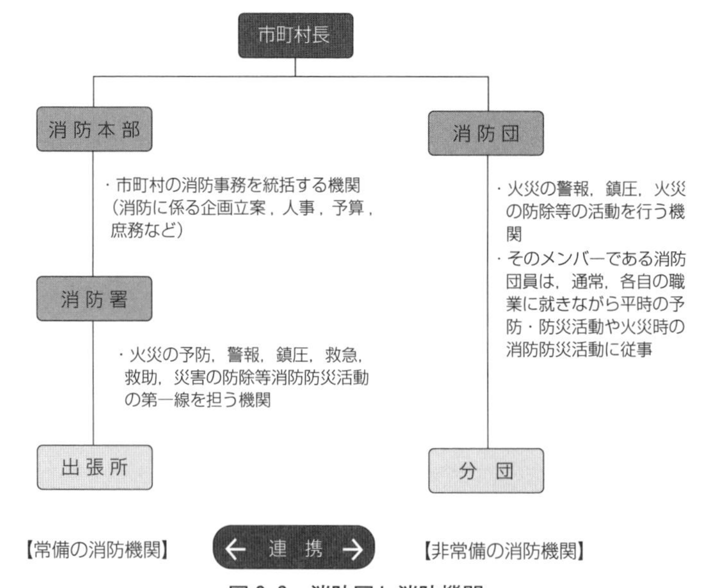


**図3-2　消防団と消防機関**

（出所）　総務省消防庁「消防団の活動って？」〈http://www.fdma.go.jp/syobodan/about/index.html〉（最終アクセス：2017年10月18日）．

## 表3-1　消防職員および消防団員の出動状況

（平成27年中）（単位：回，人）

| 区分 | | 消防職員 | 消防団員 | 計 | 構成比（%） |
|---|---|---|---|---|---|
| 火災 | 回数 | 42,950 | 33,106 | 76,056 | 0.8 |
| | 延人員 | 785,009 | 767,427 | 1,552,436 | 3.8 |
| 救急 | 回数 | 6,048,609 | 779 | 6,049,388 | 61.8 |
| | 延人員 | 18,427,651 | 2,622 | 18,430,273 | 44.8 |
| 救助 | 回数 | 86,820 | 2,016 | 88,836 | 0.9 |
| | 延人員 | 1,094,941 | 10,472 | 1,105,413 | 2.7 |
| 風水害等の災害 | 回数 | 11,277 | 4,595 | 15,872 | 0.2 |
| | 延人員 | 53,471 | 134,277 | 187,748 | 0.5 |
| 演習訓練 | 回数 | 481,658 | 222,473 | 704,131 | 7.2 |
| | 延人員 | 2,779,832 | 4,242,909 | 7,022,741 | 17.1 |
| 広報・指導 | 回数 | 371,425 | 98,320 | 469,745 | 4.8 |
| | 延人員 | 1,323,569 | 985,088 | 2,308,657 | 5.6 |
| 警防調査 | 回数 | 432,736 | 12,371 | 445,107 | 4.5 |
| | 延人員 | 1,482,877 | 109,471 | 1,592,348 | 3.9 |
| 火災原因調査 | 回数 | 42,416 | 80 | 42,496 | 0.4 |
| | 延人員 | 187,404 | 1,585 | 188,989 | 0.5 |
| 特別警戒 | 回数 | 90,613 | 88,800 | 179,413 | 1.8 |
| | 延人員 | 608,220 | 1,290,983 | 1,899,203 | 4.6 |
| 捜索 | 回数 | 2,833 | 1,895 | 4,728 | 0.0 |
| | 延人員 | 28,232 | 59,479 | 87,711 | 0.2 |
| 予防査察 | 回数 | 775,881 | 1,613 | 777,494 | 7.9 |
| | 延人員 | 1,892,213 | 35,234 | 1,927,447 | 4.7 |
| 誤報等 | 回数 | 37,506 | 5,277 | 42,783 | 0.4 |
| | 延人員 | 447,797 | 64,611 | 512,408 | 1.2 |
| その他 | 回数 | 702,590 | 184,584 | 887,174 | 9.1 |
| | 延人員 | 2,852,067 | 1,507,360 | 4,359,427 | 10.6 |
| 計 | 回数 | 9,127,314 | 655,909 | 9,783,223 | 100.0 |
| | 延人員 | 31,963,283 | 9,211,518 | 41,174,801 | 100.0 |

（備考）1　「消防防災・震災対策現況調査」により作成.
2　本表では，災害現場における消防活動の実施の有無にかかわらず，出動及び出向回数を計上している.
3　消防団員の救急への出動回数については，救命処置を含む応急手当，傷病者搬送等の回数を計上している.

（出所）総務省消防庁『平成28年版　消防白書』p. 154.

員としての扱いになる．その活動は，住民の安心・安全を守るために地域密着性，要員動員力，即時対応力を備え，「公助の限界」による地域防災力が必要とされる昨今の災害対応において期待される存在である．

表3-1の消防職員および消防団員の出動状況からは，消防団員が果たしている役割が消防職員のそれと異なっているのが分かる．出動回数・人員の大部分を占める救急活動は消防職員の役割である一方，火災や風水害，演習訓練，広報・指導，特別警戒などでは消防団が重要な役割を果たしている．そのような平常時における人々の安全に関わる役割を担っている消防団にまつわる情報は，本書が定義するところの災害対応の制度構築に資する災害減災情報の1つと言えるだろう．

### 1-3. 消防団員の推移

消防団員の役割に期待する昨今の日本の防災対応にとって，消防団にまつわる情報環境の比重は増す方向にあり，減災のための地域防災力強化の担い手としての消防団員の確保は喫緊の課題となっている．図3-3の推移に見られるように消防職員数が増加する一方で消防団員数は減少傾向にあり，また，図3-4の女性消防団員は増加しているものの，図3-5を見る限り高齢化が顕著であり，消防団の充実強化のためには新たな団員確保が急務であることは明らかである．

消防団は，住民の自発的な参加によって構成され，地域密着性，要員動員力及び即時対応力といった重要な特性を有しており，団員減少や高齢化は地域防災力低下に直結するものと政府は捉えている．内閣府によると，このような団員減少等の背景には，若年層人口の減少，農村・中山間地域の人口減少，就業者における被雇用者が占める割合の増加など，これまで消防団を支えていた年齢層からの入団者を確保することが難しくなっていることが指摘されている．今までよりも大きな役割が消防団に求められる中で，地域防災力の要としての消防団の強化をどのように図っていくか，そのための新たな担い手をどのように確保していくかが重要となる．同様の状況は，風水害による被害の拡大を減

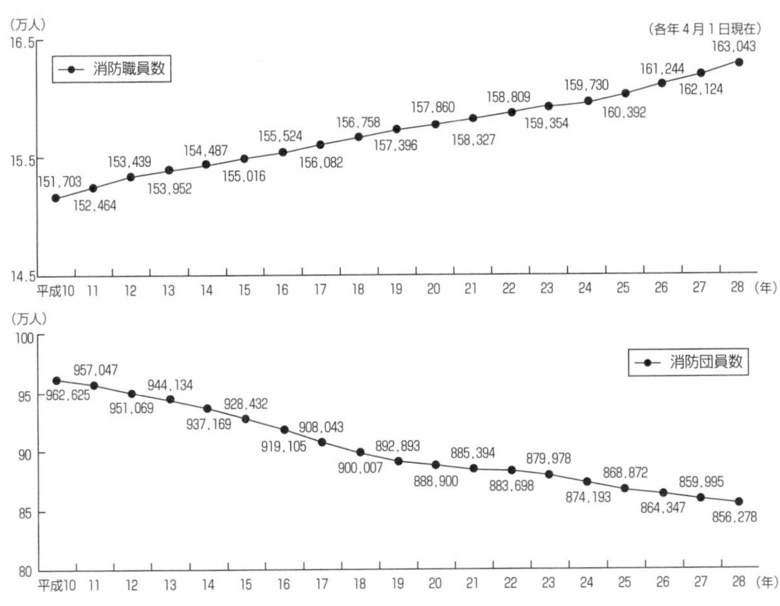


（備考）１「消防防災・震災対策現況調査」により作成.
２ 東日本大震災の影響により，平成23年の岩手県，宮城県及び福島県の消防職員数及び消防団員数については，前年数値（平成22年４月１日現在）により集計している.
３ 東日本大震災の影響により，平成24年の宮城県牡鹿郡女川町の数値は，前々年数値（平成22年４月１日現在）により集計している.

**図 3-3　消防職団員数の推移**

（出所）総務省消防庁『平成28年版　消防白書』p. 135.

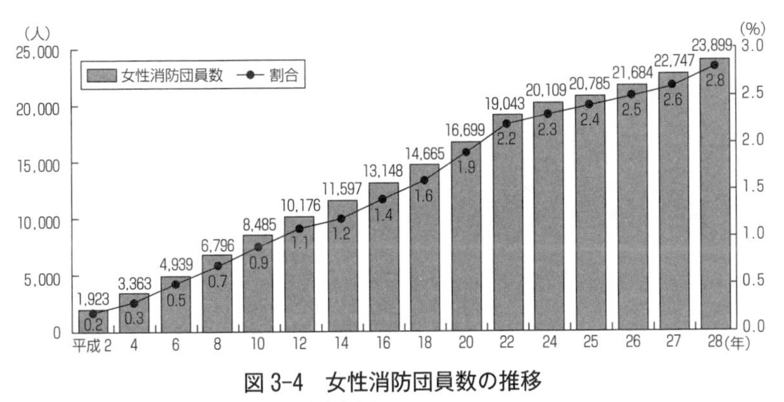


**図 3-4　女性消防団員数の推移**

（出所）総務省消防庁『平成28年版　消防白書』p. 27.

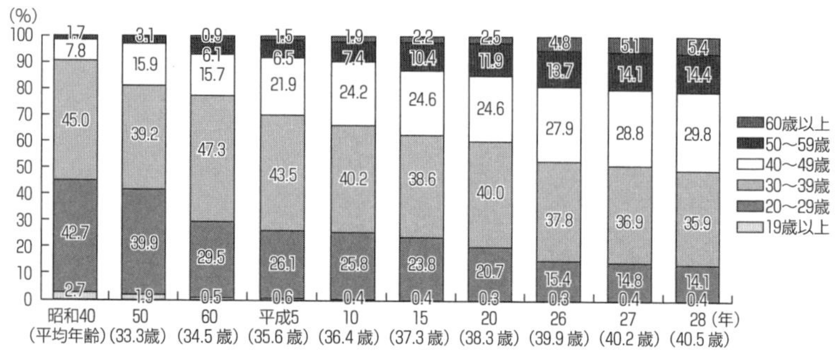


（備考）　1　「消防防災・震災対策現況調査」により作成.
　　　　　2　昭和 40，昭和 50 年は「60 歳以上」の統計が存在しない．また，昭和 40 年は平均年齢の統計が存在しない.

**図 3-5　消防団員の年齢構造**

（出所）　総務省消防庁『平成 28 年版　消防白書』p. 26.

ずる役割を担う水防団についても確認できる.

### 1-4. 消防団による連携ネットワークの制度構築

災害対応での人々の積極的な関与につながる兆しは見えるが，消防団員の確保といった政府主導の取り組みが実効性を持つにはさらなる展開が必要だろう. 2013（平成 25）年 11 月 8 日，2014（平成 26）年 4 月 25 日及び 2015（平成 27）年 2 月 13 日の 3 度にわたり，総務大臣からすべての都道府県知事及び市区町村長あてに書簡が送付され，消防団員確保に向けた一層の取り組みのほか，消防団員の処遇改善などについての依頼があった. 加えて，2015（平成 27）年 2 月には，日本経済団体連合会などの経済団体あてにも書簡が送付され，消防団活動に対する事業者の理解と協力を呼びかけた. そして，消防団員を雇用する事業所の消防団活動への理解と協力獲得の具体策として，平成 18（2006）年度より導入している「消防団協力事業所表示制度」の普及ならびに地方公共団体による事業所への支援策の導入促進を積極的に図っている. 事業所による協力は地域防災力の充実強化に資すると同時に，地域社会の構成員としての事業所による防災への社会貢献でもあり，事業所の信頼向上にもつながる. そのため，

2017（平成29）年4月現在の消防団協力事業所表示制度の導入状況によれば，調査対象の1,719市町村のうち1,283市町村（74.6%）が制度導入済みで，消防団協力事業所として承認されている事業所は市町村協力事業所数が14,394事業所，そのうち，さらなる条件を満たす総務省消防庁協力事業所数は757事業所あり，法人事業税等の減税や入札参加資格への加点といった支援を行政から享受している．

大学等の協力については，2013（平成25）年12月19日に文部科学省と連携することで，大学生の消防団への加入促進，大学による適切な修学上の配慮等についての依頼が行われた．学生消防団活動認証制度もあり，消防団に所属する大学生，大学院生又は専門学生に対する就職活動支援の一環として運用されている．その内容は，真摯かつ継続的に消防団活動に取り組み，顕著な実績を収め，地域社会へ多大なる貢献をした大学生等に対して，市町村がその実績を認証する制度となっており，学生による消防団活動が社会で積極的に評価されるよう図られている．2017（平成29）年4月1日現在で導入済又は導入予定としている地方公共団体は239団体となっている．たとえば愛知県三河地域では，豊橋市，碧南市，豊田市，安城市，知立市が導入済自治体で，平成29（2017）年度より刈谷市，新城市，みよし市が導入を予定しており，導入自治体の増加に向けた働きかけが引き続き行われている．

その他にも，公務員の加入促進については，消防団等充実強化法第10条において，公務員の消防団員との兼職に関する特例規定が設けられ，消防庁がそれぞれ各府省庁及び地方公共団体に対して，国家公務員及び地方公務員の消防団への加入促進の働きかけを行っている．さらには，女性や若者をはじめとした消防団員の増加のため，消防団加入促進モデル事業など入団促進につながる施策を実施するとともに，女性消防団員のいない市町村に対しては，入団に向けた積極的な取り組みを求めている．

また，消防団員の処遇の改善に関しては，2014（平成26）年4月1日の「消防団員等公務災害補償等責任共済等に関する法律施行令の一部を改正する政令」

（平成26年政令第56号）の施行に伴い，消防団員に支給される退職報償金が全階級一律5万円（最低支給額20万円）引き上げられた．さらに，消防団員の年額報酬及び出動手当については，活動内容に応じた適切な支給を地方公共団体に働きかけるとともに，特に支給額の低い市町村に対して引き上げが要請された．その結果，2015（平成27）年4月1日現在で3団体あった無報酬団体は，平成27（2015）年度に無くなる見込みである．

今後も推し進められると思われるこれら施策は，消防団を中核とする地域防災力強化の災害対応の制度構築にとって不可欠であろう[5)]．そこには，消防団員をリーダーとして人々を動員することで目標実現を図ろうとする行政側の意図が強く，人々の主体的な関わりの促進には欠ける側面もあるが，災害情報の質的転換の兆しがみられないわけではない．災害対応の制度構築の一環を成す消防団ではあるが，消防団にまつわる情報環境は，災害リスクに関する情報の人々への伝達にとどまらず，そこで提供される情報を人々が自ら利用する災害減災情報へと向かおうとしている．しかしながら，消防団についての一連の施策が，団員への利便融通による加入促進と団員をリーダーとする防災訓練などを通じての要員動員力の増強に向かいがちになるのを避けつつ，人々の主体的な関与へとつながるにはまだ先かもしれない．

## 2．地区防災計画の推進と自主防災組織のネットワーク構築

### 2-1．地区防災計画制度によるネットワーク集団への志向性

2013（平成25）年の災害対策基本法の一部改正による地区防災制度の創設を受けて，2014（平成26）年に「地区防災計画ガイドライン」が内閣府によって公表された．そして，ガイドラインが公表されたことによって，自主防災活動にまつわる情報を人々が知りうるようになった．ガイドラインに基づいて市町村が実施した事例が，制度として意図されたとおりに進んでいるとは限らないが，ガイドラインによれば，地区防災計画案の策定と決定に向けての手続きに，住民が積極的に関わることが意図されており，住民の主体性の醸成が図られて

いる[6]．

多様な住民のさらなる積極的参加を目指すには，地区防災計画策定を通じた住民のネットワーク集団への積極的な関わりが必要であり，個人による参加だけでなく集団としての防災対応への関与への広がりが求められるかもしれない．地区防災計画作成の共同作業が地域防災力の向上につながるには，住民間の互酬性を基盤とするソーシャル・キャピタルの増進が必要だろう[7]．それには，制度内での住民参加の確保にとどまらずに，制度外への広がりをも視野に置くネットワーク集団への志向が役立つかもしれない．

地区防災計画制度には，災害対応の制度構築の意図には含まれていないネットワーク志向への兆しを確認することができる．地区防災計画制度による自主防災の柔軟なソフト対応への可能性は，国土強靱化計画による災害対応がハード対策となりがちなのと比較するとより明確になる．それらの災害対応の計画に取り囲まれているわれわれは，災害防災情報から災害減災情報への質的転換の兆しの下にあることが検証される．そこでのわれわれの現状は，共助への参加意識と参加行動とのギャップのさなかにあると言えるだろう．

### 2-2．地区防災計画制度にみるボトムアップと国土強靱化計画にみるトップダウン

東日本大震災では「公助の限界」が明らかになり，さらには，被害を防ぐためのハード対策だけではなく，被害の発生をある程度許容して減じるソフト対策に注目が集まった．減災の発想は，1980（昭和 55）年ごろから河川防災の分野で提唱され，阪神・淡路大震災以降に使われるようになった[8]．東日本大震災後は，地域コミュニティにおける共助による防災活動への期待が高まり，減災のための地域防災力の向上を図るため，2013（平成 25）年に「災害対策基本法」が改正された．さらに同年には，地域住民および事業者による地域コミュニティにおける自発的な防災活動に関する計画である「地区防災計画制度」が創設された．そして，2014（平成 26）年には地区防災計画制度が施行され，内閣府によって「地区防災計画ガイドライン」が公表された．地区防災計画の具体的内

容は，計画の対象範囲，活動体制，防災訓練，物資および資材の備蓄，相互の支援等各地区の特性に応じて地区居住者等によって行われる防災活動が想定されている．

地区防災計画制度の創設の目的と意図は，法制化の過程から知ることができる[9)]．「災害対策法制のあり方に関する研究会」（座長：林春男京都大学教授）が2011（平成23）年9月～12月に開催され，「地区防災計画制度」に賛成の立場から，次のような意見があった．

① 自主防災組織の業務として地区防災計画を法定化すべき
② 要支援者対策など，地区でしか解決できないようなことは地区に委ねるべき
③ 河川流域の協議会を例とし，行政と地域住民が連携して地域の防災に取り組む重要性を指摘
④ 対象地区には広いものから狭いものまで含まれる

一方，反対の立場からは次のような意見があがった．

① 都市部等には町内会や自治会に入っていない者が多く，地区防災計画を作成する自主防災組織がつくりにくい
② 住民主体の地区防災計画は難しく，地区防災計画を法定してしまうと活動がやりにくい

その結果を受けて，「防災対策推進検討会議」（座長：内閣官房長官）が2011（平成23）年10月～2012（平成24）年7月に中央防災会議専門調査会として開催され，そこでは，地域に根差した計画づくりに住民が関わるのは，地域防災力を高める具体的な手段として意味があるとする賛成の意見が述べられた．一方，制度として位置づけて全国的に展開するのは，都市部では難しく現実的でなく，

その担い手に過剰な負担がかかるとの意見もあった．

2012（平成24）年7月の中央防災会議では，「コミュニティレベルで防災活動に関する認識の共有や様々な主体の協働の推進を図るため，ボトムアップ型の防災計画の制度化を図り，可能な地域で活用を図るべきである」とされた[10]．地区防災計画制度の創設に当たっては，計画の作成主体のあり方が論点となったが，具体的には自主防災組織の取り組みがモデルとなった．そこでは，自主防災組織の高齢化や形骸化等を踏まえ，計画の作成主体を事業者と捉える都市部を想定した考え方と，地域住民や自主防災組織を中心に捉える地方を想定した考え方があった．最終的には，地域の特性を活かし，多様な活動計画を推進する観点から，計画の作成主体を地域住民および事業者とする折衷的な法案になったと言われている[11]．

地域コミュニティにおける共助による防災活動の推進の観点から，2013（平成25）年の災害対策基本法の一部改正において，自助および共助に関する規定が追加された．それに至る国会の議論では，地区防災計画と地域防災計画の関係についての質問や，地区防災計画の運用のあり方についての質問があった．対策特別委員会からのそれらの質問に対しては，住民からのボトムアップで地方議会と一体となる地区防災計画の規定の活用環境を整え，ガイドラインやモデル地区設定によって，地区防災計画制度を広めていく旨の説明が政府よりなされた．さらに，委員会からは，地区防災計画を住民参加型の自発的な行動計画として位置づける意義は大きいが，自助を強調し過ぎると，自助の限界を早い段階で露呈してしまうとの指摘があった．参考人質疑において，自助，公助及び共助の関係は，どれが重要かは大切でなく，それぞれが自分の持てる力を全て発揮して責任を果たすことが重要である．大規模災害では，自助と公助の足りないところを共助や互助等，さらにはボランティアケアやコミュニティケアで補っていく必要といった，生活者間の助け合いをうまく組み合わせることが重要である旨の指摘があった．そこには，人々の間での互酬性に基づくソーシャル・キャピタルの醸成が，地区防災計画制度の基盤として効果的であるこ

図 3-6　計画提案の流れ

（出所）内閣府（防災担当）「地区防災計画ガイドライン～地域防災力の向上と地域コミュニティの活性化に向けて～」2014 年，p. 38.

とが示唆されている．

地区防災計画制度は，地域住民および事業者の共助による防災活動を促進し，地域防災力を向上させる観点から創設された．それは，地域住民および事業者が行政と共同して行う防災活動に関する計画であり，地区防災計画が市町村地域防災計画に盛り込まれることによって，市町村地域防災計画に基づく市町村の防災活動と地区防災計画に基づく地域コミュニティの防災活動が連携し，地域防災力の向上を図る仕組みとなっている．この制度は，図 3-6 のように，地域住民等が市町村防災会議に対し，市町村地域防災計画に地区防災計画を定めることを計画提案できる手続きに特徴がある．これは，共助に基づく自発的な防災活動を促進し，各地区の特性に応じた実効性のある計画を定めるため，地域住民等がボトムアップ型で計画作成段階から参加できるようにしたものである．そのため，計画提案が行われた場合には，市町村防災会議は，地域住民等の発意を積極的に受け止め，その自発的な防災活動を最大限尊重することが期待されている．

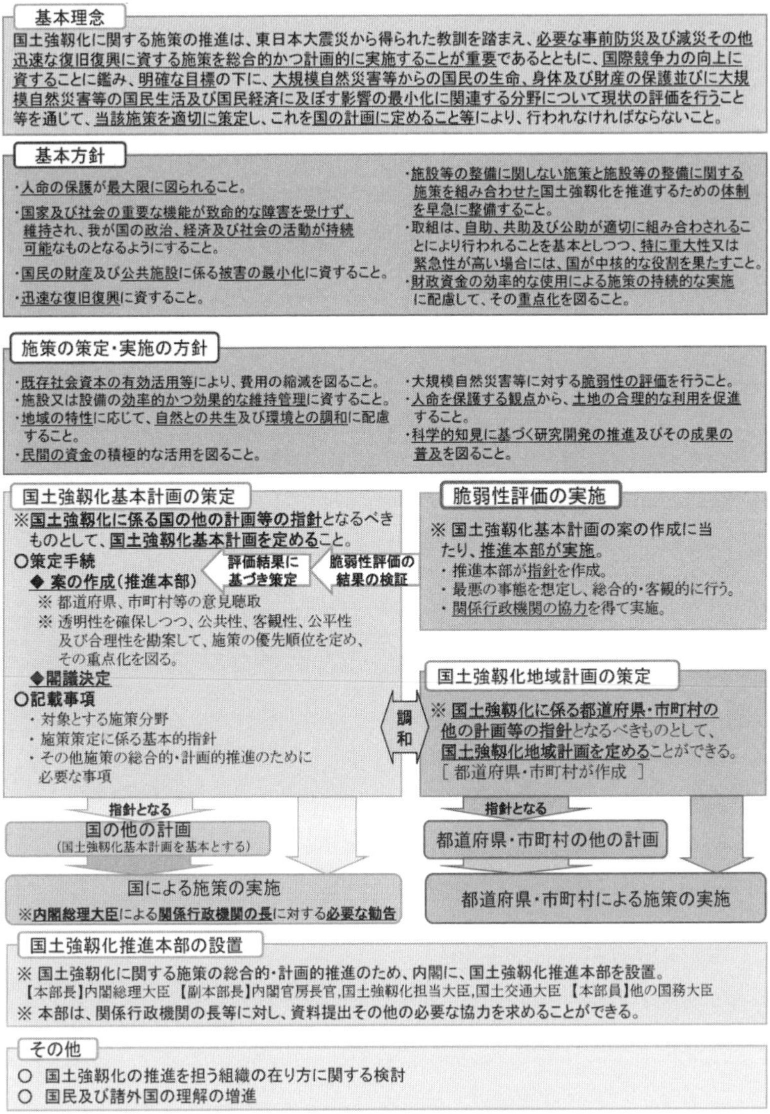

**基本理念**

国土強靱化に関する施策の推進は、東日本大震災から得られた教訓を踏まえ、必要な事前防災及び減災その他迅速な復旧復興に資する施策を総合的かつ計画的に実施することが重要であるとともに、国際競争力の向上に資することに鑑み、明確な目標の下に、大規模自然災害等からの国民の生命、身体及び財産の保護並びに大規模自然災害等の国民生活及び国民経済に及ぼす影響の最小化に関連する分野について現状の評価を行うこと等を通じて、当該施策を適切に策定し、これを国の計画に定めること等により、行われなければならないこと。

**基本方針**

- 人命の保護が最大限に図られること。
- 国家及び社会の重要な機能が致命的な障害を受けず、維持され、我が国の政治、経済及び社会の活動が持続可能なものとなるようにすること。
- 国民の財産及び公共施設に係る被害の最小化に資すること。
- 迅速な復旧復興に資すること。
- 施設等の整備に関しない施策と施設等の整備に関する施策を組み合わせた国土強靱化を推進するための体制を早急に整備すること。
- 取組は、自助、共助及び公助が適切に組み合わされることにより行われることを基本としつつ、特に重大性又は緊急性が高い場合には、国が中核的な役割を果たすこと。
- 財政資金の効率的な使用による施策の持続的な実施に配慮して、その重点化を図ること。

**施策の策定・実施の方針**

- 既存社会資本の有効活用等により、費用の縮減を図ること。
- 施設又は設備の効率的かつ効果的な維持管理に資すること。
- 地域の特性に応じて、自然との共生及び環境との調和に配慮すること。
- 民間の資金の積極的な活用を図ること。
- 大規模自然災害等に対する脆弱性の評価を行うこと。
- 人命を保護する観点から、土地の合理的な利用を促進すること。
- 科学的知見に基づく研究開発の推進及びその成果の普及を図ること。

**国土強靱化基本計画の策定**

※国土強靱化に係る国の他の計画等の指針となるべきものとして、国土強靱化基本計画を定めること。

○策定手続

◆ 案の作成（推進本部）

※ 都道府県、市町村等の意見聴取

※ 透明性を確保しつつ、公共性、客観性、公平性及び合理性を勘案して、施策の優先順位を定め、その重点化を図る。

◆閣議決定

○記載事項

- 対象とする施策分野
- 施策策定に係る基本的指針
- その他施策の総合的・計画的推進のために必要な事項

評価結果に基づき策定 ← 脆弱性評価の結果の検証

**脆弱性評価の実施**

※ 国土強靱化基本計画の案の作成に当たり、推進本部が実施。

- 推進本部が指針を作成。
- 最悪の事態を想定し、総合的・客観的に行う。
- 関係行政機関の協力を得て実施。

調和

**国土強靱化地域計画の策定**

※ 国土強靱化に係る都道府県・市町村の他の計画等の指針となるべきものとして、国土強靱化地域計画を定めることができる。

［ 都道府県・市町村が作成 ］

指針となる → 国の他の計画（国土強靱化基本計画を基本とする）

国による施策の実施

※内閣総理大臣による関係行政機関の長に対する必要な勧告

指針となる → 都道府県・市町村の他の計画

都道府県・市町村による施策の実施

**国土強靱化推進本部の設置**

※ 国土強靱化に関する施策の総合的・計画的推進のため、内閣に、国土強靱化推進本部を設置。

【本部長】内閣総理大臣 【副本部長】内閣官房長官,国土強靱化担当大臣,国土交通大臣 【本部員】他の国務大臣

※ 本部は、関係行政機関の長等に対し、資料提出その他の必要な協力を求めることができる。

**その他**

○ 国土強靱化の推進を担う組織の在り方に関する検討

○ 国民及び諸外国の理解の増進

図 3-7　国土強靱化基本法の概要

（出所）　内閣官房「各種本部・会議等の活動情報」〈https://www.cas.go.jp/jp/seisaku/kokudo_kyoujinka/pdf/kihon-gaiyou.pdf〉（最終アクセス：2017 年 11 月 30 日）.

一方で，2013（平成25）年に成立した正式名称「強くしなやかな国民生活の実現を図るための防災・減災等に資する国土強靱化基本法」には，トップダウンによる災害対応制度の構築が見受けられる．国土強靱化基本計画は，国土強靱化法第10条第1項の規定に基づき2014（平成26）年に閣議決定され，その後毎年の国土強靱化アクションプランが国土強靱化推進本部により決定される．図3-7の国土強靱化基本法の概要によれば，その基本理念において，国際競争力に資する大規模災害の影響の最小化のための事前防災や減災の重要性を指摘するなど，よく言えば国土強靱化の視野の広がりでもあるが，自然災害を口実とした大規模な公共事業の推進の仕組みと言えなくもない[12)]．図3-7からもわかるように，国土強靱化推進計画の策定にあたって，具体的な計画案の作成のために用いられる「脆弱性の評価」が，ハード整備に直結しておりソフト政策に結びつきにくい状況になっている．「国土強靱化アクションプラン2017」では，民間の主体的な取り組みや地方創生につながる強靱な地域づくりが示され，住民同士の助け合い・連携による災害対応力の向上などソーシャル・キャピタルの増進にふれるところもあるが，国土強靱化計画によるそのような減災効果が具体化するとは思えない．

国が主導する計画で地方自治まで包括する災害対応制度の構築を目指すものであるが，脆弱性評価に基づくトップダウンの国土強靱化計画に比べて，住民からのボトムアップを少なからず意図する地区防災計画には，人々の積極的な関与のネットワーク志向の兆しを見ることができる．

### 2-3. 高まる共助の役割と自主防災へのネットワーク

阪神・淡路大震災においては，倒壊した家屋等から救出された人の約8割が家族や近隣住民によって助けられたと言われており，発災時の共助の役割は高まっている．東日本大震災後は，発災時の地域防災力にとどまらず，減災における共助の役割にも注目が集まっている．たとえば，災害時の要介護者支援などを地区防災計画で事前に図るには，地域住民のネットワークが計画策定に生

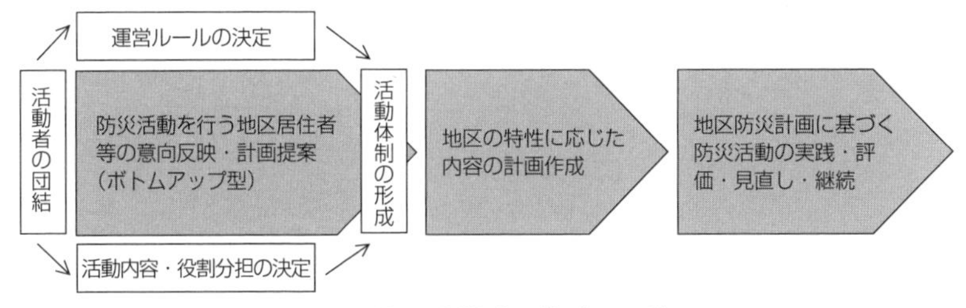


**図3-8　地区防災計画作成への流れ**

（出所）　内閣府（防災担当）「地区防災計画ガイドライン～地域防災力の向上と地域コミュニティの活性化に向けて～」2014年，p. 19.

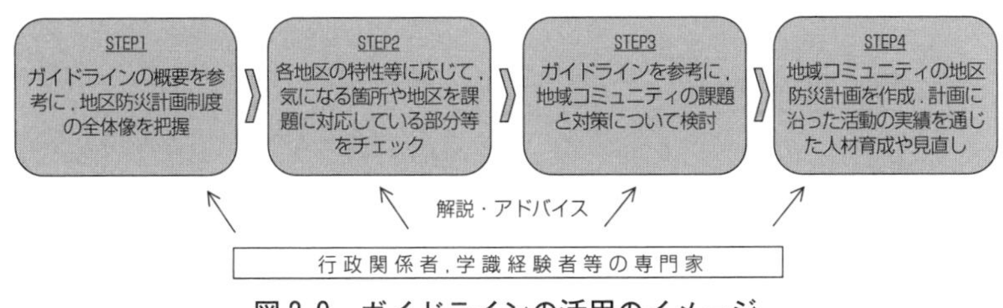


**図3-9　ガイドラインの活用のイメージ**

（出所）　内閣府（防災担当）「地区防災計画ガイドライン～地域防災力の向上と地域コミュニティの活性化に向けて～」2014年，p. 11.

かされる必要がある．そのような意味において，地区防災計画は計画策定過程そのものが，住民のネットワーク集団の増進を伴う積極的な関わりの契機となることが重要だろう[13]．創設された地区防災計画制度には，人々の助け合いのソーシャル・キャピタルの醸成が制度に内包されているとの見方をすでに示したが，ここでは，そのようなネットワーク志向の兆しを，自主防災組織の整備や防災訓練などの計画案を住民が協働しながら地域コミュニティ全体でつくる作業の流れから見てみる．

住民による計画提案は，行政主導の参加の動員では意味をなさない．地区防災計画ガイドラインによれば，住民の主体的参加を意図しており，図3-8の計画策定の流れが示すように，そこでの協働作業に対する期待が大きい．「地区防災計画ガイドライン」は，地区防災計画の作成を検討する居住者等に必要となる計画を作成するための手順や方法，計画提案の手続等を説明する．地区防災計画を通じて目指しているのは，地域コミュニティの課題に対して，みんなで力を合わせて取り組む日常的な連帯のネットワーク集団である．自治体レベルの地域防災計画に加えて，コミュニティレベルの地区防災計画が策定されることの意味は大きく，図 3-9 に示すように，地区防災計画の策定を通じて防災面における行政，コミュニティ，事業所等の協働が可能となる．そして，そのような住民の自発的活動が，地域特性を考慮したネットワークへの広がりに効果をもつ．図 3-9 にはそのような活用のイメージが示されている．

防災白書では，共助に焦点をあてながら，地域防災力強化の方向性について以下のような整理がなされている．東日本大震災のような大規模広域災害時には，行政自身が被災して機能が麻痺する場合があり，そのような状況下における被害の軽減のためには，地域コミュニティにおける自助・共助による「ソフトパワー」を効果的に活用することが不可欠である．コミュニティにおける地域活動と防災活動の関係は深く，地域活動の活性化が防災活動の活発化につながり，それが地域防災力の強化にもつながる．防災に関する地域コミュニティと事業者との協力関係も進展しており，事業者と地域住民との連携と共生のさらなる促進が，地域コミュニティ全体の防災力の向上につながっていく．そして，地域防災力を向上させるためには，「地区防災計画制度」を普及させていく必要があり，地域住民等が地区防災計画を活用して，効果的な防災活動を行政と連携しながら実施することが重要である．また，防災活動が，地域コミュニティにおける住民の生活や事業者の活動等の維持・活性化につながるとされており，同制度が，地区の実情に応じたきめ細かいまちづくりにも寄与する可能性がある．そこにネットワークへの志向と地域コミュニティのソーシャル・キャピタルへの視点が見られる．

また，地区防災計画は，地区の特性に応じて自由な内容で計画を作成することができる．過去の災害事例を踏まえつつ，想定災害について検討を行い，活動主体の目的やレベルに応じた項目を計画に盛り込むことが重要であるとして，住民の主体性への言及もなされている．

### 2-4. 地区防災計画制度における地域内ネットワークの制度構築

地区防災計画の計画提案は，地区において防災活動を行う居住者等が計画の素案を市町村会議に提案することが必要である．しかし，自主防災組織等において計画に基づき活動するメンバーの理解が十分に得られており，実際に防災活動を実施できる体制にある場合には，自主防災組織等の役員が共同して計画提案を行うことも可能である．制度では，自主防災組織が地区防災計画制度の基盤となることを想定している．しかし現実には，自発的な自主防災組織による共助の取り組みの促進は難しく，地域防災力の強化をどのようにして図っていけばいいかが課題である．共助への参加意識と行動とにはギャップがあり，その状況を内閣府や都道府県の調査結果より知ることができる．内閣府が実施している社会意識に関する世論調査をみると，図3-10が示すように，自主防災活動や災害援助活動に参加したいと回答した人の割合は，1998（平成10）年の14.8%から2008（平成20）年には22.3%になり，2017（平成29）年には24.2%と増加傾向にある．1995（平成7）年の阪神・淡路大震災に延べ130万人以上の

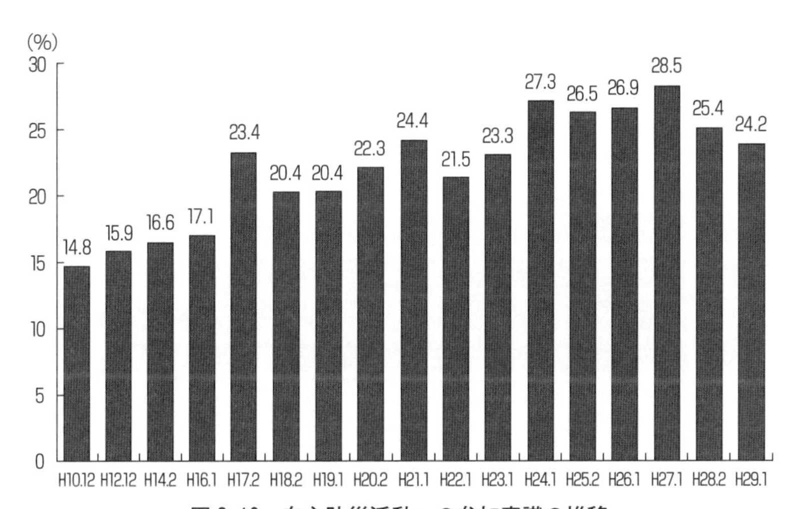


**図3-10　自主防災活動への参加意識の推移**

（出所）　内閣府「社会意識に関する世論調査」をもとに筆者作成．

人々が各種のボランティア活動に参加したことを契機とし，防災分野におけるボランティア活動の機運が高まった．

このような機運の高まりの一方で，図 3-11 の三重県の県民意識調査が例示するように，9 割以上の人が大規模地震に関心があると答えているものの，過去 1 年間に地域や職場で避難訓練や消火訓練などの防災活動に参加したことがある人は，2014（平成 26）年に 48.9%，2015（平成 27）年は 47.4%，2016（平成 28）年には 49.4%であり，半数にも満たない．さらに，年齢別に見てみると，20 歳代の参加経験が最も低くなっており，30 歳代と 40 歳代までは特に地域の防災活動に参加することが少なくなっている．そして，50 歳代以降は地域の防災活動への参加経験が職場での参加経験を逆転するが，それでも約 5 割の人々はいずれの防災活動にも参加していない．以上のような，防災における関心と行動のギャップは，災害に対する高い関心が共助の取り組みへの参加という実際の行動へとつながっていないことを示唆している．

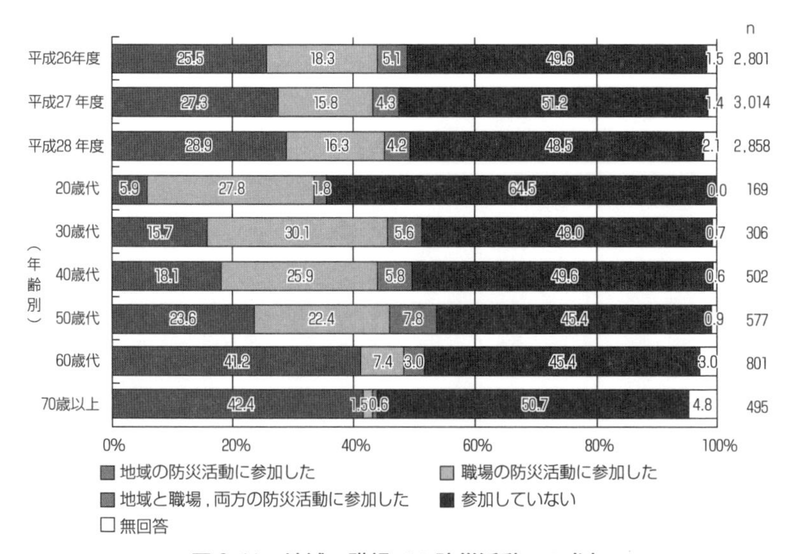


**図 3-11　地域・職場での防災活動への参加**

（出所）　三重県「防災に関する県民意識調査」をもとに筆者作成．

そのような課題への対策として，地区防災計画モデル事業に関する情報が提供されている．地区防災計画制度に関する事業の推進のために，2014（平成26）年10月よりモデル事業を実施している．具体的には，地域特性，社会特性，過去の災害対応，想定される災害リスク，市町村との連携の状況，計画作成に向けた準備状況等を総合的に勘案し，2014（平成26）年度には15地区を対象地区に選定している．しかし，内閣府による地区防災計画ガイドラインにおいて，地区防災計画の特徴としてあげられているような，地域コミュニティ主体のボトムアップ型の計画の増進による地域防災力向上に結び付けるのは難しいだろう．内閣府では，地域コミュニティにおいて人的ネットワーク，お互い様の意識（規範・互酬性），相互の信頼関係等が構築されている場合には，共助による活動が盛んとなり，防災や復興にも良い影響があると指摘する．そこでは，社会的な効率性を高めるこれらを要素としてソーシャル・キャピタルの概念を使用する．ソーシャル・キャピタルの醸成には，災害防災情報から災害減災情報への質的転換があることを人々に伝える必要があるのではないかと，本書では考えている．そして，そのようなソーシャル・キャピタルの増進が重要であるとするならば，ネットワーク集団への志向とそのための基盤整備が，地区防災計画制度の主要な目的であることをより明確にするような災害減災情報の提供による制度の推進が求められる．

## 第2節　市民を取り巻く災害情報の質的転換の兆し

### 1．地域防災力向上のための消防活動の強化

#### 1-1．豊橋市防災ガイドブックと防災のてびき

豊橋市がホームページを通じて市民に向けて発信する防災関連情報の類には，気象情報を中心とする情報，指定避難所一覧や標高図，過去の被害状況といった情報，地域防災計画や水防計画，地震対策（減災）アクションプランといった各種計画関係，報道発表とイベント案内の一覧などがある．ここでは，各種防

災パンフレットとして公開されている5つの冊子のうち，減災における地域防災力強化と関わりが深い「防災ガイドブック」，「防災のてびき」，「自主防災組織活動マニュアル」に注目する．また，防災まちづくりモデル校区事業での知見を集約し2017（平成29）年3月に発行された「防災コミュニティマップ作成の手引き」も取り上げる．そして，それらにおいて明記されている地域防災力強化のための人々の主体性に注目しつつ，災害情報の質的転換のどのような兆しの中に豊橋市民が置かれているのかを検証する．

「豊橋市防災ガイドブック」は全ページカラー印刷のA4判100頁の冊子で，2015（平成27）年4月に発行され，市内各家庭に配布されている．その内容は，2014（平成26）年に実施された豊橋市南海トラフ地震被害予測調査に基づく想定被害予測，各種災害に対する市内リスク評価，発災時の行動指針，市の防災事業に関する解説，避難所一覧と防災マップで構成されており，想定される様々な災害ごとに役立つ情報を掲載する防災対策の虎の巻ともいえる内容となっている．ガイドブックの冒頭には，市民一人ひとりの心構えと地域による助け合いに資する参考資料であるといった製作者である市担当課の意図が記されており，さらには，災害に備える心得として，自分の命は自分で守るといった「自助」，家族を救い隣近所で助け合うといった「共助」について明記されている．さらには，市域を32分割した防災マップが掲載されており，地域や家庭，学校や企業でのマップの活用方法について触れられている．具体的には，自宅や学校，勤め先が災害時に避難を要する場所かどうかの確認，最寄りの避難場所と通学路や通勤経路の危険個所の確認，過去の災害発生地点や発災時に支援を要する周辺住民の把握，非常持ち出し品の準備などに，各自が役立てることが意図されている．それは，図3-12に例示されるような地域防災力強化のための人々による情報利用の主体性への期待であり，その主体的行動に資するための行政からの情報提供が，防災ガイドブックの配布を通じてなされているのが分かる．

「防災のてびき」は，2012（平成24）年9月に作成された約70ページのA4判

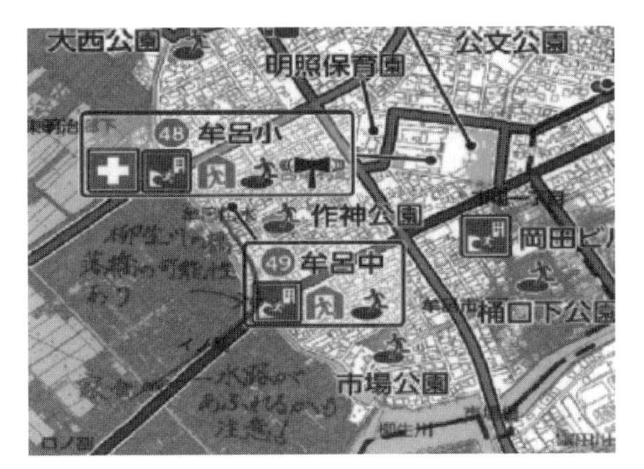


**図 3-12　豊橋市防災ガイドブック・防災マップの一例とその活用例**

（出所）　豊橋市「豊橋市防災ガイドブック」p. 33.

冊子であり，災害に関する基礎的な知識，避難所の案内，自主防災組織や防災コミュニティの推進，防災無線などの緊急情報伝達システムの案内，津波避難ビルや備蓄倉庫といった様々な防災施設の説明が記載されている．先に紹介した防災ガイドブックよりも発行年が古く，地域防災力強化のために市民に伝達すべき災害情報も精査されておらず，すべてが詰め込まれている印象を与える内容となっている．しかしながら，策定の背景としては，災害対応におけるソフト面の取り組みが重要視されており，防災コミュニティの推進といった共助と個々人の防災意識の向上といった自助による地域防災力強化が意図されており，ここからも，人々を取り巻く災害情報にみる質的転換の兆しを確認することができる．

### 1-2. 自主防災組織活動マニュアル

「自主防災組織活動マニュアル」は 2008（平成 20）年から発行されているが，平成 29（2017）年度の最新版もインターネットを通じてすでに公開されており，自主防災組織の運営や防災活動の手引書として活用されている．その内容は，自主防災組織の組織構成や活動，応急手当の方法や発災時にアクセス可能なプッシュ情報，避難所の運営方法と指定避難所備蓄品の一覧となっている．先の防災ガイドブックが全市民を対象としているのに対して，自主防災組織活動マニュアルは，地域防災の指導的立場となる防災会長や防災リーダーに対する行政からの災害情報伝達の１つである．そして，発災後の災害対応も見据えて，

**表 3-2　自主防災組織活動想定モデル（年間活動計画例）**

| 月 | 市の計画（◎防災に関する日） | 自主防災組織の計画（例） |
|---|---|---|
| 3月 | | 新旧役員の引き継ぎ，各種台帳の作成・変更 |
| 4月 | | 第 1 回役員会議（事業計画と役割分担など） |
| 5月 | ◎水防月間 | |
| 6月 | ◎土砂災害防止月間 | |
| 7月 | | 校区・町防災訓練の実施 |
| 8月 | | |
| 9月 | ◎防災週刊（8/30-9/5）<br>◎防災の日（9/1） | 第 2 回役員会議（訓練の反省，事業計画の修正など） |
| 10月 | | |
| 11月 | ◎津波防災の日（11/5） | |
| 12月 | | |
| 1月 | ◎防災とボランティア週間（1/15-1/21）<br>◎防災とボランティアの日（1/17） | 次年度役員の選出 |
| 2月 | | |
| 3月 | | 第 3 回役員会議（新旧役員の引き継ぎ，各種台帳の作成・変更） |

町内行事に防災訓練を組み込んでみるのも良いでしょう．
　盆踊り，祭り　→　防災資機材点検・稼働（発電機，テント設営）
　体育祭　→　初期消火訓練，搬送訓練（防災リレー）
　町内清掃　→　危険箇所点検，避難路整備，避難行動要支援者宅の確認
（出所）豊橋市「自主防災組織活動マニュアル」p. 16.

地域防災力強化のための平常時における防災コミュニティづくりの取り組みの重要性を喚起している．

豊橋市の自主防災組織の場合，主には町単位で組織構成され，任務分担されている．会長と副会長のほか，防災リーダーや防災指導員が町自主防災組織の本部となり，そのもとに情報班，消火班，避難誘導班，救出救護班，給食給水班が組織される．本部と各班には，平常時と発災時の活動内容がある程度規定されており，本部が企画・運営，情報班が防災マップの作成，消火班が安全対策の呼びかけ，避難誘導班が避難経路の周知と要支援者の把握，救出救護班は応急手当技術の習得，給食給水班は給食資器材の確保が平常時の活動内容となっている．発災時には避難所運営委員会のメンバーとなり，避難所の自主的な管理運営に必要な役割を分担する．

自主防災組織活動マニュアルを通じて発信されているこれらの災害対応は，地域防災コミュニティを形成することでの地域内連携ネットワークの強化に重点が置かれている．さらには，マニュアルに例示されている表3-2のような自主防災組織の活動想定モデルなどからは，市計画における防災イベント日とリンクするように自主防災組織の年間活動スケジュールが提案されており，連携ネットワーク強化の推進にとどまらない多様な活動集団の形成につながる意図も垣間見える．そして，マニュアルに掲載されるそのような災害リスクに関する情報からは，人々を災害情報の積極的な利用者と想定する質的転換の兆しが確認できる．

### 1-3. 防災コミュニティマップ作成の手引き

平成25（2013）年度より始まった防災まちづくりモデル校区事業において，選定されたモデル校区の学校と地域自治会が協働し，親子による災害危険箇所のタウンウォッチングをもとにした防災コミュニティマップが作成された．そして，その９モデル校区でのマップづくりの経験をまとめたのが，2017（平成29）年３月に発行された「防災コミュニティマップ作成の手引き」である．防

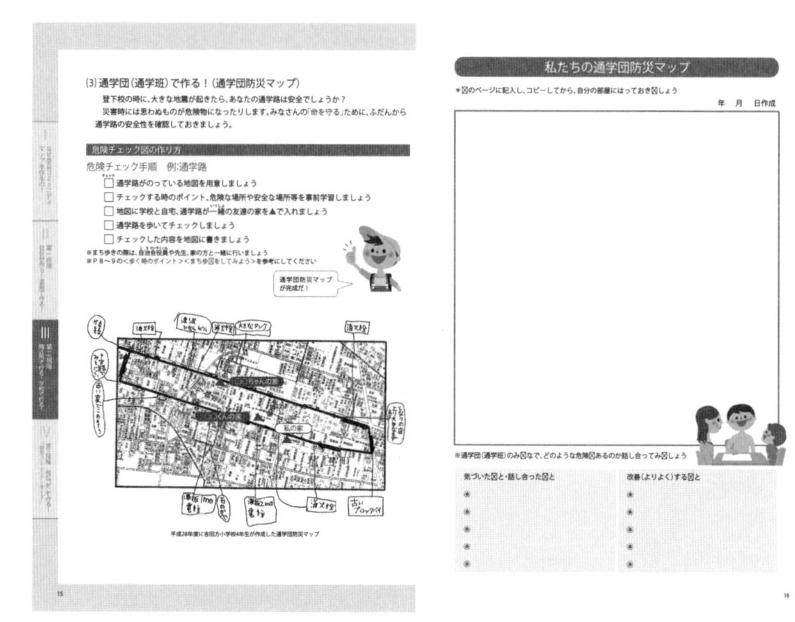


**図 3-13　書き込み型防災コミュニティマップづくりの一例**

（出所）　豊橋市「防災コミュニティマップ作成の手引き」pp. 15-16.

災コミュニティマップ作成の手引きでは，自分の身近な生活環境から町，校区へと範囲を広げて作成する防災マップづくりのためのボトムアップ式が採用されている．具体的には，地震の際の自宅内での危険なレイアウトをチェックする「わが家の防災マップ」に始まり，10 世帯程度の隣近所で作る居住域の土地条件をまとめた「ご近所防災マップ」，校区や町単位でまち歩きをすることで完成させる「防災コミュニティマップ」の三段階で構成されている．市民一人ひとりが自分の命を守るために，自ら歩いて，調べて記入する図 3-13 のような書き込み型の災害情報パンフレットになっており，人々を積極的な情報利用者と想定する災害減災情報への質的転換の兆しの 1 つと考えられ，人々はそのような災害情報に取り巻かれるようになっている．

## 2．防災コミュニティマップにみる災害情報の質的転換

### 2-1．校区防災会連絡協議会の活動

豊橋市には52の小学校区があり，校区を活動単位とする校区防災会連絡協議会が，地域防災力向上のための活動主体となっている．校区防災会連絡協議会とは，図3-14の組織構成からわかるとおり，校区内の各町防災会（自主防災組織）をつなぐネットワーク組織である．自主防災組織は地域住民による自主的な活動主体としての側面も大きいが，それにくわえて，防災リーダーや防災指導員といった災害対応の制度構築による行政側の意図が強く反映された人材も本部に含めた多様なネットワーク組織を構成している点が興味深い．それは，地区防災計画の策定や防災コミュニティマップ作成といった主体的関与を要する取り組みの実施主体となるべく，アクター間の連携ネットワークを強化し，校区をネットワーク集団とすることで災害対応を図る事例の1つといえる．つまり，先の図2-1の災害対応と災害情報の発展過程においては，ネットワーク集団による災害対応への志向の段階に該当する取り組みといえるだろう．

図3-15には，校区防災会連絡協議会の平常時と発災時の活動を整理している．発災時は被害状況の把握や避難所の開設・運営を主な任務とし，平常時は関係各位との連携構築，各町防災会の指導といった体制づくりや，活動方針やイベントの企画・実施といった活動に従事することが想定されている．このような想定される任務からも，校区防災会連絡協議会が豊橋市内の防災ネットワーク集団としての役割を期待されているのが分かる．そして，校区別のネットワー

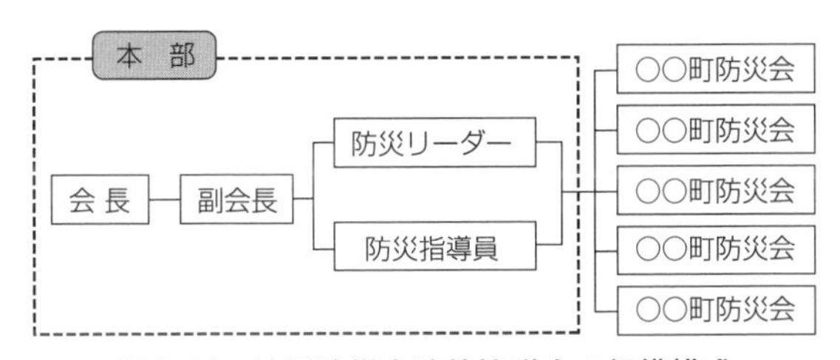


**図3-14　校区防災会連絡協議会の組織構成**

（出所）　豊橋市「自主防災組織活動マニュアル　平成29年度版」.

| 平常時の活動 | 発災時の活動 |
| --- | --- |
| ・校区内の組織づくり<br>・統括体制確認<br>・防災機関，行政機関との連携構築<br>・各町防災会の運営指導<br>・活動方針の企画など<br>・訓練，イベントなどの企画・実施<br>・各町防災会との連絡調整 | ・本部設置<br>・市の災害対策本部との調整<br>・各町防災会の調整及び指示<br>・校区内の被害状況把握<br>・避難所での各町の統括 |

**図 3-15　校区防災会連絡協議会の任務**

（出所）豊橋市「自主防災組織活動マニュアル　平成 29 年度版」.

ク集団を主体として，新たなアクターとのさらなる連携ネットワークを構築するなどの地域防災力強化が期待されている.

たとえば，豊橋市の野依校区防災会連絡協議会では，校区内にある福祉施設と災害時の要支援者への救護・支援に関する協定を締結し，地域防災力の強化を図っている．さらには，校区防災訓練を円滑に企画・実施するために，防災リーダー，消防団や女性防火クラブもメンバーとする防災訓練等実施小委員会を設置している．この小委員会を中心に，野依校区防災訓練実施計画などを策定し，訓練マニュアルに基づいた効果的な防災訓練を主体的に取りまとめている．そして，そのようなネットワーク構築に基づく地域防災力強化が評価されたことで，豊橋市の防災まちづくりモデル校区の 1 つに選ばれ，防災コミュニティマップづくりが実施されたが，そこで扱われる災害情報には，人々を積極的な利用者と想定する災害減災情報への質的転換の兆しを確認することができる.

### 2-2. モデル校区事業と防災コミュニティマップ

豊橋市防災まちづくりモデル校区事業は 2013（平成 25）年から市が実施しており，現在までに 9 校区がモデル校区に選出されている．事業実施要領には，「将来の地域防災の主役となる児童，地域の中核となる学校，そして地域自治会（自主防災会）及び PTA が連携して「災害に強いまちづくり」を考え，継続した防災活動を促す」ことを目的とし，防災意識の向上と地域コミュニティの結びつき強化を通じてそのようなまちづくりを実践すると定められている．事業内容は，校区防災訓練の実施，防災学習会の開催と防災コミュニティマップの作成となっており，学校と地域自治会（自主防災会）が協働した事業計画書の提出が課せられており，主体的な発想のもとでの多様な集団形成を志向する行政による事業展開であるといえるだろう．そして，9モデル校区での先行的な取り組み成果をもとにして策定されたのが，先に示した「防災コミュニティマップ作成の手引き」である．

以上の防災まちづくりモデル校区事業の実施によって，校区に住まう人々が取り巻かれる可能性のある災害情報が，防災コミュニティマップである．防災コミュニティマップは，行政が住民に対して災害リスクを伝達するといった既存のハザードマップとは異なり，避難住民の目線に立った災害リスクに関する情報としての特性を有している．豊橋市では，2013（平成25）年より毎年3校区ずつが段階的にモデル校区となり，新たな災害リスク情報を作成している．平成25（2013）年度が芦原，汐田，賀茂校区（第1期），平成26（2014）年度が栄，野依，下地校区（第2期），平成27（2015）年度は幸，前芝，多米校区（第3期）で実施されてきた．大規模災害時の地域防災について言及する国の指針である「水防災意識社会再構築ビジョン」が示されたのが2015（平成27）年なので，それより以前から，ネットワーク集団の形成とそこでの主体的な災害減災情報の活用による地域防災力強化に取り組んでいたことになる．

図3-16，図3-17，図3-18は各年度のモデル校区における防災コミュニティマップの一例である．コミュニティマップは，はじめに児童と保護者がまち歩きを実施しつつ発災時の危険予測箇所に関する情報を収集し，つぎに地域自治会（自主防災会）が主体となってそれらの情報を地図に集約するといった流れで作成される．図3-16の汐田校区防災コミュニティマップ（2014年2月発行）には，避難所や防災倉庫，AEDのある箇所，埋立地などが図示されている．そして，児童のまち歩きによって収集された危険が予測される場所を，倒壊の可能性，浸水の可能性，落下の可能性，その他の4つに分類して図示している．さらに

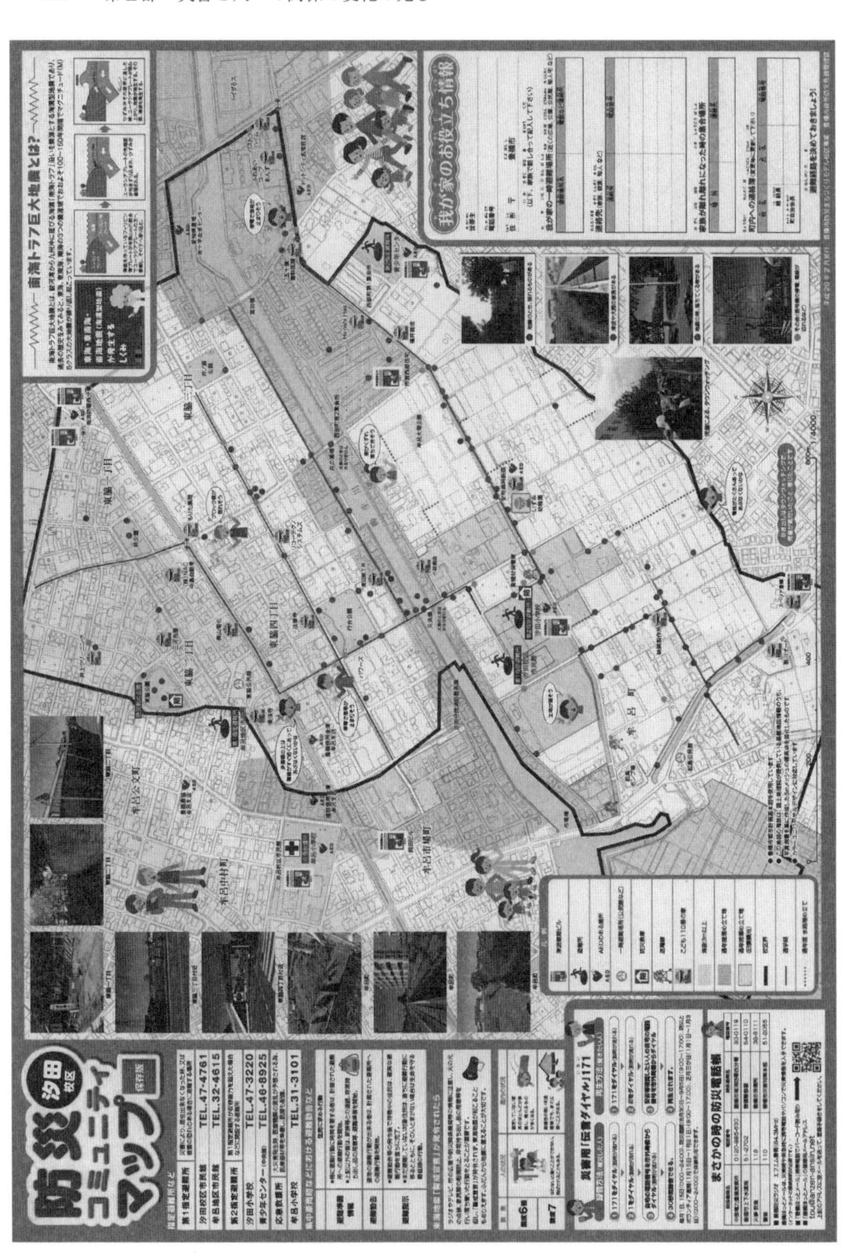


図3-16　豊橋市防災コミュニティマップ（汐田校区）

（出所）豊橋市防災危機管理課資料.

図 3-17　豊橋市防災コミュニティマップ（栄校区）

（出所）　豊橋市防災危機管理課資料.

図3-18　豊橋市防災コミュニティマップ（多米校区）

（出所）豊橋市防災危機管理課資料.

は，通学路が朱線で記されており，危険予測箇所や埋立地との内包，近傍，交差といった空間的関連が経験的に認識できるような地図情報となっている．図3-17の栄校区防災コミュニティマップ（2015年3月発行）には，防災施設，通学路，まち歩きによって収集された危険予測箇所に加えて，各町別の大まかな避難方向が色分けによって示されている．初年度に作成された汐田校区マップは通学路沿いの危険箇所が主題となっているのに対して，2年目に作成された栄校区マップは，児童のみならず校区全住民の避難行動が主題になっているのがわかる．そして，図3-18の多米校区防災コミュニティマップ（2016年3月発行）には，大まかな避難の方向の色分けだけでなく，一時集合場所から指定避難場所までの避難経路が図示されるようになった．ここで取り上げた3校区の事例からは，学校と自主防災組織の連携ネットワークの強化といった行政の意図を背景に始まったモデル校区における防災マップづくりが，いくつかの実践を経た後に校区全域のネットワーク集団の形成に資する取り組みへと発展したことが，防災コミュニティマップといった災害情報の変化から読み取れないだろうか．いずれにしても，現在，「防災コミュニティマップ作成の手引き」に基づいた次の校区でのマップづくりが進められており，豊橋市の地域防災力強化は主体的なネットワーク集団形成を志向しているといえる．

### 2-3. 防災コミュニティマップに表象する地理空間

表3-3には，防災コミュニティマップに記述されている地理空間情報をまとめている．データ種別は，防災コミュニティマップに表記される地物や現象を，危険箇所，避難関連，支援者の所在，支援・救援資機材とインフラ，子どもの所在と動線の5種に分類している．データ構造は，ベクタ地図に表記される地物の一般的な図形類型であり，ポイント（点），ライン（線），ポリゴン（面）の3種類からなる．また，表中に白抜き斜字で示しているのは，児童と保護者のまち歩きによって収集された情報である．種別ごとに防災コミュニティマップの地理空間情報をみると，「危険箇所」に関する情報は点・線・面の3種の図

## 表 3-3　防災コミュニティマップに記述される地理空間情報

| 種別 | 構造 | 第1期（2013年度） | | | 第2期（2014年度） | | | 第3期（2015年度） | | |
|---|---|---|---|---|---|---|---|---|---|---|
| | | 芦原校区 | 汐田校区 | 賀茂校区 | 栄校区 | 野依校区 | 下地校区 | 幸校区 | 前芝校区（津波マップ） | 多米校区 |
| 危険箇所 | 点 | 信号・踏切 | 信号・踏切 | 信号・踏切 | | 歩道橋 | | | 歩道橋 | |
| | | 坂道 | | | | | | | | |
| | | 標高点 | | 標高点 | 標高点 | | 標高点 | 標高点 | | |
| | | | | 洪水発生地点 | | | | | | |
| | | | *倒壊リスク* | | | *倒壊リスク* | *倒壊リスク* | *倒壊リスク* | *倒壊リスク* | *倒壊リスク* |
| | | | *落下物リスク* | | *落下物リスク* | | *落下物リスク* | *落下物リスク* | *落下物リスク* | *落下物リスク* |
| | | | *冠水・氾濫リスク* | | *冠水・氾濫リスク* | | | *冠水・氾濫リスク* | | *冠水・氾濫リスク* |
| | | | | | | *交通量多い交差点* | | | | |
| | | | | | | | | | *空き家* | |
| | 線 | | 埋立水路・旧河川 | | | 埋立水路・旧河川 | | | | 埋立水路・旧河川 |
| | | | | | | 津波遡上河川 | 津波遡上河川 | | | |
| | | | | | | | *氾濫リスク* | *氾濫リスク* | *氾濫リスク* | |
| | | | | | | | *狭隘道路* | | *狭隘道路* | |
| | 面 | 海抜3m以上 | 海抜3m以上 | | | | | | | |
| | | 埋立地 | 埋立地 | | | 埋立地 | 埋立地 | 埋立地 | | 埋立地 |
| | | | | | | 宅地造成前の等高線 | | | | |
| | | 浸水可能性エリア | | 浸水実績区域 | | | | 浸水可能性エリア | 浸水想定域 | |
| | | | | | | 液状化危険地帯 | | | | |
| | | | | | | *土砂崩落リスク* | | *土砂崩落リスク* | | *土砂崩落リスク* |
| 避難関連 | 点 | 指定避難所 | 指定避難所 | 指定避難所 | 指定避難所 | 指定避難所 | 指定避難所 | 指定避難所 | 指定避難所 | 指定避難所 |
| | | | | | | 福祉避難所 | 福祉避難所 | | | |
| | | 応急救護所 | 応急救護所 | | 応急救護所 | | 応急救護所 | 応急救護所 | 応急救護所 | 応急救護所 |
| | | 津波避難ビル | 津波避難ビル | | | | 津波避難ビル | | 津波避難ビル | |
| | | 一時避難所 | 一時避難所 | | 一時集合場所 | 一時避難所 | 一時避難所 | 一時避難所・地域避難協力所 | 一時避難所・一時集合場所 | 一時避難所 |
| | | 公園・広場 | 公園・広場 | | 公園・広場 | | | | | |
| | | | | | 大規模駐車場 | | | | | |
| | 線 | | | | 避難方向 | | | 避難方向 | 避難方向 | |
| | | | | | | | | | | 避難経路 |
| | 面 | | | | 避難場所別の地域区分 | | 下地エマージェンシーアソシエーション・ブロック | | 集落（避難グループ） | |
| 支援者 | 点 | 警察署・派出所 | | 警察署・派出所 | | 警察署・派出所 | 警察署・派出所 | 警察署・派出所 | 警察署・派出所 | |
| | | | | 消防団詰所 | | | | | 消防団詰所 | |
| | | 病院・診療所 | | 病院・診療所 | 病院・診療所 | | | 病院・診療所 | 病院・診療所 | 病院・診療所 |
| | | 寺社 | | 寺社 | 寺社 | | | | | 寺社 |
| | | コンビニ | | コンビニ | コンビニ | | | | | |
| | | | こども110番 | こども110番 | こども110番 | こども110番 | | | | |
| 支援資機材とインフラ | 点 | AED設置場所 | AED設置場所 | AED設置場所 | AED設置場所 | AED設置場所 | AED設置場所 | AED設置場所 | AED設置場所 | AED設置場所 |
| | | 防災倉庫 | 防災倉庫 | | 防災倉庫 | 防災倉庫 | 防災倉庫・水防倉庫 | 防災倉庫 | 水防倉庫 | 防災倉庫 |
| | | | | | 飲料水兼用貯水槽 | 防災井戸 | 防災井戸・飲料水兼用貯水槽 | 飲料水兼用貯水槽 | 飲料水兼用貯水槽 | 飲料水兼用貯水槽 |
| | | | | | | | 排水ポンプ | | 排水機場・樋門・水門 | |
| | 線 | | | | | | | 緊急輸送幹線 | 緊急輸送幹線 | |
| | | | | 堤防 | | | 堤防 | | | |
| 子ども関連 | 点 | 保育園・幼稚園 | 保育園・幼稚園 | 保育園・幼稚園 | | | | | | |
| | 線 | 通学路 | 通学路 | 通学路 | 通学路 | 通学路 | 通学路 | | | |

（備考）表中に白抜き斜字で示す地理空間情報は，児童と保護者によるタウンウォッチングをもとに集約された情報.
（出所）筆者作成.

形で描画されており，点の危険箇所としては信号・踏切・橋といった地物との交差点，標高点，洪水発生地点，倒壊リスク，落下物リスク，冠水・氾濫リスク，空き家といったまち歩きで収集された情報がある．線で描かれる危険箇所は，埋め立て水路と旧河川，津波遡上可能性河川，氾濫リスクと狭隘道路といったまち歩きの情報がある．面で描かれる危険箇所は海抜3m以上エリア，埋立地，浸水想定域などがあり，まち歩きで集約される情報としては土砂崩壊リスクが描画されている．「避難関連」の情報も点・線・面の3種で描画されており，点で図示される指定避難所，一時集合場所，応急救護所といった避難関連施設，線と面で図示されるのは避難経路や避難グループといった避難関連行動である．「支援者」は点データとして描画されており，警察署・派出所，消防団詰所やこども110番といった制度的位置づけのある支援機関・支援者に加えて，病院・診療所，寺社やコンビニといった支援が期待できそうな民間施設も地図に表記している．「支援・救援資機材とインフラ」は点と線で描画されており，AED設置場所，防災倉庫，排水ポンプや水門，緊急輸送幹線道路といった救援活動に必要となる資機材の所在が示されている．そして，「子ども関連」は保育園や幼稚園が点で，通学路は線で描画されており，子どもが多く集まる場所や動線が描かれている．

マップに記述される地理空間情報の経年変化からは，ネットワーク集団による災害対応と，人々を積極的な利用者と想定する災害減災情報への質的転換の一端が確認できる．指定避難所，AED設置箇所や防災倉庫といった公的な防災関連施設などに関する情報は，第1期（2013年度）より変化なく記述され続けている災害情報である一方，コミュニティマップづくりの主体に関連した情報の記述量が3年間で変化している．たとえば，初期の頃は学校と地域との連携強化が意図されているため，こども110番，保育園・幼稚園や通学路といった児童や学校に関連する情報が多く記述されているが，第3期（2015年度）からは児童だけでなく全住民を対象とする避難経路といった情報の記述へと変化している．くわえて，第2期（2014年度）以降は，住民の主体的な観察に基づく危険箇所の情報や，避難の際の住民の行動ユニット（避難グループ）に関する情報などが多くなり，人々の積極的関与による地域防災力向上を意図する防災コミュニティマップに変化しているのが確認できる．

防災コミュニティマップは発災時の人々の行動に資することが目的であるため，その目的のもとでの可視化に地理空間情報の意義がある．防災マップに表象する地理的な論点の中でも特に注目すべきなのが，人々の行動を表す線のデータと危険箇所や防災施設を表す面もしくは点のデータとの空間的関連もしくは位相空間構造である．そこで，防災コミュニティマップに記述される災害情報の変化を，図3-19のようなデータ種別と構造の組み合せによる空間的関連に抽象化して概観する．第1，2期の防災マップでは通学路（線）が中心的関心事になっており，浸水想定域（面）や信号・踏切（点）との交差や，災害発生時に救護要請可能な警察署やこども110番（点）からの近傍がマップの主題となっている．第3期の防災コミュニティマップ以降は，中心的関心事となっている人々の行動が避難経路（線）へと変わり，土砂崩壊（面）や家屋倒壊（点）な

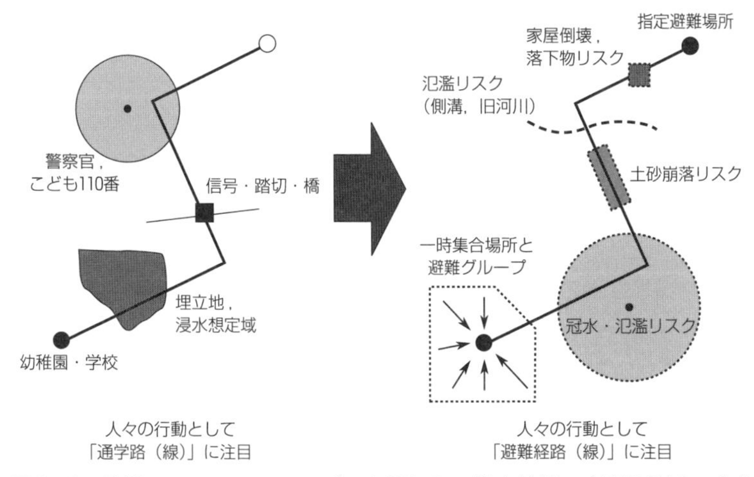


**図3-19　防災コミュニティマップの主題となる災害情報の空間的関連の変化**

（出所）　筆者作成.

どの災害リスクとの交差，冠水・氾濫予想地点（点）からの近傍を主題とする防災マップに変化している．つまり，初期には，災害に関連するインフラ施設や行政によるリスク予測などの空間的関連に基づく子どもに対する災害リスク評価が防災マップ作成の目的であり，そこでは，人々は災害情報の受動的な消費者と位置づけられている．しかし，第３期以降は，自助・共助による地域防災力強化を背景とし，避難経路や予測される身近なリスクなどといった不確実性を伴う情報の空間的関連による災害リスク評価が目的となり，それら行政の範疇を越える不確実性を補完するためにも，人々による積極的な情報利用が期待されるようになった[14]．

## 第３節　主体的な地域防災力強化へとつながる地域内ネットワーク集団の形成の可能性

### 3-1. 地域再生への主体となれるネットワーク集団はどのような地域コミュニティか

いくつかのコミュニティ組織が集まって地域内ネットワークの集団を形成することが，被災から速やかに回復するための備えの１つとなる可能性がある．予期せぬ災害が人々の生活再建にもたらす被害は大きく，被災から再生するための回復力を地域があらかじめ備えておけるかは重要な課題である．ハザードマップの想定を凌駕する土砂崩れや洪水が頻発し，地震による火災や津波による原発事故といった複合災害にみまわれる今日の日本では特に重要となろう．どのような地域団体が防災に対してどんな備えをしていれば，被災からの地域再建への地域防災力強化につながるのだろうか．そこで，第３章第３節ではマンション管理対策協議会を，地域再生につながる可能性を持つ地域内ネットワーク集団の事案として例示する．そして，第４章の第３節で広域ネットワーク集団の例として議論する Business Continuity Institute の企業継続の事案と合わせて，地域団体の主体的発想のもとでの地域防災力強化に資する多様・重層的かつ主体的なネットワーク集団形成の可能性を探ってみる.

日本の災害対応の強化における最近の検討課題は,「大規模複合災害」と「頻発予想外災害」への対応と表現できる.「大規模複合災害」への対応は東日本大震災以降の防災白書などにおいて,原子力災害を含む広範囲かつ深刻な被害への対応として議論されている.一方,「頻発予想外災害」への対応とは本書が独自に名付ける用語で,地球温暖化等を要因とする災害が頻発し,想定外の予期しない被災への対応によって新たに突き付けられる課題である.近年の集中豪雨や台風被害において多く見られ,大規模複合災害による公助の限界とともに,頻発する想定外の被災による公助の限界とその対応としての地域防災力強化へと向かっている.「頻発予想外災害」と「大規模複合災害」がもたらす地域再建の困難への対応の根本的な視点は,地域の持続的な回復力を被災前からどのように整備するかである.そこでは,住民一人ひとりの防災への備えにも増して,地域社会のコンティユニティ・レジリエンス(持続的回復力)を担う団体が地域防災力の強化にとって重要な役割を果たす.そして,被災から地域再建への地域防災力を担う団体として,自治会などのコミュニティ組織と地域に立地する民間企業における取り組みが注目される.復旧から復興,さらには減災および地域での生活再建へと向かう中,包括的計画のもとでの適応型改良主義による政策展開を行ってきた日本の災害対応においては,被災後の地域再建の難しさを地域団体による地域防災力強化で克服する方策を見つけることが喫緊の課題である.

地域コミュニティとして最も馴染みのある団体は自治会であるため,被災地域の再生のために自治会が主体となる地域の持続的回復力に期待できれば申し分ない.しかし,自治会によるネットワーク集団が形成できれば問題ないが,公共領域にある自治会が私的領域で多様・重層かつ主体的なネットワーク集団を形成するには難しさがある.そこで,生活再建の基本となる住居に特化した地域コミュニティ組織ならば,私的領域での自由な活動主体としてネットワーク集団形成の事案になると考えた.具体的には,マンション管理組合を構成メンバーとするマンション管理協議会の取り組みに注目する．本節で事例とする京滋マンション管理対策協議会はコミュニティの継続的な活動のために形成される地域内ネットワーク集団の一例にすぎないが，多様・重層的かつ主体的なネットワーク集団（図Ⅱ-1，87頁）への具体的な示唆になると考える．

どのような要件を満たすことで，多様・重層的かつ主体的なネットワーク集団の形成が地域再建の備えとなる地域防災力強化へとつながるのだろうか．まずは，地域コミュニティが自由に主体的にメンバーとなれる民間ネットワーク集団であることが第１の要件となる．さらに第２の要件として，ネットワーク集団のメンバーが相互利用できる災害減災情報のアーカイブが必要となろう．本章第１節では地域内ネットワークの災害対応について，地域防災力向上のための消防団強化の連携ネットワーク構築の政策に注目した．そこでは，人々を災害防災情報の受動的な消費者と位置づける防災訓練への動員力の増強に傾斜しがちになるのを防ぎ，人々の主体的な関与へとつながる展開が求められることを指摘した．つづく第２節では，地区防災計画の推進と自主防災組織などのネットワーク集団に対して積極的な災害情報の利用が期待されることを指摘した．そして，本節では「兆し」から「実際」への要件を，図 序-2（10頁）と図Ⅱ-1（87頁）に示す多様・重層的かつ主体的なネットワーク集団の「形成」へと向かう可能性から探ろうと思う．

事案として取り上げる協議会には，行政が提供する災害リスク情報に内包される不確実性の補完のため，住民の災害対応での主体的な関与の可能性を見いだせる．そこには，住民一人ひとりの「自分ごと」としての地域防災力強化にも増して，地域団体の「自分ごと」としての地域防災力強化による地域再生への備えが必要との考えがある．そのためには，地域コミュニティが主体的にメンバーとなれる民間の自由なネットワークを通じて，将来の災害リスクに対応するための災害減災情報をメンバーが積極的に利用（図 序-2）できる環境が必要である．そのような情報アーカイブの整備が，地域防災力向上のための災害対応と災害情報の発展過程（図Ⅱ-1）が目指す多様・重層的かつ主体的なネットワーク集団の「形成」に役立つ．構成員であるマンション管理組合が京滋マンション管理対策協議会を通じて被災後の持続的な活動に備える地域防災力の強化を図れる状況にあるとは現状いえないが，その可能性を見いだすことは十分可能だろう．

### 3-2. 京滋マンション管理対策協議会はどのように地域内ネットワーク集団になりうるのか

京滋マンション管理対策協議会（以下，京滋管対協）がネットワーク集団としてすでに機能しているとはいえないが，先に示した２つの要件を満たすことでネットワーク集団の形成に資する可能性がある．第１の要件は協議会のメンバーであるマンション管理組合が自由に主体的に活動できるネットワーク集団であることで，第２の要件は構成メンバーが利用できる災害減災情報のアーカイブ化である．はじめに，第１要件を満たすための処方箋から検討する．京滋管対協は図 3-20 の NPO 法人全国マンション管理連合会（以下，全管連）に属する地域管理組合の１つである．全管連はマンション生活に特化した事例ではあるが，良好な住環境の形成のために管理組合の自立を応援する全国的な情報共有と協働の組織であり，地域コミュニティにおけるネットワーク連合組織の１つといえる．熊本地震における市へのマンション管理支援班の開設要望などといった災害対応での政治的な圧力団体としての側面もあるが，構成メンバーである個別のマンション管理組合にとっては，災害対応に関して主体的に情報を収集できる場として自由に参加して組織を形成するという意味合いにおいて，ネットワーク集団の要素があると考えられる．

連合組織である全管連はマンション管理組合が主体的に形成できるネットワーク集団でないが，京滋管対協は構成メンバーであるマンション管理組合のネットワーク集団となれる．多様・重層的かつ主体的なネットワーク集団を形成するための具体的な処方箋を，京滋管対協の活動の１つである地区集会にみることができる．京滋管対協にはマンション管理組合間の情報共有の連携ネット

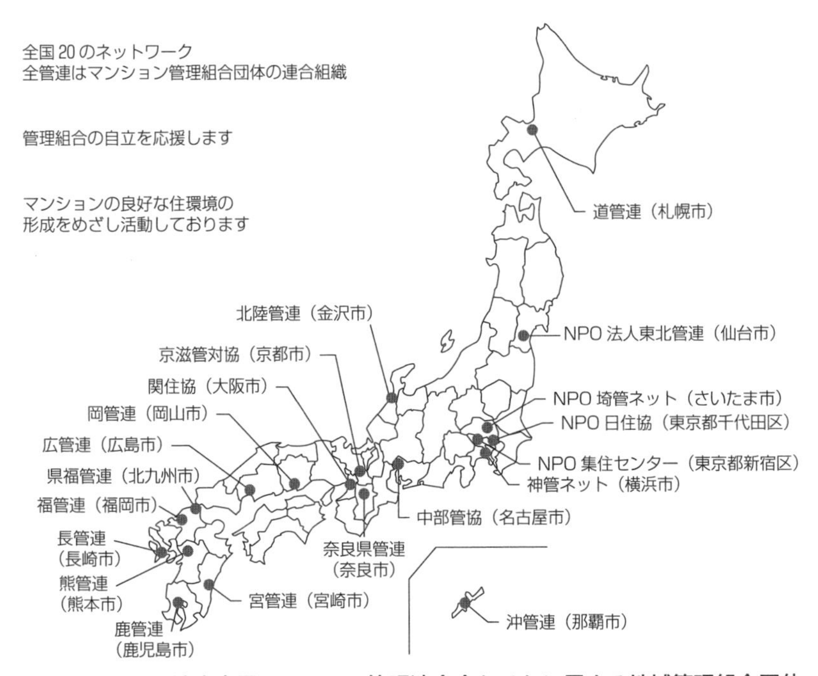


**図3-20　NPO法人全国マンション管理連合会とそれに属する地域管理組合団体**

（出所）　全国マンション管理連合会ホームページ〈http://www.zenkanren.org〉（最終アクセス：2019年10月13日）.

ワークにとどまらず，地区集会のあり方によっては地域防災力強化に資するネットワーク集団になる可能性がある．つまり，地区集会における個別マンション管理組合の主体的な参画のあり方が，被災からの地域再生の回復力の備えとなるネットワーク集団形成の処方箋となる．京滋管対協は1981年設立の京都と滋賀を中心とする地域内ネットワークで，2000年にNPO法人格を取得後，2019年現在では119のマンション管理組合（1万3,970戸）が加盟している．通常の活動は交流や研修会などを通じた管理組合運営の向上，コンサルタント派遣制度や相談事業などである．しかし，構成メンバーの個別マンション管理組合にとっては，知識享受のための連携ネットワークにとどまらず，地区集会などへの積極的な参加を通じて主体的な発想のもとで災害対策などに関わる地域防災力強化に資する多様で重層的なネットワーク集団の形成につながる要素がある．たとえば，地区集会が様々な課題について多様・重層的に開催され，協議会を構成する個別マンション管理組合が課題に応じて自由で主体的に活動ができるなら，被災後の地域再生のための地域防災力強化の備えとして役立つ．そして，ネットワーク集団の形成の第一要件を満たす処方箋として，地区集会が交流の場から主体的な活動の基盤となるネットワーク集団へと向かうためには，メンバーシップのあり方が構成員の主体性を重視するものとなる必要がある．

京滋管対協のメンバーシップは地区集会などを通じて災害対応の情報入手に役立っているが，災害リスク情報の積極的な利用につなげる主体的なネットワーク集団の形成には，地域防災力強化に資するデータアーカイブを京滋管対協さらには全管連において整備していくことが必要となる．構成員が利用できる災害減災情報アーカイブの整備が，主体的な地域防災力強化へとつながる地域内ネットワーク集団形成の第2要件である．現時点でアーカイブ整備が進んでいるわけではないが，地区集会での各管理組合による問題点と対応策の発表がデータアーカイブの蓄積につながる可能性は考えられる．多様・重層的で主体的なネットワーク集団形成へと向かえる処方箋としてどのような災害減災情報のアーカイブが必要だろうか．たとえば，災害リスクへの対応策のケーススタディ，被災後のマンション管理継続計画，被害に対応できる災害保険などがアーカイブすべき情報の一例となろう．そこで，個別マンション管理組合がそれぞれの状況に応じた災害リスクへの対応策を主体的に議論する場として，地区集会に積極的に参画してケーススタディの蓄積に寄与する必要がある．また，高齢化社会での予期せぬ災害が管理組合の実質的な機能不全にもつながりかねないなかで，災害対応のコミュニティ継続計画（Community Continuity Plan：CCP）のような地域社会の継続・再生を視野に置く地域防災力強化計画の蓄積も役立つ．あるいは，被害に対する適切な災害保険に関して規模や立地環境など考慮する管理組合の対応の蓄積も，京滋管対協を多様・多重かつ主体的なネットワーク集団へと形成するだろう．

そのようなアーカイブは，公的領域より提供される災害リスク情報の受動的な消費者としての「見える化」情報に加えて，私的領域での災害リスク情報の主体的で積極的な利用者を生み出せる「見る化」に貢献する．そして，どのような地理空間情報の整備が地域内ネットワーク集団の形成で可能かについては，今後の検討課題である．なかでも，地域コミュニティ主体のCCPでの地理空間情報の主体的な利用に供するネットワーク集団のあり方が，地域集団に注目する地域防災力強化のために検討されなければならない重要課題であろう．京滋管対協でのアーカイブの整備は「頻発予想外災害」対応における地域内ネットワーク集団の形成の主体の事案として，その具体例となるかもしれない．

## 第4節　小　　括

本章では，市町村や校区といった地域内ネットワークにおける災害対応と災害情報の変化の兆しを検証した．消防団には半民と半官の二面性があり，そこには統一的な災害対応制度の構成員の側面と積極的に災害対応に関わろうとする自由な個人の側面が見て取れる．つまり，消防団員を災害対応制度構築での官の制度に参加する個人として捉えることである．そのような消防団での消防団員の役割への期待が，制度内でのリーダー育成に表れる．そこには，地域防災力強化への人々の連携が強調されるが，地域内ネットワークの集団的な関与への展開は意図されていないように見える．消防団に参加する人々の自らの判断による多様で自由なネットワーク活動に対しては，制度構築の視点からそのコントロールが困難になることへの危惧さえあると言えるかもしれない．しかし，政府も気づいているように，減災への地域防災力の強化にソーシャル・キャピタルの増進が重要であるとするなら，多様なネットワーク集団への志向とその基盤整備としての消防団の役割がもう少し認識される必要があるだろう．それは，災害と人々の関係は，個々に参加する人への注目で足りるか，多様なネットワーク集団への注目が不可欠と考えるかの災害での人々の捉え方のパラダイム転換である[15].

日本の災害対応の特徴である適応型改良主義の下でそのようなパラダイム転換の兆しはあるが，そこでの政策展開が包括的計画主義での災害対応制度の構築から一歩踏み出せない状況は，パラダイムの限界にはまだ達していないことを示している．しかし，災害情報における災害防災情報から災害減災情報への質的転換には，人々を災害リスクに関する情報の伝達における受動的な消費者とする位置づけから，災害リスクの提供情報の積極的な利用者としての位置づけへの変化がある．そこで注目されるのは，消費者から利用者への変化にくわえ，個人としての災害情報への関わりからネットワーク集団としての関わりへと転換する兆しを確認できる点である．消防団制度でのネットワーク集団への志向の兆しはかすかであるが，地区防災計画における自主防災組織ではネットワーク志向の兆しが強くなり，パラダイムの限界に近づく可能性がある．減災への地域防災力の強化は，集団的なネットワークへの人々の関与によってこそ，災害対応への多様で主体的な人々の意識と行動につながることを必然として内包しているのかもしれない．そのような意識と行動へと一歩前進する手法が，本章でふれた地理空間情報の新しい試みとして模索される．たとえば，行政は災害対応において人々を動員できないというような方向へのパラダイム転換より，災害対応への人々の自主的な関与を促進するというパラダイム内でのさらなる努力を追求するだろう．

ネットワーク集団形成による地域防災力の強化は，個人としての人々の災害情報への関わりからネットワーク集団としての関わりへと転換する「兆し」を「実際」へと進めるものである．そして，災害防災情報の「充実」から災害減災情報への「転換」が，多様・重層的かつ主体的なネットワーク集団の形成への発展過程（図Ⅱ-1：p.87）をたどる．本章では，地域コミュニティ団体である京滋マンション管理対策協議会に地域内ネットワーク集団の形成の可能性を見た．京滋マンション管理対策協議会がネットワーク集団として機能しているとはいえないが，2つの要件を満たすことでネットワーク集団の形成につながる．第一の要件は協議会メンバーであるマンション管理組合が自由に主体的に活動できるネットワーク集団であることで，第2の要件は構成メンバーが利用する災害減災情報アーカイブの整備である．そして，それら要件を満たすための処方箋として，地区集会を通じてのメンバーシップのあり方とアーカイブ情報の内容について具体的に明らかにした．被災からの地域再建の備えとなる地域社会のコンティユニティ・レジリエンス（持続的回復力）を担う団体が，地域防災力の強化にとって重要な役割を果たす可能性を見てとれる．

注

1）日本災害情報学会編『災害情報学事典』朝倉書店，2016年，228頁を参照されたい．

2）五百旗頭真『大災害の時代――未来の国難に備えて――』毎日新聞出版，2016年．200-204頁を参照されたい．

3）島田明夫『実践地域防災力の強化――東日本大震災の教訓と課題――』ぎょうせい，2017年，201頁を参照されたい．Godchalk, D. R. et al.（1999），Godchalk, D. R.（2003）によれば，地域防災力強化のためには「弾力性ある」コミュニティの創発による物理的システムと人的つながりのネットワークが重要となる．Mitchell, J. K.（1999）は，世界中の大都市の災害対策の現状を比較して，効果的なリスクマネージメントに対する非政府機関の果たす役割が拡大していることを指摘する．また，Donahue, J. D and Zeckhauser, R. J.（2006）では，公と民の連携組織による災害対応に必要となる要件を具体的に列挙している．

4）松下圭一『政策型思考と政治』東京大学出版会，1991年，197頁を参照．

5）岩船昌起編著『被災者支援のくらしづくり・まちづくり――仮設住宅で健康に生きる――』古今書院，2016年，95-97頁は，東日本大震災における宮古市の消防団員の対応行動を記述し，消防団員の移住による地域防災力の低下を指摘している．

6）永松伸吾『減災政策論入門――巨大災害リスクのガバナンスと市場経済――』弘文堂，2008年，227-230頁によれば，地域防災計画を軸にする地域防災には，主体が限定的なアクションプログラムの策定による行政の予防策の明確化に加えて，主体に市民や企業を含めた包括的なガバナンス型の新たな予防計画が必要となる．

7）D. P. アルドリッチ（石田祐・藤澤由和訳）『災害復興におけるソーシャル・キャピタルの役割とは何か――地域再建とレジリエンスの構築――』ミネルヴァ書房，2015年，64-72頁は，災害復興へのソーシャル・キャピタルの応用について述べ，災害時への適応に関して以下の3点を挙げる．第1に友人や近隣住民間での情報や物資の相互支援といったインフォーマルな保険として機能すると述べる．第2に住民を効果的に活動へと動員し，集合行動の問題を克服する助けになると述べる．第3に，コミュニティからの退出の可能性を低下させるとする．

8）　永松伸吾「市場メカニズムとポスト3.11の減災政策」『公共政策研究』第11号，2011年，49-50頁を参照．

9）　西澤雅道・筒井智士・金思穎「地区防災計画制度の創設の経緯並びにその現状及び課題に関する考察——東日本大震災の教訓を受けた災害対策基本法の改正を踏まえて——」『国土交通政策研究所報』第56号，2015年，142-143頁を参照．

10）　中央防災会議・防災対策推進検討会議『防災対策推進検討会議最終報告』2012年，31頁を参照．また，生田真人「大規模災害と人文地理学」吉越昭久編『災害の地理学』文理閣，2014年，68-91頁は，大規模災害後の地域産業の復興に関して，2004年の新潟県中越地震における山古志村の復興事業が，ローカルコミュニティが復興計画を提案するボトムアップ型の先行事例であると述べる．

11）　佐々木晶二「東日本大震災の復興事業の3つの再検証ポイント」『復興』第5巻第3号，2014年，13-21頁を参照

12）　塩崎賢明「「理念」と政策」平山洋介・斎藤浩編『住まいを再生する——東北復興の政策・制度論——』岩波書店，2013年，20-23頁は，国土強靱化の狙いが大規模災害に対する国民の恐れを利用したあらゆる分野でのハード整備の事業展開にあることを指摘する．また，塩崎賢明『復興〈災害〉——阪神・淡路大震災と東日本大震災——』岩波書店，2014年，176-179頁も同様の問題点について述べている．

13）　浦野正樹「自主防災活動の組織化と展開」吉井博明・田中淳編『災害危機管理論入門——防災危機管理担当者のための基礎講座——』弘文堂，2008年，280-290頁は，地域内に閉ざされた活動という性格が強かった自主防災組織の今後の課題の1つとして，今後は地域外の活動団体との多様な連携や関係の構築により開かれた活動展開が必要になることを指摘する．

14）　バーテル バンドワール他編（村山優子監訳）『緊急事態のための情報システム——多様な危機発生事例から探る課題と展望——』近代科学社，2014年，263-269頁によれば，災害評価においてGISはなくてはならない分析ツールとなりつつあるが，計画策定・予防・事前準備・応急対応・復旧の災害管理のプロセスにはうまく組み込まれていない現状にあることを指摘する．そして，それぞれの段階での地理情報の役割について整理している．Fischhoff, B.（2006）は，災害リスクの発生に人々の行動様式が大きく影響している場合，科学的な根拠に基づいた分析による対応が重要になることを説明している．

15）　災害情報と地域社会との関係について，以下のように述べられている．矢守克也『防災人間科学』東京大学出版会，2009年，27-30頁は，減災のための有効な行動決定は，準備された多くの情報から1つを選び取るだけで実現するわけでなく，その選択の正当性を認定するような規範とともになされる必要があると説明する．そして，そのような規範は私的判断ではなく，多くの人々によって妥当なものだと認定されるといった社会的判断であると「共助」の本質を説明している．自然か社会か，安全か環境か，防災か親水かといった二択に基づくどちら一方を排除する議論にならないためにも，地域での体験継承とリスク・コミュニケーションの大切さが指摘されている（矢守克也・牛山素行「神戸市都賀川災害に見られる諸課題——自然と社会の交絡——」『災害情報』No.7，2009年，114-122頁）．矢守克也・渥美公秀編著，近藤誠司・宮本匠『防

災・減災の人間科学』新曜社，2011年，66-80頁によれば，災害情報にとって「災害情報をめぐるコミュニケーションにみられる「行政依存」と「情報待ち」といった「ダブル・バインド」を打破し，多種多様な人々が「ジョイン&シェア」の原則に従って共同で関与する社会的コミュニケーションなのだと社会的合意を形成していくことが重要」になる．

# 第 4 章
# 広域ネットワークに注目する災害対応と災害情報

第 3 章では市町村内の校区単位といった地域内ネットワークに注目する災害対応と災害情報の質的転換について検証したが，第 4 章では市町村界をまたぐ広域連携に注目しつつ，連携ネットワークによる災害対応の強化からネットワーク集団への志向，災害減災情報への質的転換の兆しの一連の発展過程（図Ⅱ-1 参照）について検証する．それによって，地域防災力強化のための減災活動主体へとつながる集団形成の可能性を示す．本章で注目する市町村を越える広域ネットワーク集団も，序章の図 序-2 に示すとおり，災害減災情報の積極的な利用者としてのネットワーク集団と考えている．しかし，集団内のつながりが市町村間の広域連携である点が，市町村内ネットワーク集団とは異なる．防災のための広域的な連携ネットワークは，制度的要請から旧来のやり方で現在も進められているが，そこには将来に向けての減災のための地域防災力強化に資する重層的な広域ネットワーク集団への兆しを見ることができる．そして，行政によって提供された災害リスクに関する情報を，自らの主体的発想で減災のために積極的に利用するネットワーク集団が重層的に形成されれば，「兆し」だけでなく「実際」に効果的な地域防災力の強化につながると考えている．

第Ⅱ部の冒頭にある図Ⅱ-1 に示すように，災害と人々の関係における広域ネットワーク集団は，災害防災情報から質的に転換した災害減災情報に取り巻かれるなかで形成される．そのための土壌となるネットワーク集団への志向が従来からの災害対応の延長線上にある広域連携の展開のなかに読み取れるとする仮説を，この第 4 章において検証する．具体的には，ボランティアの受け入れや公務員派遣の広域連携の災害対応には，広域ネットワーク集団への志向が見られ，被災者の広域的な受け入れについても，大震災での自発的かつ重層的な受け入れの芽がある．それらの災害対応におけるネットワークは，行政の役割が統一的な秩序の下での公共政策の実施を図ることによる当然の結果であり，ともすれば，自由で主体的なネットワークを避けて効率的なシステムと安定した制度の構築に向かいがちになる．たとえば，広域的な災害リスクが大きい原子力災害では，中央政府主導によるそのような傾向がより顕著になる．しかしながら，減災への地域防災力の向上のための広域方策を効果的にするには，重層的なネットワーク集団への志向がさらに求められる．そこで，愛知県三河地域での災害・消防協定ネットワークに関する事例から，広域ネットワーク集団の形成へのより明確な兆しを確認することができることを示す．

## 第1節　広域ネットワークによる災害対応の変化の兆し

### 1．広域的な連携ネットワークの制度構築

#### 1-1．減災としてのボランティアと公務員派遣

ここでは，ボランティア活動や公務員派遣に関する制度の構築に伴って，その機能が被災の影響を少なくする減災の手法へと展開したことを示す．災害ボランティアと公務員派遣に関する制度変遷を表4-1の年表にまとめる[1)]．防災・減災政策におけるボランティアの役割に注目が集まったのは，1995（平成7）年の阪神・淡路大震災以降で，震災前はボランティアに関するルールが定められていなかった．そのため，派遣をコーディネートする組織もなければ，受け入れ体制も整っておらず，少なくない善意が効率的に機能しなかった．そこで，1995（平成7）年7月の防災基本計画の改正でボランティア活動の環境整備に関する項目が追加され，同年12月には災害対策基本法にボランティアと公務員派遣についての規定が明記されるに至った．その後，1998（平成10）年3月に特定非営利活動促進法が成立したこともあり，ボランティアセンター設置など災害ボランティアの派遣・受け入れ体制は急速に進展した．そして，2011

**表 4-1　災害ボランティアと公務員派遣に関する制度変遷**

| 年 | 内容 |
|---|---|
| 1995年 | 阪神・淡路大震災（一九九五年一月） |
| | ※**「防災基本計画」改正（一九九五年七月）** |
| | ポ［防災ボランティア活動の環境整備とボランティア受け入れに関する項目の追加］ |
| | ※**災害対策基本法の改正（一九九五年一二月）** |
| | 派［地方公共団体の広域応援体制の強化を追加<br>ポ　ボランティアによる防災活動の環境整備に努めるよう明記］ |
| 1998 | ※**特定非営利活動促進法（NPO法）成立（一九九八年三月）** |
| | ポ［自主的な活動を促進する環境整備が進展］ |
| 2011 | 東日本大震災（二〇一一年三月） |
| 2013 | ※**災害対策基本法の改正（二〇一三年六月）** |
| | 派［復興段階での国職員の派遣制度を創設<br>ポ　国及び地方公共団体によるボランティアとの連携を明確化］ |

（出所）　村山徹「減災手法の進展にみる日本の災害政策の特徴」『名古屋地理』No.30，2017年．

(平成23) 年の東日本大震災以降は，ボランティア活動の範囲が被災直後の復旧から復興支援まで拡張したこともあり，2013 (平成25) 年6月の改正において，行政計画と災害ボランティア活動との連携が図られるようになった．

一方，大規模災害は住民生活だけではなく行政運営にも多大な影響をもたらす．1995 (平成7) 年の災害対策基本法改正では地方公共団体間の広域応援体制の強化が明記され，現在，被災市町村の要請を都道府県や総務省がとりまとめ，全国市長会と全国町村会が派遣市町村の申し出を受け付けるスキームが機能している．くわえて，2013 (平成25) 年改正では復興段階における国家公務員の派遣制度が創設された．ボランティア活動や公務員派遣の広域連携ネットワークは，防災対応制度の構築と災害危機管理システムの整備の下でのネットワーク志向の表れである.

ボランティアと公務員派遣は共に広域的な対応にかかわる減災の手法であるが，本書の主題である災害情報の質的転換については注目すべき違いがある．それは，災害防災情報は制度構築とシステム運用に資する行政の側の情報が比較的多いのに対して，災害減災情報は地域防災力強化に資する人々の側での減災に関わる情報が主となるといった違いである．そして，ボランティアは人々の行動に起因し，地域防災力のための災害減災情報との関わりが深い一方，公務員派遣は行政の側での効率的な制度構築とシステム運用であり，地域防災力との関わりが少ない．したがって，地域防災力強化の災害減災情報への災害情報の質的転換の兆しは，公務員派遣については比較的少ないことが予想される．もっとも，公務員派遣においても，広域ネットワーク集団が重層的に出現するが，主体的に活動をする公務員集団を想定することは容易ではない．しかし，専門ボランティアとして自ら赴く公務員や退職公務員の派遣などが東日本大震災でみられたことで，主体的要素を持つ公務員の広域ネットワーク集団の形成もあるかもしれない．そして，一般的な公務員派遣とは異なり，主体的なボランティアでの重層的なネットワーク集団の形成の余地は大きく，ボランティアやその関係者が，地域防災情報から質的転換した災害減災情報に取り巻かれて，そこから積極的な活動集団が生まれる可能性がある．

### 1-2. ボランティア受け入れにおける広域連携ネットワークの制度構築

阪神・淡路大震災が起こった1995（平成7）年は「ボランティア元年」と称されるように，発災直後での対応に取り組むボランティアが社会的に注目されるようになった．昔から災害時には地域住民が助け合いながら活動していたが，阪神・淡路大震災では全国よりボランティアが駆けつけて，救援や復旧などにおいて重要な役割を担った．震災からの復旧後は，災害ボランティアに関するNPO組織も数多く誕生し，全国規模の救援活動のネットワーク構築に関するノウハウが蓄積された[2)].

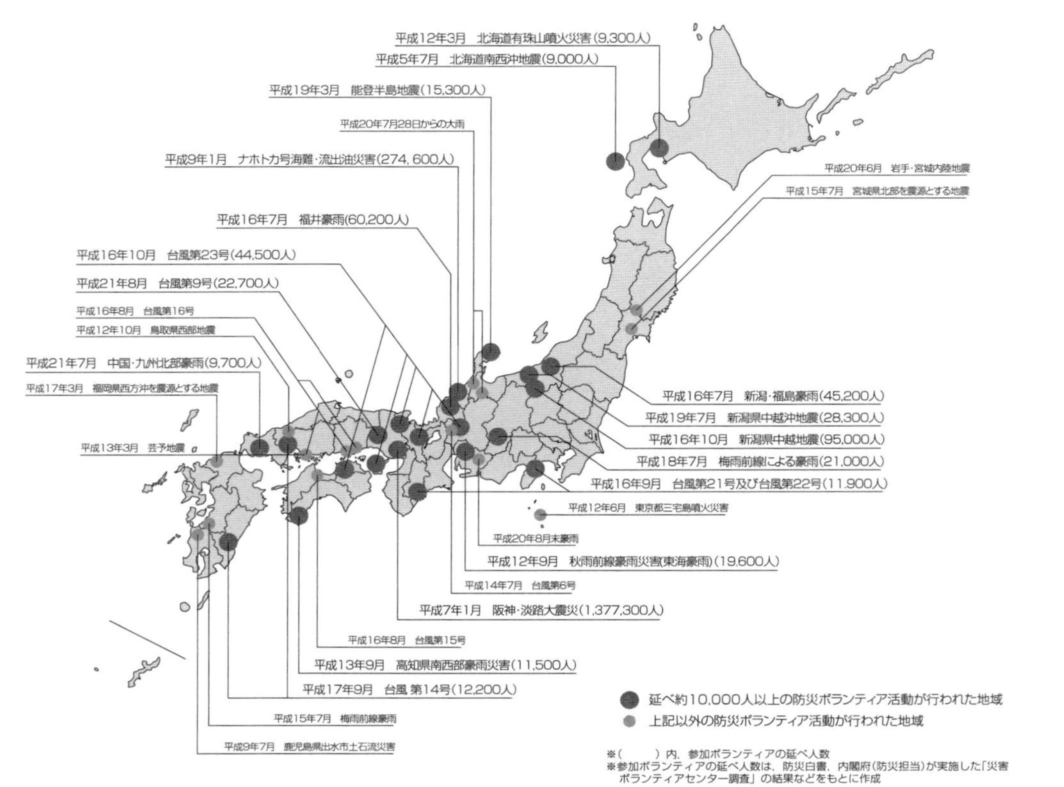


**図 4-1　災害ボランティア参加人数**

（出所）　内閣府「地域の『受援力』を高めるために」p. 15.

兵庫県の記録によれば，震災直後から1か月間に延べ約62万人がボランティア活動を行い，参加ボランティアの一年間での累計は約137万人を超えた．これだけの規模のボランティアを受け入れる被災自治体は，事前に受け入れ制度を構築しておく必要がある．そのため，全国の都道府県防災計画ではボランティア受け入れ計画の章を設けて，受け入れ方針，専門ボランティアの扱い，一般ボランティアの受付およびコーディネートなどの体制を整備するようになった．その後の豪雨，台風，地震などの多発する災害における実践を経て，ボランティア受け入れ現場となる地方政府が対応可能な制度への改良が，中央政府によって進められた．その制度構築過程は，適応型改良主義に基づく災害対応の制度構築とシステム整備といった日本の特徴である．

しかしながら，民間でのボランティア・リーダーの養成やコーディネート組織の整備などが進展したことで，行政が提供する災害リスクに関する情報を，自らの主体的発想で減災のために積極的に利活用する広域ネットワーク集団への兆しも確認できる．たとえば，全国社会福祉協議会の調査によれば，1980（昭和55）年から2004（平成16）年までの約20年間で，ボランティア団体が1万6,162団体から12万3,300団体と約7.6倍増加した．さらには，団体所属のボランティアは155万2,000人から740万7,000人，個人ボランティアは5万875人から38万6,588人に増加したことで，ボランティア総数が160万3,000人から779万3,000人と約4.9倍増加した．図4-1が示すように，近年の災害発生時には被災地域に多くのボランティアが参加しており，政府による一律の基盤整備が，多様な集団の災害対応への関与を促進していることを推測させる．しかし，ボランティアによる防災力強化のためには，連携ネットワークでは対処しきれないボランティアの有用性を考慮できるような重層的な広域ネットワーク集団の形成が，将来に向けて求められるかもしれない．

### 1-3．公務員派遣における広域連携ネットワークの制度構築

大規模災害により平常時の機能を損なう恐れがあるのは，地域に限った話で

**表 4-2　東日本大震災による被災地方公共団体への地方公務員の派遣状況**

| | | 派遣先 | | | | |
|---|---|---|---|---|---|---|
| | | 岩手県内 | 宮城県内 | 福島県内 | その他 | 合計 |
| 派遣元 | 都道府県 | 7,045 | 16,849 | 9,852 | 957 | 34,703 |
| | 指定都市 | 4,425 | 10,132 | 1,226 | 134 | 15,917 |
| | 市区町村 | 11,504 | 23,624 | 7,240 | 846 | 43,214 |
| | 合計 | 22,974 | 50,605 | 18,318 | 1,937 | 93,834 |

（備考）その他は青森県，茨城県及び千葉県の合計.
（出所）総務省報道資料「平成 29 年度における東日本大震災及び熊本地震による被災地方公共団体への地方公務員の派遣状況調査等の結果の公表」〈http://www.soumu.go.jp/menu_news/s-news/01gyosei11_02000084.html〉（最終アクセス：2017 年 11 月 16 日）.

はない．大規模災害はその対応の中枢を担うべき行政機能にも多大な被害をもたらし，被災自治体は広域的な職員派遣を要請することになる．表 4-2 が，東日本大震災の際の被災地方公共団体への地方公務員の派遣状況である．2011（平成 23）年 3 月 11 日から 2017（平成 29）年 3 月 31 日までに派遣された人数は延べ 9 万 3,834 人で，そのうち半数以上の 5 万 605 人が被害の最も大きかった宮城県内に派遣された．岩手県内への派遣者数も 2 万 2,974 人と多く，それぞれ約半数が全国の市区町村より派遣されている．また，総務省も同省の職員を延べ 62 名派遣し（2014 年 9 月 17 日現在），市町村の行政機能支援を行った．総務省は，2013（平成 25）年 3 月 24 日に被災地方公共団体に対する国家公務員の派遣支援の枠組みを整備し，各省庁に協力を要請した．国家公務員の被災地への派遣数は，2014（平成 26）年 12 月 10 日時点で延べ約 8 万 2,500 人にのぼり，2014（平成 26）年 3 月 11 日現在でも各省庁から 69 人（うち岩手県 3 人，宮城県 4 人，福島県 62 人）の国家公務員が派遣され，被災地での復旧復興業務にあたっている．

総務省が全国市長会と全国町村会の協力を得ることで，図 4-2 のような市町村職員派遣のスキームが構築された．しかし，被災地への地方公務員の派遣制度は，友好都市提携や災害時支援協定等を通じて実施されるケース，全国知事会による都道府県職員の派遣スキームもあり，地方公共団体間の自主的な取り決めと広域組織による職員派遣の斡旋などによって重層構造を成している．こ

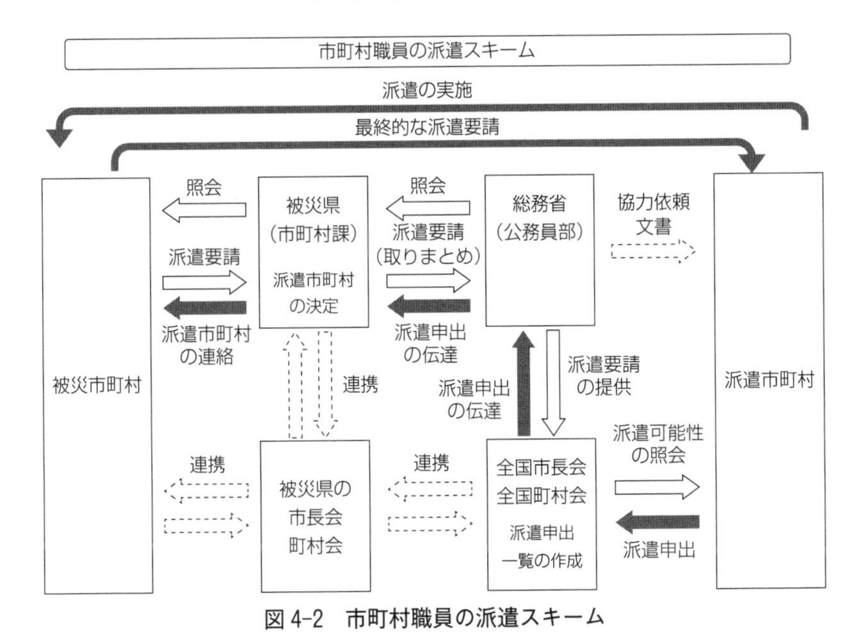


**図 4-2　市町村職員の派遣スキーム**

（出所）　総務省「総務省における被災地方公共団体に対する人的支援の取組」〈http://www.soumu.go.jp/menu_kyotsuu/important/70131.html〉（最終アクセス：2017年11月16日）.

のような重層的な広域ネットワーク集団を形成できる背景としては，公務員派遣に関する決定が階層的な全国行政組織の管轄下にあることが考えられる．そして，防災制度の構築と災害危機管理システムの一環として公務員派遣制度を整備することにより，地方公共団体間で実施される職員派遣の管理が中央政府にとって好都合となり，主体的で自由な活動に対する抑止が可能となる．その点において災害ボランティア制度とは大きく異なる．したがって，公務員派遣にみられる重層的なネットワーク集団は，減災への地域防災力強化とは次元を異にしている．しかし，そのような制度自体の存在が，災害対応での重層的なネットワーク集団への志向を一般的に後押しする側面がないわけではない．

### 1-4. 大震災での被災者の受け入れにみる広域ネットワーク集団への志向

地域防災力強化での災害減災情報への質的転換は，災害と人々の関係が密接な場面ほど意味がある．公務員派遣は行政の広域的な制度構築が主であり，地域防災力強化との関係はほとんど見られなかったが，被災者の受け入れも行政組織間での制度的側面によるところが大きい．しかし，実際の受け入れにおいては，被災地と受け入れ先の双方において，人々による地域防災力強化と深く関わる．現時点では，当該自治体が自らの地域防災力強化のために連携自治体と相互協定を結ぶ方向にあり，総務省も相互協定を推奨している．それは，2012（平成24）年6月の災害対策基本法の改正で新設された広域一時滞在に関する以下のような内容からも見て取れる．

ⅰ）市町村長は，被災住民について，同一都道府県内の他の市町村の区域における一時的な滞在（広域一時滞在）の必要があるときは，被災住民の受入れについて，当該他の市町村の市町村長に協議することができること，ⅱ）市町村長は，被災住民について，他の都道府県の区域における一時的な滞在（都道府県外広域一時滞在）の必要があるときは，都道府県知事に対し，当該他の都道府県の知事と当該被災住民の受け入れについて協議することを求め，都道府県知事は，被災住民の受け入れについて，当該他の都道府県知事に協議すること，ⅲ）都道府県知事は，市町村長が実施する広域一時滞在の協議等を当該市町村長に代わって実施しなければならないこと，ⅳ）都道府県知事及び内閣総理大臣は，市町村長又は都道府県知事から求められた時は，広域一時滞在に関する事項について助言しなければならないことなど，広域避難に係る規定が追加された．

以上のような法改正を踏まえ，2012（平成24）年9月の防災基本計画の修正において，地方公共団体は大規模広域災害時に円滑な広域避難が可能となるよう，他の地方公共団体との広域一時滞在に係る応援協定を締結するなど，発災時の具体的な避難・受け入れ方法を含めた手順等を定めるよう努めることが追加された．被災者受け入れについての広域的な連携制度は，連携ネットワークを推進するものである．しかし，そこでの相互協定の内容は現時点では市町村の裁量に委ねられる部分も多く，市町村が主体的に重層的なネットワークを形成できる余地があり，そこには様々な広域ネットワーク集団への兆しが感じられる．たとえば，東日本大震災において，福島県南相馬市の被災者を長野県飯田市が受け入れた事例は，両市の市長同志のつながりから，制度的な基盤がない中で受け入れに踏み切った例である[3]．そして，飯田市が受け入れた被災者に対して南信州広域連合が広域ネットワーク集団として対応していたが，そこには国が想定する相互協定とは別の重層的な広域ネットワーク集団の可能性を見ることができる．

南信州広域連合は一部事務組合であった飯伊広域行政組合を発展させる形で，1999（平成11）年4月1日に発足した．南信州広域連合は，長野県南部で愛知県と静岡県との県境に接する1市3町10村によって構成され，議会と執行機関により構成されている．広域連合の発足以来，複合事務組合的な業務実施に留まらず，飯田・下伊那地域全体を視野に入れた地域づくりに向けた施策推進や課題解決のため，広域連合制度を活用した独自の取り組みを展開してきた[4]．広域的に取り組む必要性がある事業の推進に向けて，南信州広域連合広域計画を策定しており，その第2次計画（計画年度：2005年～2009年）においては，広域防災計画の実施に必要な連絡調整に関連する内容が重点化された．それは，阪神淡路大震災の教訓や国及び県の防災計画の改定を受けて，広域的な視野に立った防災地域づくりや避難計画等の整備を行うものである．これによって南信州広域連合を構成する市町村において防災対策の共同的かつ計画的な推進内容が共有され，災害時応援協定などを飯伊地域内の市町村と他地域の地方公共団体及びその他団体との間で結び，緊急時に対応するシステム構築を図っている．2010（平成22）年2月には「防災危機管理研修会」を開催し，市町村長や防災担当職員，消防職員や消防団員といった関係者約100人が参加した．同一生活圏である飯伊14市町村が連携対応する大規模災害を想定した応急体制の改善強化が図られた．このような取り組みを通じて，南信州広域連合では飯田市を軸とする危機管理ネットワークの整備が進められた．そして，2011（平成23）年3月11日の東日本大震災では，南信州広域連合が14市町村との連携で構築した危機管理ネットワークシステムが実際に機能し，被災者受け入れに効果を発揮した．

そこには，広域的なネットワーク集団を積極的な活動主体とする兆しが見て取れる．南信州広域連合の例のように，重層的なネットワーク集団による地域防災力向上への貢献が進展するなら，全国的に進んでいる被災者受け入れに関する市町村間の相互協定による制度構築が効果的に機能する可能性がある．防災の原則を確保しながら災害対応制度の構築と災害危機管理の防災システムの効率的運営を図ってきた日本の災害対応は，「公助の限界」を補完できる新たな方策として減災のための地域防災力強化を目指そうとしている．そのための広域的なネットワークが効果的に働くには，広域化の役割を担う集団の主体的な活動が欠かせない．そのような災害対応への主体的な関与を実現するためには，行政が提供する災害情報を地域防災のために積極的に利用する活動主体の重層的な形成が望まれる．広域連合もそのような活動主体の1つとなりうることを，南信州広域連合の事例より示した．くわえて，ここでの事例は，自治体の枠組みを離れた越境するネットワーク集団の可能性をも示唆している．

## 2．原子力災害の広域連携ネットワークと広域ネットワーク集団への志向

### 2-1．原発災害によって人々を取り囲む情報と取り巻く情報

東日本大震災では，津波による福島第一原発の事故被害について，多くの情報を見聞きすることとなった[5)]．事故当時，メディアを通じて事故現場の映像をつぶさに見る機会も多く，図4-3の飯舘村への放射線汚染の拡大など，原子力発電プラントに関連する数多くの災害リスクに関する情報に取り囲まれたといっても遜色ない．くわえて，原発災害の広域的な影響について改めて知ることにもなった．その後も，原発災害への対応策についての情報は発信され続けているが，衝撃的な災害情報に直接的に「取り囲まれて」いた状況から，時の経過とともに，災害リスクへの様々な対応策の災害情報に間接的に「取り巻かれる」状況へと移行している．人々は，原発事故による広域的な被害からの避

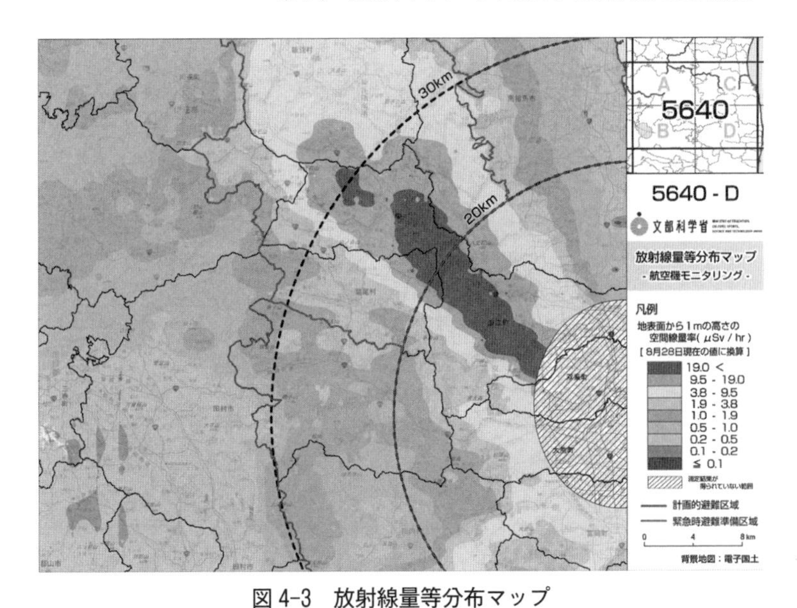


**図 4-3　放射線量等分布マップ**

（出所）文部科学省「放射線量等分布マップ拡大サイト」〈http://ramap. jmc.or.jp/map/mapdf/〉（最終アクセス：2017 年 11 月 20 日）.

難の必要を強く感じながらも，その対応策についての情報を自ら利用するために，積極的に情報収集することはまれである．しかし，政府は，インターネットや防災白書などを通じて災害対応策についての情報を提供し続け，人々を受け手とする災害対応に関する情報の「見える化」を図っている．一方で，人々を提供される情報の積極的な利用者として位置づける災害情報の「見る化」は進んでおらず，減災に向けての地方政府の自律的な対応策や住民自らの主体的な関与を検討するまでには至っていない．原発災害と地域防災力の強化の関係は今のところ定かではない．しかし，「公助の限界」からの減災による地域防災力の強化は，原発事故の災害についても役立つ．確かに，原発災害の住民避難は風水害のそれと事情が異なるのも事実だが，減災につながる地域防災力の強化の検討は原発災害においても必要になるだろう．

本書では，原発災害住民避難においても，災害防災情報から災害減災情報へ

図 4-4　浜岡原発広報館内の展示物

（出所）　筆者撮影（2016 年 12 月 12 日）.

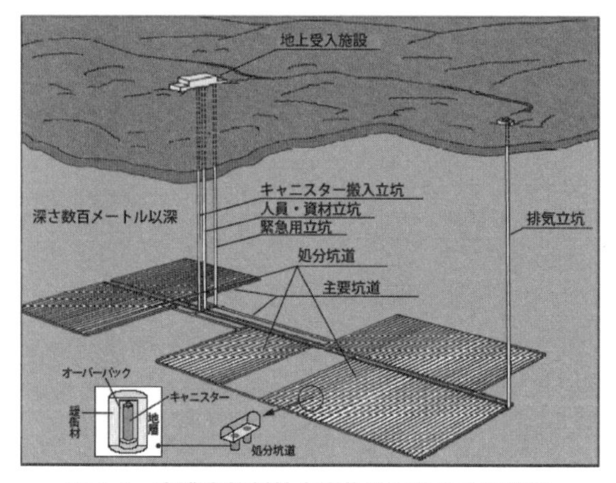


図 4-5　高濃度放射性廃棄物地層処分の概念図

（出所）　高度情報科学技術研究機構「原子力百科事典」〈http://www.rist.or.jp/atomica/index.html〉（最終アクセス：2017 年 11 月 20 日）.

の質的転換に伴う広域ネットワーク集団の形成を追求しようとする．その可能性は現時点では小さく，原子力プラントに関する情報提供は中央政府の主導による防災体制の構築の一環として進んでいる．そして，それ故に安心・安全を広報するための「見える化」の促進となることが多く，情報利用のための「見る化」の促進にはなっていない．図 4-4 の浜岡原子力発電所にある広報館がほとんど全ての原発施設において設置されている．また，新たな原発関連施設の建設に向けては，たとえば，図4-5のような高濃度放射性廃棄物地下埋蔵政策の情報提供の「見える化」を政府は積極的に進めるだろう．原発プラントについては詳細な情報を提供しようとするNPOもあるが，われわれはそのような情報に取り巻かれているし，積極的に情報にアクセスしようとしない限り，主体的利用に資する「見る化」情報へとつながらないだろう．そこでは，人々の利用につながるような情報提供の工夫が求められている．

### 2-2. 原発災害の対応策と災害防災情報

東日本大震災によって，原子力災害も自然災害の1つと人々に認識されるようになっている．そのような認識は，日本の防災の基本となる防災基本計画に原子力対策編が位置づけられていることからも，かけ離れた印象を与えるわけではない．災害対策基本法第5条により災害対応の一次的責務は市町村にあると定められるが，災害が大規模になるほど中央政府の役割が大きくなる．原子力災害はその被害が広域にわたり対応経費も大きいため，原子力基本法や原子力災害対策特別措置法によって中央政府が責任を負っており，原子力関連の政策は中央主導で展開されている．

原子力発電所における災害については，1999（平成11）年の茨城県東海村ウラン加工施設での臨界事故を受けて，原子力災害対策特別措置法の制定に伴い2000（平成12）年に防災基本計画の原子力災害対策編の一部修正がなされた．その後，2007（平成19）年の新潟県中越沖地震の翌年には原子力災害対策の強化に関する防災基本計画の一部修正，2011（平成23）年の東日本大震災による原子力対策編の修正が矢継ぎ早になされた．さらに，2012（平成24）年に原子力規制委員会設置法等の制定を踏まえて原子力災害対策の強化が図られ，2013（平成25）年と2014（平成26）年には原子力規制委員会での検討を踏まえて原子力災害対策の強化が図られた．そして，2016（平成28）年には地域原子力防災会議の設置および地域防災計画・避難計画の具体化・充実化に関する国の支援など，原子力防災体制の充実・強化への防災基本計画の原子力災害対策編の修正

南方面避難

京都市（65,000人），宇治市（14,000人），城陽市（6,000人），向日市（4,000人）

西方面避難の大枠（案）抜粋

| 避難元府県 | 避難元市町 | 対象人口 | 府県 | 避難先（案）地域（市町） |
|---|---|---|---|---|
| 京都府<br>7市町<br>127,200人 | 舞鶴市 | 89,000人 | 兵庫県 | 神戸市 |
| | 綾部市 | 9,400人 | | 阪神南（尼崎市，西宮市，芦屋市） |
| | 宮津市 | 20,300人 | | 東播磨（明石市，加古川市，高砂市，稲美町，播磨町） |
| | 伊根町 | 1,600人 | | |
| | 福知山市 | 300人 | | 西播磨（相生市，赤穂市，宍粟市，たつの市，太子町，上郡町，佐用町）<br>淡路（洲本市，南あわじ市，淡路市） |
| | 南丹市 | 3,700人 | | |
| | 京丹波町 | 2,900人 | 徳島県 | 徳島市，鳴門市，小松島市，阿南市，吉野川市，阿波市，美馬市，三好市ほか |
| | 全体で予備枠を確保 | | | |

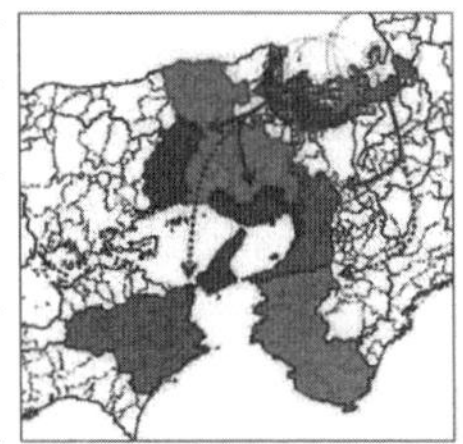

※現在，京都府および関西広域連合，受入先の関係市町と具体的な避難施設などの詳細について調整中

**図 4-6　原発災害での関西広域圏の住民避難の連携案と京都府舞鶴市の住民避難案**

（出所）　舞鶴市「原子力防災のしおり」p. 16.

がなされた．以上のように，日本の原子力災害対応策は，中央政府主導による包括的計画主義と適応型改良主義のもと，法規の修正を伴いながら強力に推進されてきた．

そのような中で，2016（平成28）年に地方政府が原発災害の住民避難政策を進める方向への道筋がつき，原発住民避難政策は緒についたばかりである．従来からの洪水災害での住民避難が示すように，国が大綱やガイドラインを示す体制の下で，中間自治体がその支援を行い，基礎自治体が主体となって災害対応にあたる日本の中央地方関係の役割分担が定着してきたが，原発災害においては中央政府の主導的役割と市町村の第一義的責務が錯綜する可能性がある．具体的には，地方政府が住民避難の対象地域の指定などを中央政府のガイドラインに求めるなかで，住民に身近な行政としての地方が中央政府依存に傾き独自性をなくす傾向が目立っている．内閣を中心とする地方に対する国の強力な政策展開は，戦争やテロなどでの国民保護法での中央主導と重なる部分もあり，地域での災害対応の色彩は少ない．

原発災害においても減災への地域防災力強化は必要だろう．原発災害住民避難政策は始まったばかりのため，これからの展開によっては地方が自主的な責務を果たす可能性もある．現在のところ，広域対応の視点から原発災害住民避難の公共政策が，原発再稼働に向けての喫緊の政策課題として，中央政府主導での制度構築が進められている．図4-6は，原発災害住民避難の広域ネットワークの制度構築の一例である．人々は，受動的な消費者と人々を位置づけるこれらの災害防災情報に取り巻かれている．そして，避難経路と避難先を含む地域連携の制度構築に関するこれらの情報には，対応策への人々の主体的な関与の余地は今のところほとんどないが，広域的な災害避難の連携自体にネットワーク志向を確認することができる．

### 2-3. 原発事故での災害情報と減災へのネットワーク集団の可能性

原発災害への対応は，防災制度の構築と災害危機管理システムの整備であり，行政側での対応を中心とするが，原発災害住民避難は人々の側での行動と深く関わる．そのため，減災のための地域防災力の向上との関係を考慮する必要も生じる．国土強靱化基本計画の推進に見られる脆弱性評価の実施などは，原発事故の影響を受ける地域において議論される必要があるだろう．国土強靱化基本計画は，脆弱性評価に基づくインフラ整備に向かいがちであると批判でき，地域間交流・連携促進の基本理念が国土の均衡ある経済的発展を目的としているところもあるが，そこに連携ネットワークの視点がないわけではない．整備が進む政府主導の広域連携ネットワークが重要なことは言うまでもないが，「公助の限界」での地域防災力の強化のためには，原発災害住民避難についても災害対応を担うネットワーク集団の形成が望まれる．

政府主導の動員的な住民避難は効率的であるが，効果的と言えない側面もある．例えば，PAZ の 30 km を超える地域の住民に対しては，住宅内待機の一律対応では対処しきれないだろうし，それぞれの地域特性に応じた広域ネットワーク集団が住民避難の方策を重層的に練る必要があるだろう．積極的主体の形成のため，人々を取り巻く災害減災情報に対するどのような工夫が可能か定かでないが，愛知県が提供する図 4-7 の情報はありふれた地図であるものの，そこに広域ネットワーク集団の形成に資する情報提供の可能性を見ることができる．図 4-7 は，原子力災害対策重点地域の PAZ（5 km）と UPZ（30 km）からさらに広範囲の，福井県の美浜・敦賀発電所，大飯発電所，高浜発電所および静岡県の浜岡発電所から 50 km と 100 km 範囲を示している．国の制度設計による災害対応では図中に示される多くのエリアが政策の対象外となるが，たとえば，それぞれの地域が原発災害住民避難について地域防災力強化に積極的に取り組み，多様な広域ネットワーク集団の重層的形成につながれば，図 4-7 のような災害リスクに関する情報は積極的な利用に即した災害減災情報の 1 つであるといえる．そのような集団形成が実際に表象するまでには至っていないが，広域的な災害減災情報の兆しがここにみられる．特に原発災害住民避難のように広域ネットワークへの志向が内在していることが確認できる政策においては，

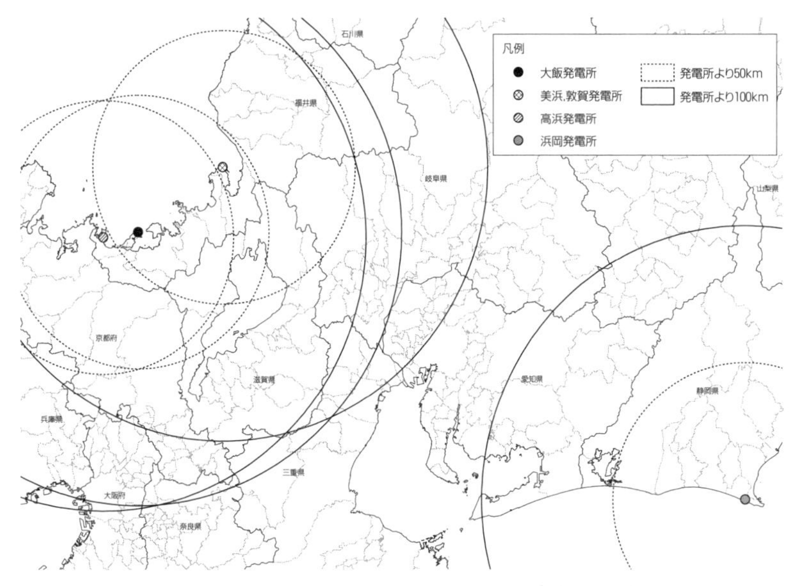


**図 4-7　原子力発電所の位置関係と三遠南信地域**

（出所）　愛知県「原子力災害対策」〈http://www.pref.aichi.jp/soshiki/saigaitaisaku/0000067298.html〉（最終アクセス：2017 年 11 月 20 日）.

災害防災情報から災害減災情報への質的転換の具体的工夫を考えられる可能性は高い.

原発災害住民避難に限らず，様々な災害対応について，そのようなネットワーク集団の利用に資する災害減災情報が政府によって提供されることが望まれる．それは，広域的な連携ネットワークの形成を促進するような災害防災情報で人々を「取り囲む」のみならず，さらに進展して，災害と人々の関係における災害防災情報から質的転換された災害減災情報が人々を「取り巻く」状況をどのようにつくるかといった課題への挑戦である.

## 第２節　地域における災害対応と災害情報の変化の兆し

### １．災害・消防応援協定にみる広域ネットワーク集団による災害対応

#### 1-1. 基礎自治体における災害・消防応援協定

近年，様々な政策分野で政府間もしくは民間との業務支援協定の締結が進められており，多様な連携のもとでの行政の事務処理能力の強化が図られている[6)]．政府間の事業連携は，実施主体の利害の衝突を生む可能性もあるため容易ではないが[7)]，防災・減災政策の多くは緊急時対応であるため，連携することでの主体間の政策コンフリクトが比較的生じ難い広域連携の事例といえる．そのため，民間事業者や近隣自治体との災害対応に関する多様な応援協定が，行政の裁量のもとで先進的に締結されている．本節では，愛知県三河地域における災害・消防応援協定の締結状況を事例とし，災害と人々の関係における広域的なネットワーク集団への兆しに注目する．そして，ネットワーク集団の主体的活動に資する災害減災情報への質的転換について検討する．

はじめに，豊橋市を例に災害・消防応援協定締結の現状を概観する．2016（平成28）年修正の豊橋市地域防災計画によると，２月時点で118件の協定を締結しており，消防相互応援協定，災害時相互応援協定，水道応援協定等，廃棄物災害時相互応援協定，輸送協定，災害復旧協定等，医療応援協定等，物資協定等，その他の協定等の発災から復旧作業までの９つのカテゴリーに分類される．消防相互と災害時相互協定は地方政府間で結ばれる公的な応援協定で，水道，廃棄物，医療に関しては公的な協定に加えて民間事業者との協定が併存している．その内容は，応急対応が公的機関との協定，その後の復旧作業が民間事業者との応援協定に基づき対応する分担になっている．一方で，物資協定に分類されるすべての協定が，食料品や日用品の提供に関する民間事業者との協定になっている．その他に分類される協定では，避難施設としての施設利用に関する協定，要援護者の受け入れに関する福祉施設との協定が多くなっている．

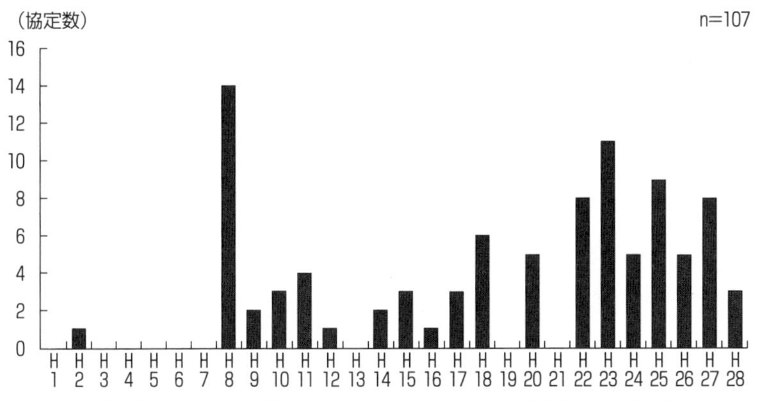


（注）　平成以前に締結の協定は 13 協定（主に昭和 50 年代）．最も古い協定は昭和 29 年に締結．

**図 4-8　豊橋市の災害協定締結数の推移**

（出所）　村山徹ほか「計画・実施にみる三遠南信地域の連携と自律」『地域政策学ジャーナル』第 7 巻第 1 号，2017 年，p. 32.

本書の分析では，異なる相手先との同種の協定といった重複を除いた全 107 件を対象とする．図 4-8 の協定締結の推移に示すとおり，ここ 20 年間に協定締結が集中している．特に，1995（平成 7）年の阪神・淡路大震災後の数年間と，2011（平成 23）年の東日本大震災以降に協定締結が集中しており，三河地域の他市町村においても同様の傾向が見られることから，大規模災害の教訓が災害協定として生かされているのがわかる．

表 4-3 は，豊橋市と公的機関との災害・消防応援協定のみを抽出した一覧である．表中では，協定の地理的特徴に基づく 6 つのカテゴリーに分類している．県単位より広範囲の自治体協定を地方ユニットとし，都道府県ユニットと区別している．たとえば，地方ユニットの例としては，国土交通省中部地方整備局を通じた中部地方全域の災害時情報交換に関する協定があり，一方で都道府県ユニットの例としては，愛知県と県内全市町村との防災ヘリコプターに関する協定，県内全市町村及び一部事務組合による一般廃棄物処理に関する協定がある．市町村ユニットに関しては，近隣自治体との協定／遠隔自治体との協定，各自治体が個別に締結する協定／何かしらの組織集団を通じた協定の二軸より，

## 表 4-3　豊橋市と公的機関との災害・消防応援協定

| 協定名 | 内容 | 協定先 | 締結年月 | 分類 |
|---|---|---|---|---|
| 日本水道協会中部地方支部災害時相互応援に関する協定 | 応急復旧作業，応急給水作業，応急復旧資材の貸出等 | 中部 9 県 | H20.2 | 1 |
| 三河海上保安署と豊橋市との消防業務協定 | 豊橋港及び豊橋市海岸線付近における消防業務の協力 | 三河海上保安署 | H23.7 | 1 |
| 災害時の情報交換に関する協定 | 情報連絡員の派遣と情報交換 | 国土交通省中部地方整備局 | H23.7 | 1 |
| 一般国道 23 号の一部の緊急避難場所として使用することに関する覚書 | 一般国道 23 号の一部の緊急避難場所として利用 | 国土交通省中部地方整備局名古屋国道事務所 | H24.8 | 1 |
| 愛知県内広域消防相互応援協定 | 消防業務または応急業務 | 県内消防本部 | H2.4 (H15.4) | 2 |
| 愛知県下高速道路における消防相互応援協定 | 消防業務または応急業務 | 関連のある県内消防本部 | H14.8 (H24.3) | 2 |
| 水道災害相互応援に関する覚書 | 応急復旧作業，応急給水作業，応急復旧資材の貸出等 | 愛知県上水道事業者 | S53.3 | 2 |
| 災害時の一般廃棄物処理及び下水処理に係る相互応援に関する協定 | ごみ・下水処理の人員・資機材等 | 県内市町村及び一部事務組合 | H26.1 | 2 |
| 愛知県防災ヘリコプター支援協定 | 県所有ヘリコプターの応援 | 愛知県 | H8.10 (H19.11) | 2 |
| 災害発生時における火葬場の相互応援協力に関する協定 | 遺体の火葬，必要な物資提供，人員派遣 | 県内市町村 | H18.3 | 2 |
| 高速道路における消防相互応援協定 | 消防業務または応急業務 | 豊川市 | S59.4 (H24.4) | 3 |
| 高速道路における消防相互応援協定 | 消防業務または応急業務 | 新城市 | S59.4 (H24.4) | 3 |
| 高速道路における消防相互応援協定 | 消防業務または応急業務 | 浜松市 | S59.4 (H24.4) | 3 |
| 浜松市，豊橋市消防相互応援協定 | 消防業務または応急業務 | 浜松市 | S59.6 (H17.7) | 3 |
| 豊橋市，湖西市消防相互応援協定 | 消防業務または応急業務 | 湖西市 | H23.12 | 3 |
| 浜松市，豊橋市航空消防応援協定 | 消防業務または応急業務 | 浜松市 | H22.3 | 3 |
| 災害時等水道管緊急連絡管の取扱いに関する協定 | 水道水の相互援助体制の確立 | 豊川市 | S54.1 (H22.2) | 3 |
| 災害時等水道管緊急連絡管の取扱いに関する協定 | 水道水の相互援助体制の確立 | 田原市 | S54.1 (H22.2) | 3 |
| 災害時等水道管緊急連絡管の取扱いに関する協定 | 水道水の相互援助体制の確立 | 湖西市 | S54.1 (H22.2) | 3 |
| 水道災害相互応援に関する覚書 | 応急復旧作業，応急給水作業，応急復旧資材の貸出等 | 浜松市 | S55.9 | 3 |
| 水道災害相互応援に関する覚書 | 応急復旧作業，応急給水作業，応急復旧資材の貸出等 | 湖西市 | S55.9 | 3 |
| 東三河地区消防相互応援協定 | 消防業務または応急業務 | 東三河 7 市町村 | S44.4 | 4 |
| 三遠南信災害時相互応援協定 | 資機材・救援物資の提供・貸与，職員派遣，被災児童生徒の一時受け入れ等 | 三遠南信 26 市町村 | H8.7 (H17.1) | 4 |
| 災害時における被災者支援システムの相互支援に関する協定 | 被災者支援システムの稼働に必要な機器の貸与・職員派遣 | 東三河 6 市町(豊根村除く) | H25.3 | 4 |
| 災害時相互応援協定 | 資機材・救援物資の提供・貸与，職員派遣，被災児童生徒の一時受け入れ等 | 尼崎市 | H9.12 | 5 |
| 災害時相互応援協定 | 資機材・救援物資の提供・貸与，職員派遣，被災児童生徒の一時受け入れ等 | 横須賀市 | H10.2 | 5 |
| 中核市災害相互応援協定 | 資機材・救援物資の提供・貸与，職員派遣，被災児童生徒の一時受け入れ等 | 全国の中核市 | H11.5 | 6 |
| 外国人集住都市会議災害時相互応援協定 | 翻訳・通訳，職員派遣，大使館との連絡調整 | 会員都市市町 | H22.11 | 6 |

（注）分類番号
1　地方ユニット　中部など，国の地方整備局を通じた協定
2　都道府県ユニット　都道府県を通じた協定
3　市町村ユニット（近隣／個別）　近隣の自治体同士の個別な協定
4　市町村ユニット（近隣／集団）　三遠南信，東三河などのまとまりによる協定
5　市町村ユニット（遠隔／個別）　遠隔の自治体同士の個別な協定
6　市町村ユニット（遠隔／集団）　中核市など，全国自治体との協議会等のまとまりによる協定

（出所）「豊橋市地域防災計画　平成 28 年」をもとに筆者作成．

協定の地理空間的広がりに注目する4種のカテゴリーに細分類している．近隣かつ個別の市町村ユニットの協定には豊橋市と隣接市との消防協定，近隣かつ集団の協定としては，豊橋市と近隣7自治体による東三河地区での消防応援協定などを分類することができる．また，遠隔かつ個別の協定には友好都市などに基づく尼崎市や横須賀市との災害時応援協定，遠隔かつ集団の協定としては，外国人集住都市会議などの加盟協議会を通じた救援物資供給や職員派遣といった応援協定を分類できる．

災害・消防応援協定の締結そのものは，連携ネットワークの強化に関する災害対策制度の構築の1つとして位置づけられるだろう．近年の大規模災害の経験を活かして，物資供給や公務員派遣に関する制度構築が進展しており，豊橋市における政府間の災害・消防応援協定からも広域的な連携ネットワークの強化に取り組んでいる様子が確認できる．しかし，表中に示した分類カテゴリーが指し示すのは，市町村横断的な新たなネットワーク集団の兆しと見なすこともできる．特に，地方ユニットと近隣／集団の市町村ユニットなどは，行政区画とは異なるこれまでになかった災害対応の集合体になる可能性がある．地方政府による災害・消防応援協定の締結のさらなる進展は，図Ⅱ-1の災害対応と災害情報の発展過程に示したような，連携ネットワークから多様なネットワーク集団による重層的な災害対応への変化の兆しであり，そこでの災害減災情報への質的転換が進むことによって地域防災力強化が実現するきっかけの1つとなるだろう．

災害・消防応援協定による連携ネットワーク強化とネットワーク集団への志向は，公的機関どうしに限った話ではない．地方政府と民間事業者との災害時応援協定は質量ともに充実している．豊橋市と民間企業や協同組合との災害・消防応援協定の締結状況を図4-9にまとめる．左グラフは協定締結相手の分類で，右グラフは協定締結による支援内容の分類である．左グラフに示すように，全82件の協定のうち半数が民間会社との協定であり，さらに21件が企業協同組合との協定であるため，全体の7割以上が企業と締結する協定である．次い

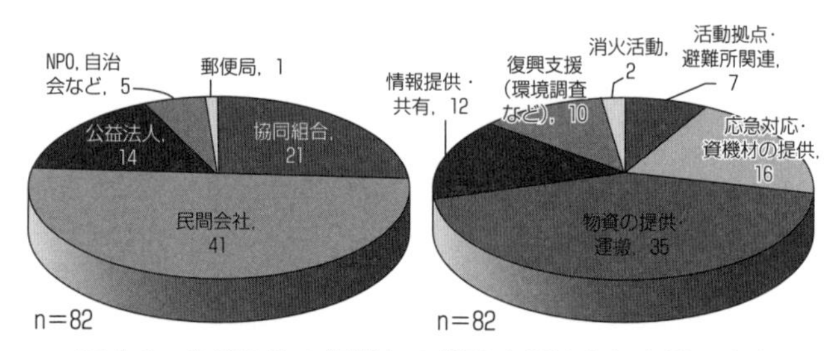


**図 4-9　企業や法人組織との災害応援協定と支援の内容**

（出所）「豊橋市地域防災計画　平成 28 年」をもとに筆者作成.

で多いのは医療法人や社会福祉法人といった公益法人との協定, NPO や自治会といったテーマ型と地縁型の地域組織, 郵便局との協定がある. 図 4-9 の右グラフからは, 民間事業者との協定で最も数多いのが, 発災後の物資提供と運搬に関する協定で, 協定相手はローカルな地元小売業者から全国規模の大手スーパーやホームセンターなど様々である. その他にも, 地元の建設業組合などとの応急対応・資機材の提供に関する協定, 活動拠点や避難所としての施設の一時提供といった市内学校法人や社会福祉法人との協定, ローカルメディアとの非常災害情報の放送に関する協定などがある.

先にも述べたとおり, これらの協定は基本的に広域的な連携ネットワークの強化に資する取り組みといえるが, 民間事業者との協定においても, 地域防災力向上のためのネットワーク集団形成の兆しを確認することができる. たとえば, 豊橋市とのみ協定を締結する事業者もあれば, 近隣の豊川市や蒲郡市も含めた複数自治体間と同様の協定を結ぶ民間事業者もある. 生活協同組合コープあいちやマックスバリュー東海などは, さらに広範囲の複数自治体と協定締結している. 以上のような災害・消防応援協定のネットワークは, 本書では詳細に取り上げないが, 私企業を中核とする災害対応のための広域的なネットワーク集団といえる. このような多様かつ重層的なネットワーク集団の増加とそこでの災害情報の質的転換は, 災害対応による地域防災力の強化の一助となるだろう.

### 1-2. 災害・消防協定ネットワークにみる災害対応の進展

先に取り上げた豊橋市と公的機関との協定一覧からもわかるとおり，災害・消防応援協定は県内で近隣に位置する市町村間において数多く締結されている．応援協定は広域的な連携ネットワークの強化に資する取り組みでありながら，ネットワーク集団を志向する取り組みともいえる．そこで，そのような政府間の応援協定ネットワークの拡がりから，広域的な連携ネットワークの強化とネットワーク集団への兆しを検証するため，豊橋市を含む愛知県三河地域の災害・消防応援協定ネットワークの現状に注目する[8)]．図 4-10 が愛知県と三河地域の地図である．愛知県は名古屋市を中心とする尾張地域と三河地域に分けられ

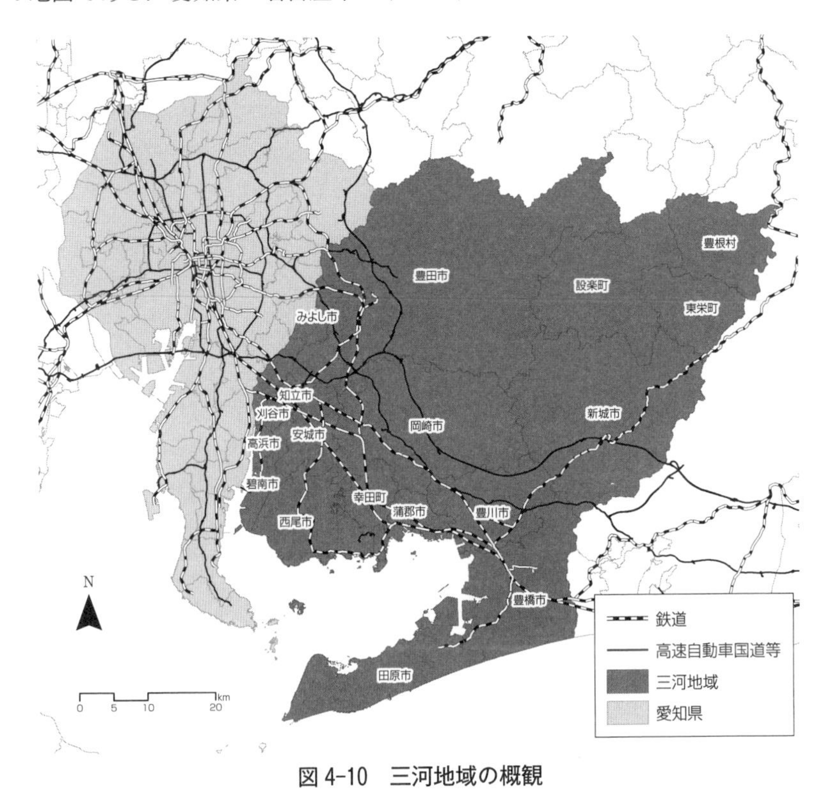


図 4-10　三河地域の概観

（出所）筆者作成．

ることが多い．そして，境川より東の18市町村からなる三河地域は，豊田市や岡崎市を中心とする人口約160万人の西三河地域（9市1町）と，豊橋市を中心とする人口約75万人の東三河地域（5市2町1村）にさらに細分される．新幹線停車駅は西三河に三河安城駅，東三河には豊橋駅があり，日本のプロバスケットボールリーグも西三河の刈谷市をホームタウンとするシーホース三河，東三河の豊橋市と静岡県浜松市をホームとする三遠ネオフェニックスがあり，同じ三河地域といっても西と東での違いは大きい．経済的には，西三河地域が名古屋への通勤圏として発展しており，大都市圏の郊外住宅都市としての機能を担っている一方で，東三河地域は豊橋市を中心とする独立の広域都市圏として発展してきた背景を有するといった顕著な違いがある[9)]．近年では，新東名高速道路の開通による高規格道路の複線化や，伊勢湾岸自動車道や東海環状自動車道といった名古屋圏環状道路の整備など，名古屋市へのアクセスが飛躍的に向上し，名古屋大都市圏もしくは中部都市圏としての一体化が進められている地域である．

消防応援協定と災害応援協定では，協定ネットワークの空間的拡がりにみられる特徴が異なるため，それぞれ個別に検討を進める．はじめに，三河地域の消防応援協定から検討する．三河地域18市町村の地域防災計画から消防応援協定のみを抽出し，締結者間を結ぶネットワークを図4-11にまとめる．図中の実線は愛知県内の市町村間で結ばれている協定で，点線は他県の市町村と結ばれている越境協定を表している．西三河と東三河の消防相互応援協定に関しては，地域内全市町村間で結ばれる協定であるため面集合として図示している．また，愛知県内全市町村による消防相互応援協定は図に示していない．三河地域の各市町村間で締結されている消防応援協定の多くは，高速道路の結節関係にある自治体間での高速道路上で発生した災害に対する消防応援である．具体的には，愛知県下高速道路における消防相互応援協定，東海環状自動車道における消防相互応援協定，豊橋市・豊川市・新城市・浜松市の高速道路における消防相互応援協定などがある．高速道路に特化しない災害時の一般的な消防活

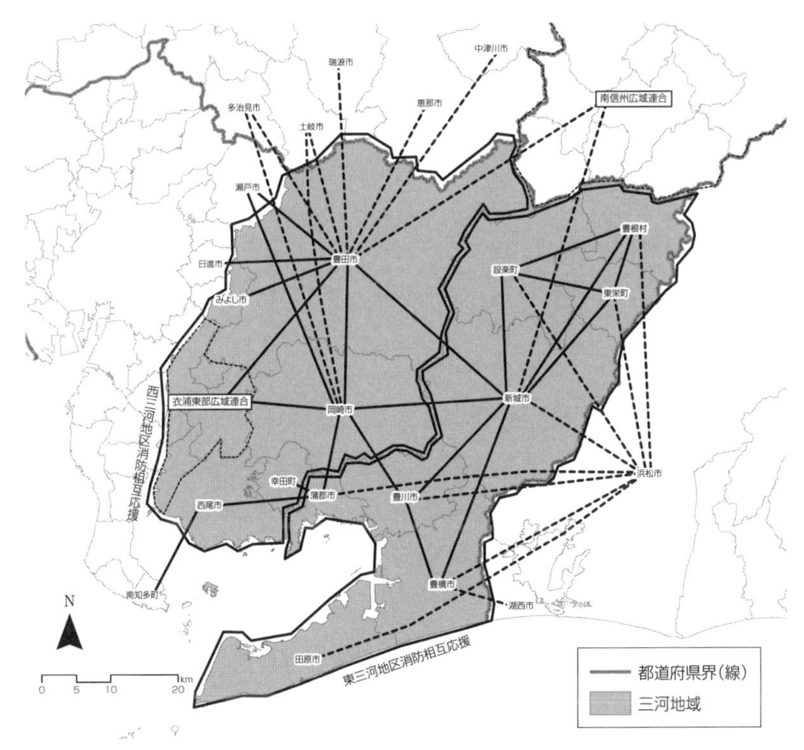


**図 4-11　三河地域における消防応援協定のネットワーク**

（出所）　筆者作成.

動に関する応援協定は，豊田市とその隣接市町村との互いの区域内での緊急時消防活動支援，岡崎市・蒲郡市・西尾市の消防応援，新城市・北設楽郡町村・浜松市による消防応援，浜松市消防防災ヘリコプター出動に関する東三河市町村との協定などがある．図 4-11 のネットワークからは，西三河では交通結節点である豊田市と岡崎市が連携ネットワークの中心であるのがわかる．特に豊田市は，恵那市や土岐市など隣接する岐阜県市町村，長野県の南信州広域連合との消防応急業務に関する協定を締結することで連携ネットワークの強化を図っており，合併で拡大した行政サービス拠点から距離のある山間部の治安維持に関する中核としての役割を担っている．一方，東三河では，新東名高速道路が開通したことで新たな交通結節点となった新城市が，交通インフラの消防活動に関する中核になりつつあるのがわかる．また新城市は背後に広がる山間部過疎地である北設楽郡町村の消防事業の委託を受け，隣接する長野県の南信州広域連合との応援協定を結ぶなど，治安維持に関する中核として広域的な連携ネットワークを強化しているのがわかる．また，東三河の市町村は静岡県浜松市との災害時消防業務に関する結びつきが強く，浜松市が広域的な連携ネットワークの中核になっている現状が見て取れる．消防応援協定にみるネットワーク集団の形成に関しては，西三河も東三河も既存の愛知県の枠組みで推進する傾向にあり，新たな活動主体となるようなネットワーク集団による多様化は見られない．

つぎに，災害応援協定のネットワーク構造を，火葬場やし尿及びごみ処理に関する県内全市町村間の相互応援協定を除いて，図 4-12 にまとめる．災害応援協定で多いのは，支援物資提供，被災児童一時受け入れ，職員派遣といった支援に関する協定である．それらの災害時相互応援に関しては，消防に比べて被害が広域に及ぶことを考慮し，各自治体が遠隔の自治体と独自に連携ネットワーク強化に努めている．その 1 つが，図中の枠内に示す加盟協議会等を通じた相互支援協定で，さらに図中に示していない姉妹・友好都市といった関係に基づく災害応援協定もある．一方，比較的近隣の地域における災害時相互応援に関する協定は，被災後の上水道復旧作業協力と水道緊急連絡管の相互利用に関する協定があるものの，市町村間の連携ネットワーク強化でなく，ネットワーク集団による災害対応が中心となっている．具体的には，西三河では，西三河地域災害時相互応援協定や衣浦東部広域行政圏災害時相互応援協定を通じた県内地域単位のネットワーク集団による対応が図られており，東三河においては，東三河地域災害時相互応援協定に加えて，静岡県の遠州地域と長野県の南信州地域を含む三遠南信広域圏といった県境をまたぐ災害対応のネットワーク集団が形成されている．三遠南信広域圏のネットワーク集団は横線エリアとし

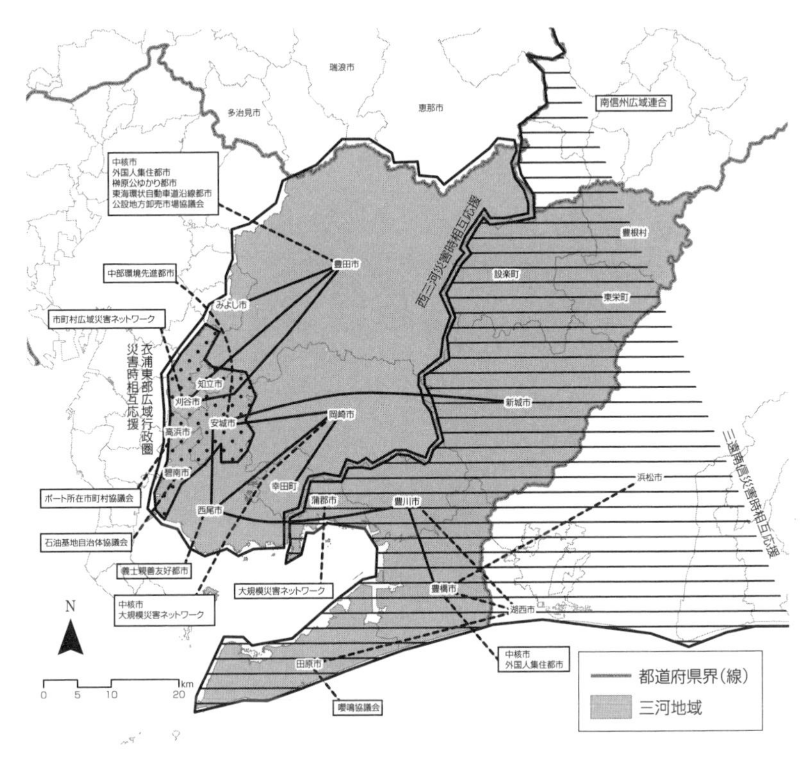


**図 4-12　三河地域における災害応援協定のネットワーク**

（出所）筆者作成.

て図中に描画している.

以上のような，三河地域の災害・消防応援協定に関する分析からは，消防に関しては県主体の周辺域での連携ネットワークによる対応強化が図られる傾向にある一方，地震や風水害といった災害への対応は，遠隔自治体との連携ネットワークと近隣自治体で構成されるネットワーク集団による対応を志向しているのが見て取れる．くわえて，先の三遠南信広域圏の災害時相互応援協定のような県境をまたぐ既存の枠組みにない新たなネットワーク集団による災害対応への兆しも確認できる．つまり，これら協定のネットワーク構造から鑑みるに，消防に関する災害対応は，本書で論ずる地域防災力向上のための災害対応と災害情報の発展過程において現状維持を示す結果であり，地震や風水害といった災害対応に関しては地域防災力向上を目指して災害対応が前進しているのがわかる．

### 1-3. 三遠南信広域圏における災害・消防協定の越境ネットワーク

先の分析から，県境をまたぐ新たなネットワーク集団の兆しが災害対応にみられることを確認した．そこで，図 4-13 の三遠南信広域圏に注目し[10]，災害・消防応援協定の越境ネットワーク構造を検討する．三遠南信広域圏は各県の中心都市から距離のある愛知県東三河，静岡県遠州，長野県南信州の 39 市町村によって構成される．詳細はのちに述べるが，三遠南信の広域総合計画が策定されており，広域都市圏の構築を目指している．図 4-14 には，2017（平成 29）年 3 月現在の三遠南信広域圏 35 市町村別の協定数と協定締結相手の内訳を示す．三遠南信広域圏において協定数が多いのは，107 件の豊橋市，97 件の浜松市と掛川市といったこの地域の中核都市である．豊川市や磐田市などの沿岸部の中規模都市の協定数も 50 件前後と多いが，山間部の多くの市町村の協定数は 10 件前後とかなり少なくなっている．南信州の中心である飯田市は 70 件ほどの協定を締結しているが，駒ヶ根市の協定数は 38 件になっている．豊橋市の協定締結相手の内訳をみると，行政機関との協定が全体の 2 割程度，企業・企業組合との協定は 6 割を占め，公益に資する法人・機関は 1 割程度となっている．浜松市，掛川市やその他の沿岸部自治体でも同様の傾向がみられ，民間事業者との協定数が多くなっている．民間企業とのそのような協定数の充実は，先にも述べたようにサービス供給に関する連携ネットワークの強化と私企業を中心としたネットワーク集団の形成の兆しとも評価できる．一方，飯田市を含む南信州の市町村では公的機関どうしの協定の割合が高く，特に，山間部の小規模町村には周辺自治体，県や広域連合等を通じた支援協定が多いといった特徴がある．南信州では活用できる民間リソースに限りがあるため，民間も含め

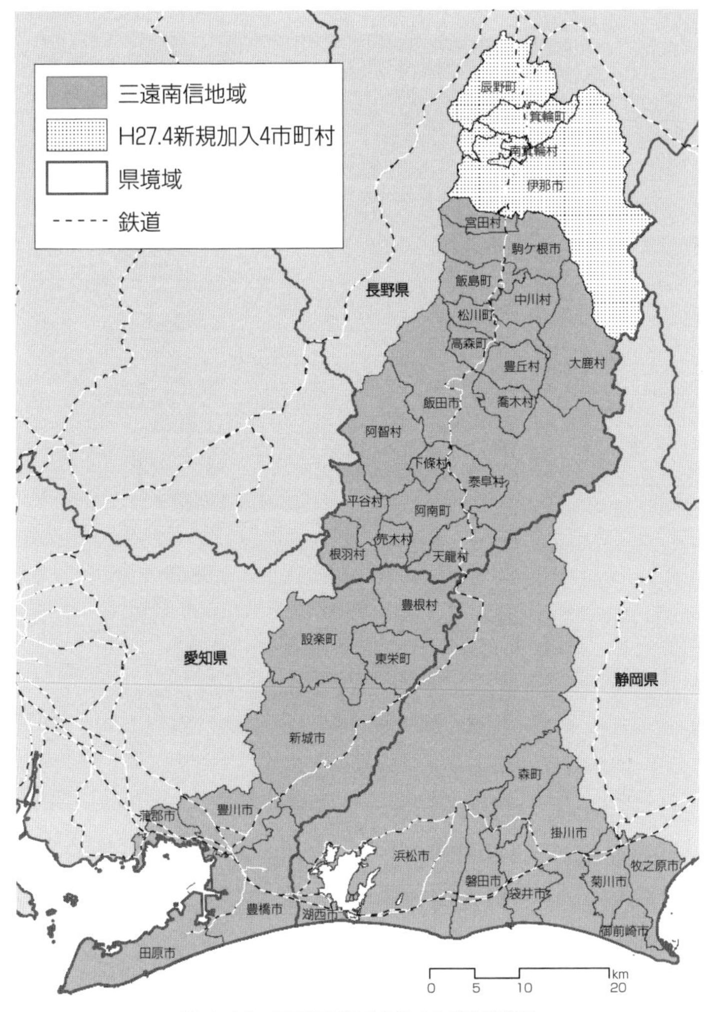


図 4-13　三遠南信広域圏の地域概観

（出所）　筆者作成.

た連携ネットワークの分散を目指すのではなく，自治体間の政策協調による連携ネットワーク強化を図っていると考えられる.

つぎに，市町村間での協定締結の空間的広がりに注目する．図 4-15 には，

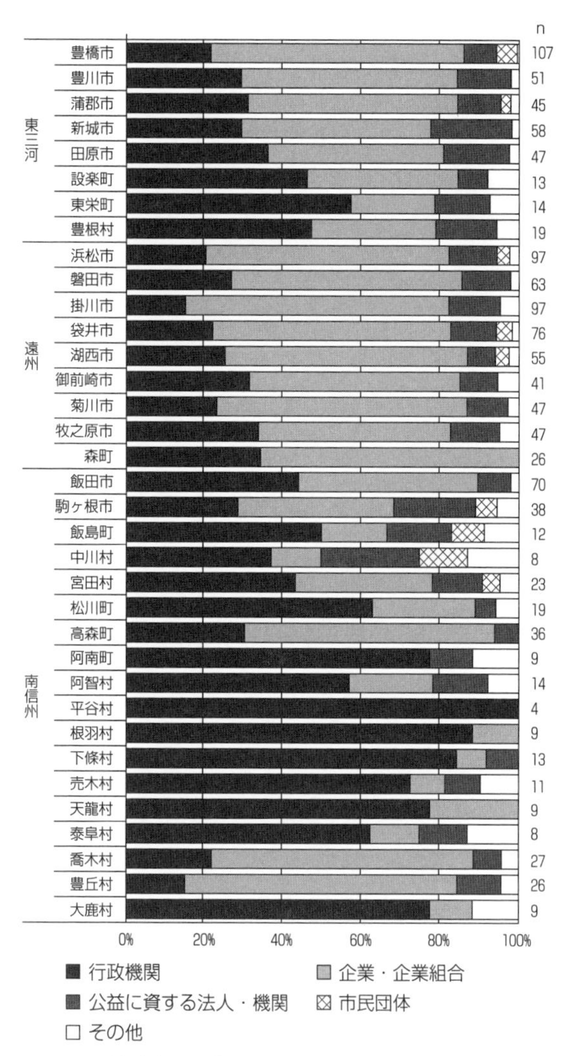


図 4-14　三遠南信 35 自治体の協定数と協定締結相手の内訳

（出所）　各市町村の地域防災計画をもとに筆者作成.

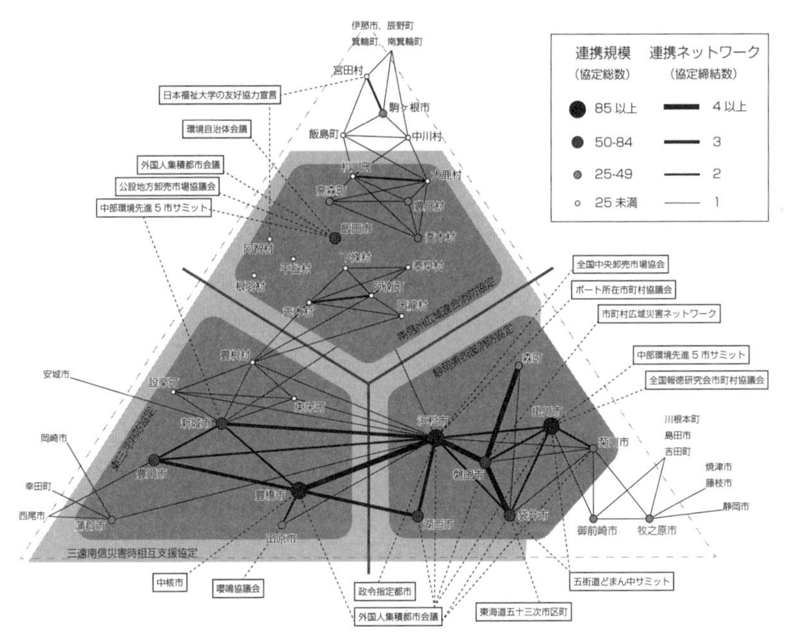


**図 4-15　三遠南信地域における災害・消防協定ネットワーク**

（出所）　各市町村の地域防災計画をもとに筆者作成.

災害・消防協定の締結状況に基づく連携規模とネットワークを示す．図中の連携規模は，民間機関との協定も含めた市町村ごとの協定総数の大小である．連携ネットワークは，公的機関どうしの災害・消防応援協定のみ抽出し，市町村間で結ばれている協定数が多い協定ネットワークを太線で図示している．また，三遠南信地域外の隣接市町村や加盟協議会等を通じた全国自治体との協定ネットワークは点線で示している．さらに，特定の広域行政圏の全自治体が結んでいる協定として，三遠南信災害時相互支援協定，東三河地区消防相互応援協定，静岡県西部広域消防相互応援協定，南信州広域連合災害時消防相互応援協定については，面集合として図示している．これら以外にも，県内全市町村間で結ばれる災害時の各種応援協定，国や県機関による広域一体型の協定もあるが，市町村の裁量に基づく協定ではないため図中には示していない．

図4-15に示す災害・消防応援協定のネットワークからは，県境をまたぐ三遠南信広域圏における連携ネットワークの重心が浜松市にあることがわかる．浜松市を基点とした沿岸部自治体におけるネットワークの広がりが確認でき，浜松市から東方面には豊橋市と新城市との災害・消防協定に基づく連携ネットワーク，西方面には磐田市と袋井市との連携ネットワークが構築されている．個別にみていくと，浜松市と愛知県市町村との越境連携協定の内容は，同市が所有する消防ヘリコプターの出動要請，豊橋市や新城市との結節インフラ（高速自動車道，水道管）の復旧，北設楽郡町村といった小規模自治体に対する消防応急支援である．遠州各市や飯田市には，加盟協議会等を通じた全国市町村との災害協定も多く，南海トラフ地震といった大規模災害に対する備えをそれぞれの裁量で進めているのが特徴的である．また，掛川市以東の東遠地域は，静岡県の管轄区域指定の影響もあり，三遠南信広域圏ではなく島田市や焼津市との連携を深めているのがわかる．南信州では，県の方針のもと広域圏による連携体制の構築が先行していたため，飯田市が中核となる広域連合といった面的集合に基づき，山間の小規模自治体を含むネットワーク集団を形成しているといえる．

ここまでに得られた知見を総括すると，消防相互応援は県単位での対応を基本とし，交通インフラの結節関係に応じた関係市町村間と，浜松市・新城市・南信州広域連合のような山間部脆弱地域を有する機関どうしの個別連携ネットワークの強化による対応が進められている．一方で，災害時相互応援は各自治体の独自の連携ネットワークに基づく広域的な支援を基本とし，三遠南信ユニットといえる新たなネットワーク集団による災害対応が進められている様相が明らかになった．

## 2．災害用備蓄物資にみる取り巻く災害情報の質的変化の兆し

### 2-1．災害用備蓄物資に関する情報共有

三遠南信広域圏では，広域的な総合計画にあたる三遠南信地域連携ビジョン

(以下，ビジョン）を策定しており，三遠南信地域連携ビジョン推進会議（以下，SENA）がビジョンによる広域圏形成を進捗管理している．SENAは行政に加えて，民間である商工会議所・商工会が構成員である点に特徴があり，2009（平成21）年4月に駒ヶ根市商工会議所がSENAに加入し，2014（平成26）年7月には長野県駒ヶ根市と周辺3町村・3商工会と，静岡県掛川市から以東の4市が加入した．2017（平成29）年4月には伊那市など4市町村，1商工会議所，1商工会が新たに加入したため，エリアと構成団体がさらに拡大し，93団体（39市町村，51商工会議所・商工会，3県）による広域連携組織となった．そして，年1回の三遠南信サミットを開催し，地域住民，大学，経済界，行政が一堂に会すことで，地域の今後についての議論が深められている．現在，SENA構成団体のうち幹事会メンバーである浜松市・豊橋市・飯田市の3市及び3商工会議所が中心となって，地域を縦断する三遠南信自動車道の早期実現といった国に対する陳情等を共同実施しているが，広域連合に向けた可能性についても検討が進められている．

SENAは広域圏の構築のために多くの事業を推進してきたが，2014（平成26）年より重点プロジェクト推進事業を実施しており，道，産業，安全・安心の3部会を設置している．そして，安全・安心部会の主な取り組みとして，三遠南信地域の災害時における相互応援に必要な基礎調査と位置づけて，構成自治体の災害用備蓄物資に関する調査を実施している．SENA調査では，備蓄場所と品目分類別物資量に関する情報共有が進められている．ここで分析対象とする品目分類別物資は，大分類，中分類，小分類の3段階で整理され，大分類はカテゴリーレベル，中分類は発災直後の受給調整や品目別集積拠点の設定・管理等に活用するレベル，小分類は発災1週間目以降のニーズ調査や在庫管理に活用するレベルの分類が設定されている．たとえば，「食品・飲料」（大分類）→「主食類」（中分類）→「パックご飯」（小分類），「生活用品」（大分類）→「寝具・タオル」（中分類）→「毛布」（小分類），「避難所備品・応急用品」（大分類）→「設備品」（中分類）→「仮設トイレ」（小分類）といった具合である．当該分類は，東

## 表 4-4　三遠南信広域圏の品目別備蓄物資状況

【東三河】

| 市町村 | 豊橋市 | 豊川市 | 蒲郡市 | 新城市 | 田原市 | 設楽町 | 東栄町 | 豊根村 | 東三河 |
|---|---|---|---|---|---|---|---|---|---|
| H27 人口総数 | 374,765 | 182,436 | 81,100 | 47,133 | 62,364 | 5,074 | 3,446 | 1,135 | 757,453 |
| 主食類（食・個）（千人当たり） | 267,460 (713.7) | 64,250 (352.2) | 22,540 (277.9) | 39,938 (847.3) | 144,010 (2309.2) | 10,704 (2109.6) | 600 (174.1) | 0 (0.0) | 549,502 (725.5) |
| 寝具・タオル（個）（千人当たり） | 65,336 (174.3) | 39,092 (214.3) | 14,000 (172.6) | 4,626 (98.1) | 8,346 (133.8) | 370 (72.9) | 200 (58.0) | 309 (272.2) | 132,279 (174.6) |

【遠州】

| 市町村 | 浜松市 | 磐田市 | 掛川市 | 袋井市 | 湖西市 | 御前崎市 | 菊川市 | 牧之原市 | 森町 | 遠州 |
|---|---|---|---|---|---|---|---|---|---|---|
| H27 人口総数 | 797,980 | 167,210 | 114,602 | 85,789 | 59,789 | 32,578 | 46,763 | 45,547 | 18,528 | 1,368,786 |
| 主食類（食・個）（千人当たり） | 596,900 (748.0) | 211,000 (1261.9) | 209,218 (1825.6) | 175,000 (2039.9) | 192,700 (3223.0) | 94,760 (2908.7) | 75,600 (1616.7) | 111,494 (2447.9) | 29,600 (1597.6) | 1,696,272 (1239.3) |
| 寝具・タオル（個）（千人当たり） | 77,036 (96.5) | 59,000 (352.8) | 28,460 (248.3) | 16,313 (190.2) | 4,166 (69.7) | 2,820 (86.6) | 5,856 (125.2) | 17,952 (394.1) | 3,860 (208.3) | 215,463 (157.4) |

【南信州】※阿智村はデータなし

| 市町村 | 飯田市 | 駒ヶ根市 | 飯島町 | 中川村 | 宮田村 | 松川町 | 高森町 | 阿南町 | 平谷村 | 根羽村 |
|---|---|---|---|---|---|---|---|---|---|---|
| H27 人口総数 | 101,581 | 32,759 | 9,530 | 4,850 | 8,821 | 13,167 | 13,080 | 4,962 | 484 | 970 |
| 主食類（食・個）（千人当たり） | 26,990 (265.7) | 10,500 (320.5) | 1,200 (125.9) | 0 (0.0) | 0 (0.0) | 1,500 (113.9) | 2,250 (172.0) | 0 (0.0) | 0 (0.0) | 3,250 (3350.5) |
| 寝具・タオル（個）（千人当たり） | 8,000 (78.8) | 1,000 (30.5) | 473 (49.6) | 1,190 (245.4) | 0 (0.0) | 570 (43.3) | 1,870 (143.0) | 151 (30.4) | 0 (0.0) | 400 (412.4) |

| 下條村 | 売木村 | 天龍村 | 泰阜村 | 喬木村 | 豊丘村 | 大鹿村 | 南信州 |
|---|---|---|---|---|---|---|---|
| 3,851 | 575 | 1,365 | 1,702 | 6,310 | 6,592 | 1,023 | 211,622 |
| 312 (81.0) | 1,950 (3391.3) | 1,200 (879.1) | 0 (0.0) | 6,456 (1023.1) | 7,640 (1159.0) | 1,100 (1075.3) | 64,348 (304.1) |
| 280 (72.7) | 0 (0.0) | 50 (36.6) | 100 (58.8) | 1,000 (158.5) | 500 (75.8) | 130 (127.1) | 15,714 (74.3) |

（出所）　三遠南信地域連携ビジョン推進会議（SENA）資料をもとに筆者作成.

日本大震災において実際に輸送された支援物資の情報を基に国土交通政策研究所が作成した品目分類を活用している．

平成28（2016）年度のSENA調査による品目別備蓄物資一覧から，データのない長野県阿智村を除く34市町村の主食類と寝具・タオルの備蓄量の一覧を表4-4に示す．数多くの備蓄物資の中から，欠損値が少なく市町村間での相対的な比較検討に適した2指標を選択した．主食類は米，パンや麺類の個数で，寝具・タオルは毛布やシーツ，タオルケットの個数である．表中には，相対比較のための人口千人当たりの主食類と寝具・タオルの個数を合わせて表記している．東三河では54万9,502個の主食類（725.5個/千人）と13万2,279個の寝具・タオル（174.6個/千人）が備蓄されている．主食類の備蓄量が多いのは豊橋市であるが，人口千人当たりの備蓄量が多いのは，田原市（2,309.2個/千人）と設楽町（2,109.6個/千人）である．寝具・タオルに関しては，豊根村と豊川市の千人当たり備蓄量が多い．遠州では169万6,272食の主食類（1,239.3個/千人）と21万5,463個の寝具・タオル（157.4個/千人）が備蓄されている．主食類に関しては，湖西市や御前崎市の人口千人当たり備蓄量が多いが，浜松市のそれはかなり不足しているように見える．しかし，遠州合計で最低1人に1食の備蓄量を確保している．寝具・タオルに関しては磐田市，牧之原市，掛川市の人口千人当たり備蓄量が充実している．南信州では6万4,348食の主食類（304.1食/千人）と1万5,714個の寝具・タオル（74.3個/千人）が備蓄されている．東三河と遠州に比べると，地域全体での備蓄量が不足気味である．しかしながら，主食類や寝具・タオルといった被災時救援物資に関しては，市町村による備蓄に加えて，災害時応援協定に基づく民間事業者などから提供される物資も含めて，その過不足を議論する必要があるだろう．

### 2-2．備蓄物資に関する情報共有に基づく活動主体となるネットワーク集団

図4-16は，主食類と寝具・タオルの備蓄量を市町村別の色分けで図示している．上図は備蓄量の絶対値に基づく4クラスの等級色図で，人口規模の大き

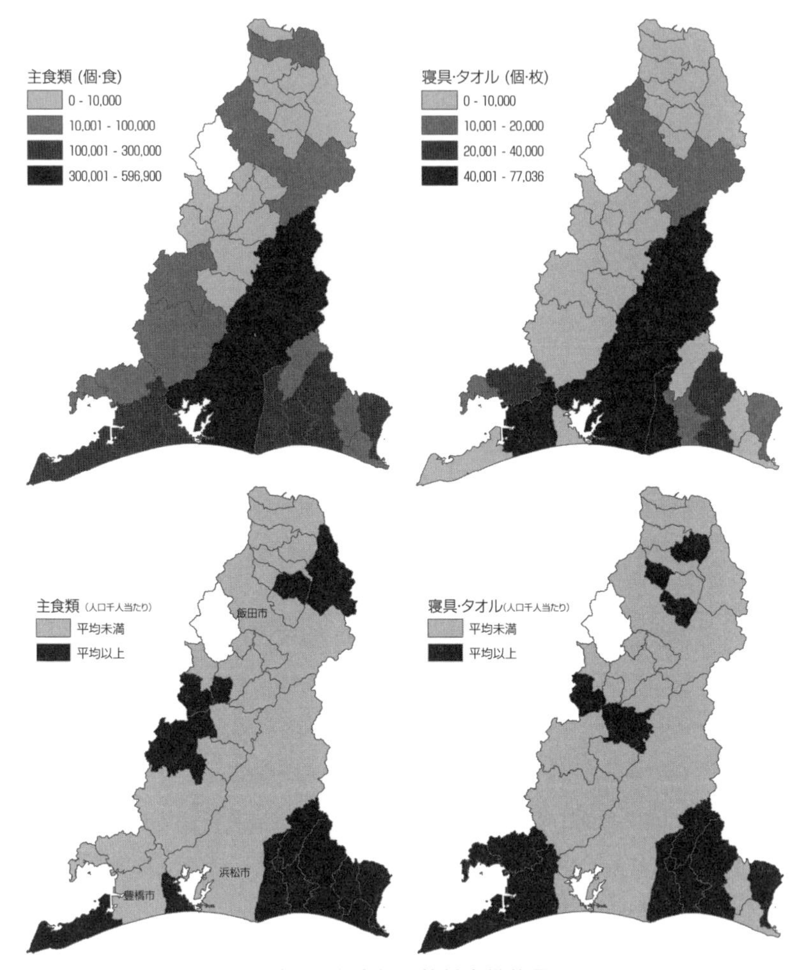


**図 4-16　市町村別の主食類・飲料水備蓄量とクラスター**

（出所）三遠南信地域連携ビジョン推進会議（SENA）資料をもとに筆者作成.

い浜松市や豊橋市といった沿岸部自治体，南信州では中核である飯田市の備蓄量が当然ながら多くなっており，人口規模に比例しているのがわかる．一方で，図 4-16 の下図では，人口千人当たりの備蓄量の 34 市町村での平均値を算出し，その平均値より多いか少ないかで 2 クラスに分類している．したがって，人口千人当たりの備蓄量が平均値より大きいグループは，三遠南信広域圏の相対評価に基づいた災害時物資供給に関する活動主体となりえる集団（クラスター）と捉えることが可能である．結果，沿岸部では磐田市，袋井市，掛川市などの中東遠地域が，三遠南信広域圏内では相対的に備蓄量の多い地域であり，有事に際しての物資供給に関する主体的行動が可能なネットワーク集団といえる．また，渥美半島に位置しており，南海トラフ巨大地震が発生した場合に脆弱な地形にある田原市も，独自に主体的な対応を可能とする体制を整えているのがわかる．さらには，3県の県境域に位置する小規模町村においては，規模の大きい自治体との連携ネットワークの強化だけでなく，積極的に越境しつつ各自の役割分担を進めることで，災害対応のネットワーク集団を形成する必要があるだろう．

SENA が実施する三遠南信広域圏の構成自治体に対する備蓄物資と緊急車両に関する調査は，情報共有といった漠然とした目的以外に明確な意図は感じられない．1996（平成8）年に締結し，2014（平成26）年に改定した三遠南信災害時相互応援協定もあるため，備蓄物資の全体量の把握を一連作業として定期的に実施しているといったところであろう．しかしながら，各市町村のストックを把握することは，単なる情報共有だけでなく，活動主体となるネットワーク集団の形成にも大いに役立つ．三遠南信の応援協定では，地理的区分から豊橋田原，宝飯（豊川と蒲郡），新城設楽，西遠，中遠，飯伊といった6ブロックを設けており，ブロック単位での協定の円滑な相互支援を期待している．こういった制度による取り決めを実際の行動とするためにも，備蓄物資に基づくネットワーク集団の形成は必要となるだろう．そして，三遠南信広域圏における協定締結から独自調査までの一連の事業展開は，災害対応におけるネットワーク集団への志向の兆しといえるのではないか．

## 第3節　主体的な地域防災力強化へとつながる広域ネットワーク集団の形成の可能性

### 3-1. 地域企業はどのようにして地域再生への広域ネットワーク集団形成の主体となれるのか

地域内に立地する企業も地域のコミュニティ団体と同様に，被災からの地域再生に備える地域防災力強化の主体となりうる．ここでは，被災地域の回復につながる地域防災力強化に資する人々の側での多様・重層的かつ主体的なネットワーク集団形成の可能性を，地域企業の継続に注目して検討する．企業継続のネットワーク集団形成の事例とするのはNPO法人Business Continuity Institute（以下，BCI）である．日本の災害対応強化における検討課題の1つが，被災地の再建が長期にわたるなかでの「大規模複合災害」への対応である．災害による地域産業の崩壊で地域再建が立ち行かなくなることを念頭に置くと，地域企業が被災前からどのように自らの持続的回復力を整備するかは地域社会の再生に関わる問題となる．そのため，私企業の事業継続が地域防災力強化にとって重視すべき課題となる．たとえば，地域防災力を担う団体である地域企業の事業継続計画によって，地域の災害対応を企業の「自分ごと」と捉えて，地域社会にコンティユニティ・レジリエンス（持続的回復力）をもたらすことが期待される．企業の事業継続計画（Business Continuity Plan：BCP）の射程は広く，サイバー攻撃，風評被害，法規制の変更，サプライチェーンの崩壊，政治状況の変化，自然災害，商品リコール，為替変動などのリスクに対応する．その中でも自然災害は事業継続にとっては複合的なリスクであり，BCP作成の最重要事項の1つである．それゆえに，地域企業がどのようなネットワーク集団に主体的に参画して積極的に情報を得るのか，また，主体的参画と情報入手によって地域防災力の担い手になれる可能性があるかどうかを検討することは地域社会にとって意義がある．

事業継続のために災害に備える企業の事前活動が，地域防災力強化のための広域的ネットワーク集団の形成となる要件はどのようなものだろうか．先の地域コミュニティと同様に，第1要件は自由で主体的な参画を促進するネットワーク集団のメンバーシップのあり方であり，第2要件は構成員が積極的に利用できる災害減災情報のアーカイブを備えることである．本章の第1節では，広域ネットワークによる災害対応について，地域防災力向上のための災害ボランティアや公務員派遣の連携ネットワークの構築における国や地方の政策に注目した．具体的には，政策展開が人々の動員に傾斜しがちになるのを防ぎ，人々の主体的な関与へとつながる展開の可能性について議論した．また，ボランティアや公務員の有効活用のための制度構築であっても，災害防災情報の受動的消費から災害減災情報の積極的利用への質的転換の兆しがあることを指摘した．つづく第2節では，消防協定や災害用備蓄物資の広域ネットワークにおいて地理情報の活用を促進することで，連携ネットワークの充実からネットワーク集団による多様・重層的かつ主体的な災害対応につながる兆しを指摘した．さらに，本書の図 序-2（10頁）と図Ⅱ-1（87頁）が示す多様・重層的かつ主体的なネットワーク集団の「形成」へとつながる「兆し」が「実際」へと進むには，2つの要件をどのように満たせば良いかを検討する必要がある．

本節では，与えられる災害リスク情報から主体的な情報入手へと向かう転換の兆しのもとで，主体的関与の補完の可能性についての事例となる広域ネットワークを提示する．個別住民でなく地域団体による地域再生の防災力強化に注目して，災害リスクへの主体的で積極的な対応の可能性を探る．現在のBCIがすでにネットワーク集団として機能しているとは言い難いが，地域企業によって構成されるBCIが基盤になりうると考える．そこで，本書の研究枠組みである図 序-2（10頁）と図 序-1（8頁）に基づけば，地域企業が災害減災情報の積極的な利用者となれる広域ネットワーク集団を構成し，行政が提供する「見える」災害防災情報の「受動的な消費者」から主体的に「見る」災害減災情報の「積極的利用者」へと変化するならば，地域社会の再建につながる地域防災力に企業が果たす役割が強化されるだろう．つまり，企業が自由に構成員となれる NPO 法人のような民間のネットワークがあり，さらにネットワーク内に災害減災情報のアーカイブを備えるならば，主体的な活動のメンバーシップと積極的に利用できる情報アーカイブによって多様・重層的かつ主体的なネットワーク集団の形成の可能性が増す．以下，企業間の連携ネットワークにとどまらず，主体的なネットワーク集団形成のための具体的な処方箋について検討する．

### 3-2. 事業継続を主題とするBCIはどのように広域ネットワーク集団になりうるのか

被災からの速やかな地域再建のためには，地域団体が防災・減災・再建の主体となる地域防災力の強化が求められる．「自分ごと」の防災・減災対応は個人の意識と行動に依拠するところが大きいが，地域再建の防災力においては地域団体が主体となる災害対応への展開が地域社会の回復力（レジリエンス）を左右する．本節では，「大規模複合災害」への対応において地域団体が被災対応を「自分ごと」と捉えられるようなネットワーク集団形成のための広域ネットワークとして，NPO 法人 Business Continuity Institute（BCI）の可能性について検討する．1994 年設立の BCI は 2019 年現在で 8,000 以上の企業などが構成メンバーとなっている．BCI の組織としての主な関心事は，企業の組織的な回復力のための事業継続計画（Business Continuity Plan：BCP）にあり，災害時における企業の事業継続マネージメントのコンサルティングと教育を主な活動としている．また，BCI の構成企業が情報利用しながら互いの問題意識を共有するといったネットワーク集団の形成の可能性も考えられる．なぜなら，BCI のプログラムに構成メンバーの主体的なネットワーク形成を奨励する内容が散見されるからである．図 4-17 の組織図に示されるような Membership，Corporate Partnership，Global Community からは，BCI に災害対応のネットワーク集団形成になりえる要素を読み取ることができる．さらには，天候など自然災害や火災など含む事業継続を阻害する 10 の中断要因が示されているが，その中に

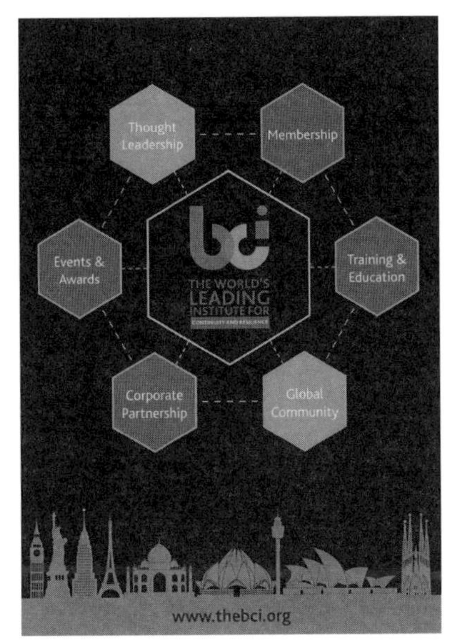


**図4-17　Business Continuity Institute（BCI）の活動と構成**

（出所）Business Continuity Institute パンフレット．

は事業継続のためのサプライチェーンも課題として重視しており，大規模複合災害への対応について構成員が積極的に情報入手してネットワーク集団を主体的に形成する基盤となる可能性がある．

現在のところ BCI は世界規模のコンサルティング NPO 団体にすぎないが，NPO のような組織体であるからこそ構成企業が自由に出入りでき，重層的なネットワーク集団の形成につながるとも考えられる．BCI を通じて企業間で共有される主な情報はガイドライン（The BCI Good Practice Guideline：GPG）である．事業継続のためのガイドラインが構成メンバーの協同を促進する基盤となっており，BCI はガイドラインの知識を問う認証制度を運営している．認証制度などを通じて事業継続に向けての専門家を組織的に集めようとする BCI の試みに対して，構成企業が情報消費者となるだけではネットワーク集団の形成まで至らないだろうが，たとえば，自然災害に応じた事業継続に興味ある BCI 構成メンバーが協同ネットワークを主体的に形成できれば，地域防災力強化に資する情報の積極的な利用者となるネットワーク集団といえるだろう．別の例としては，事業継続計画（BCP）の推進をビジネスとするBCI構成企業がコンサルティングだけを業務にするのではなく，事業継続について共通の土壌で協同を図れる企業間でのネットワーク集団の形成を業務にできるようなら，メンバー企業の自由で主体的な集団形成の可能性は増すだろう．以上のように，地域企業による地域防災力強化の広域的ネットワーク形成の第1要件は自由なメンバーシップであり，そのための処方箋の1つはネットワーク集団形成も業務とするコンサルティング専門家が，BCIの認証制度を通じて新たな利益を見いだせる私的領域の活動促進が適切かもしれない．

広域的なネットワーク集団を形成するための第2の要件は情報アーカイブの整備である．BCIの事例であれば，事業継続計画のケーススタディの蓄積がアーカイブ整備の処方箋となるだろう．現在のところ，地域防災力の強化と被災からの地域再建に関係するようなケーススタディは見当たらない．さらには，事業継続に興味ある企業を取り巻く情報が災害減災情報へと質的転換する「兆し」とともに，企業自らの多様・重層的かつ主体的なネットワーク集団形成によって積極的な情報に「実際」に取り巻かれるのはたやすいことではない．では，多様・重層的かつ主体的なネットワーク集団形成による減災情報への質的転換を地域再生への持続的対応の実現につなげるアーカイブには，どのような情報の集約が必要だろう．たとえば，日本が経験した原子力事故のような大規模複合災害への対応においては，日本の事例など含む情報アーカイブを活用するネットワーク集団が多様・重層的に形成される意義は大きい．原発事故のような大規模複合災害でサプライチェーンがうける被害と再建に対する事業継続計画策定にBCIメンバーシップが役立つなら，地域企業による地域再建への防災力強化にも貢献するだろう．

また，事業継続計画のケーススタディからは地震保険やサプライチェーンに関する有益な情報が地理空間情報として蓄積される可能性がある．BCIでの情報蓄積において，視覚的な地理空間情報が災害リスクに関する「見る」情報ツールとなりうる余地がある．そして，災害リスク情報の受動的消費者としての「見える化」ではなく，企業による主体的な災害リスク情報の蓄積と積極的利用者としての「見る化」の促進が，広域のネットワーク集団の形成に役立つ可能性がある．地域企業の災害対応の事業継続計画における地理空間情報の開発と活用は，デジタル化されるアーカイブに適する強力な処方箋となるかもしれない．そこでは，地域企業が積極的に利用できる地理空間情報のアーカイブ整備が，それを基盤とする多様・重層的かつ主体的ネットワーク集団の形成の引き金になる可能性もあるだろう．

## 第4節　小　　括

公助の限界が指摘され，自助・共助に基づく災害対応が強調される昨今，人々を消費者と位置づける災害防災情報の「充実」と連携ネットワークの「強化」は既に広く浸透し始めている．そして，ネットワーク集団による災害対応への「志向」と人々を積極的利用者とする災害減災情報への「転換」が，市町村間の広域的なつながりの中で発展しそうな兆しを見せていることを本章では検証した．第1節では，ボランティアと公務員派遣に関する制度構築と管理システム運用において，連携ネットワーク強化に比べてネットワーク集団の形成による災害対応への志向があまり強くないことを明らかにした．被災者受け入れに関しては，南信州広域連合の事例より広域的なネットワーク集団の形成の兆しがあることを明らかにした．そして，原子力災害による住民避難への災害対応を例とし，ネットワーク集団による災害対応への志向とそこでの災害減災情報の今後の可能性について議論できた．第2節では，愛知県三河地域における災害・消防応援協定と三遠南信広域圏における備蓄物資に関する情報共有を具体的な地域事例として取り上げたことで，災害対応と災害情報の質的転換の兆しがあることを検証した．

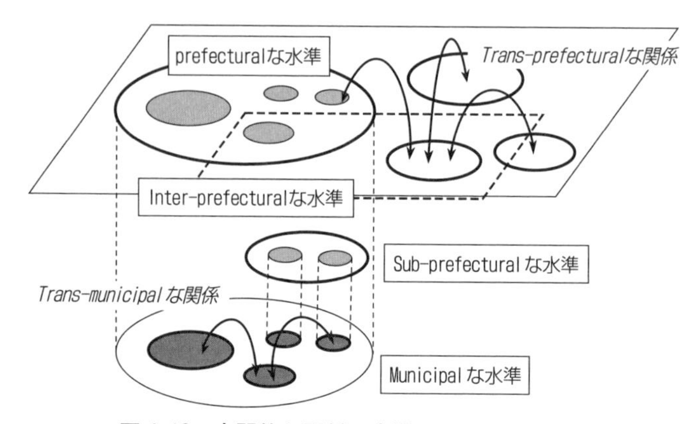


**図 4-18　空間的な関係と水準からみた都市構造**

（出所）町村敬志「都市社会学のフロンティアと地域へのアプローチ」人文地理学会第61回都市圏研究部会報告資料を加筆修正.

ここでは，連携ネットワークとネットワーク集団にみる災害対応の都市構造について考察をくわえることで，本章の小括とする．三河地域における消防と災害に関する政府間応援協定に基づく災害対応ネットワークは，図 4-18 に示すような空間的な関係と水準の都市構造で整理することができる．具体的には，消防応援協定において，道路インフラの結合関係にある自治体間や山間過疎地を共有する自治体間の連携ネットワーク（Trans-municipal な関係）が充実し，それに加えて，県内全市町村を対象とする愛知県広域ネットワーク集団（Prefectural な水準）と，西三河と東三河地域単位のネットワーク集団（Sub-prefectural な水準）による災害対応が進められている．一方，災害応援協定においては，発災後の生活再建にかかる施設整備等に関して，県内全市町村を対象とするネットワーク集団（Prefectural な水準）による対応が中心となり，一部にライフライン結合関係にある隣接自治体間の連携ネットワーク（Trans-municipal な関係）に基づく災害対応が確認できる．そして，支援物資の供給に関しては，西三河や衣浦東部といった地域単位のネットワーク集団（Sub-prefectural な水準）による災害時相互支援と，友好都市関係や加盟協議会等団体を通じた遠隔自治体間の連携ネットワーク（Trans-municipal な関係）による対応が中心となっているのが分かる．さらには，県境をまたぐ三遠南信広域圏といったネットワーク集団（Inter-prefectural な水準）が災害対応の主体の１つとして機能している．以上のような災害・消防応援協定による災害対応からは，連携ネットワークの充実にくわえ，ネットワーク集団による多様かつ重層的な主体による災害対応の兆しを見ることができる．さらには，民間事業者との協定に基づく企業を中心とするネットワーク集団も併存しているため，ここに示す以上に多様で複雑な災害対応の重層構造が整いつつある．

日本の災害対応の変容の過程が，国民の一人ひとりが防災を「自分ごと」ととらえ自律的に災害に備える社会に向けた「防災 4.0」のフェーズにあると，内閣府は述べる（平成 28 年版『防災白書』）．そして，地震や集中豪雨による想定を上回る災害に対する公助の限界が叫ばれる中，防災・減災の地域防災力の向上が個人の取組みを中心に期待されている．本書はそのような災害対応に関連して，人々の受動的な災害対応から積極的で主体的な災害対応への変化より，災害防災情報から災害減災情報へと人々を取り巻く災害リスクの情報が質的転換する兆しを検証した．本書のさらなる目的は，質的転換の「兆し」が地域防災力強化に資する情報を主体的に利用する「実際」へとつながる「指針」を模索することである．「自分ごと」の防災対応は基本的に個人の意識と行動に依拠するが，人々の主体性を促進するための基盤整備は公共的な取り組みとして必要と考える．災害情報の質的転換における連携ネットワークの構築とネットワーク集団の形成が「自分ごと」に役立つ基盤であることから，広域連携ネットワークと地域内ネットワークに注目しつつネットワーク集団形成について検討した．連携ネットワークが防災・減災における「自分ごと」への促進に役立つ基盤になるのに対して，被災からの地域再建においては地域団体が「自分ごと」の主体となることの必要性について考え，多様・重層的かつ主体的なネットワーク集団の形成による地域社会の回復力（レジリエンス）へとつながる「実際」への処方箋を検討した．

本章第３節では広域ネットワークの処方箋の事例として BCI について検討

した．そして，災害防災情報の「充実」から災害減災情報への「転換」が多様・重層的かつ主体的なネットワーク集団の形成への発展過程（図Ⅱ-1：p.87）をたどるには，２つの要件を満たす必要があることを示せた．第１要件はBCI構成企業が自由に主体的に活動できるメンバーシップであり，第２要件は災害減災情報のアーカイブ整備である．現時点でBCIは要件を満たしていないが，地域社会のコンティユニティ・レジリエンス（持続的回復力）を担う団体が地域防災力の強化にとって重要な役割を果たすためには，上記の要件が処方箋になることを指摘できた．

注

1）　村山徹「減災手法の進展にみる日本の災害政策の特徴」『名古屋地理』No.30，2017年，7-10頁を参照されたい．

2）　立木茂雄『災害と復興の社会学』萌書房，2016年，115-118頁によれば，1997年1月に発生した重油流出災害におけるボランティアの受け入れにおいて，２年前の阪神・淡路大震災の経験が役立てられた．Ozerdem, A. et al（2006）は，阪神・淡路大震災がボランティアリズムの啓蒙に一役買っただけでなく，ボランティアの受け入れ体制などのその後の制度設計に大きく貢献したことを示す．

3）　東日本大震災時の飯田市による被災者受け入れとその後の自立支援については，松岡京美「災害からの復旧・復興での広域的な対応」松岡京美・村山徹編『災害と行政——防災と減災から——』晃洋書房，2016年，101-104頁が詳細を記述する．

4）「南信州広域連合第３次広域計画」（http://minami.nagano.jp/outline/koiki-plan/，最終アクセス：2018年1月12日）を参照されたい．

5）　小山昭夫「原発事故起因の放射性物質による環境汚染とその対策」木庭元晴編著『東日本大震災と災害周辺科学』古今書院，2014年，82-99頁では，放射性物質を含む廃棄物等の問題，それらの廃棄物の最終処分に関する様々な災害情報を紹介している．

6）　地方分権が始まった1995年以降，機関委任事務の廃止や平成の大合併といった改革が実施されてきた．西尾勝『行政学の基礎概念』東京大学出版会，1990年，373-375頁は，集団及び共同社会の自治とは外界からの自律によって完結するものでなく，内部における自己統治が大きな要因であると述べる．したがって，西尾勝『地方分権改革』東京大学出版会，2007年，246-247頁では，地方分権の推進とは，自治体の自律的領域の拡充であると述べ，自治体の所掌事務の範囲の拡大だけでなく，既に所掌している事務の実施における自由度の拡張が重要であることを指摘する．また，岩崎美紀子編著『市町村の規模と能力』ぎょうせい，2000年は，分権時代の市町村においては，自治体間の連携といった広域行政を積極的に進め，規模の拡大のほかにもリソースの活用とサービス供給形態の多様化による能力強化を図る必要があることを指摘する．つまり，松岡京美『行政の行動——政策変化に伴う地方行政の実施活動の政策科学研究

──』晃洋書房，2014年が述べるように，一連の地方分権改革では，地方政府が何を担うかに加えて，どのように担うのかが問われている．

7）野田遊「越境地域の行政組織──府県連携促進の条件──」戸田敏行・蒋湧・岩崎正弥・駒木伸比古・暁敏編著『越境地域政策への視点』愛知大学三遠南信地域連携研究センター，2014年，54-60頁は，越境地域の連携促進の条件として，府県間の既存政策とコンフリクトを生まないことが重要と指摘する．

8）西堀喜久夫・宮入興一・樋口義治・鈴木誠・土屋葉・駒木伸比古・佐藤正之『大規模災害時における地域連携と広域後方支援に関する政策研究』愛知大学中部地方産業研究所，2016年，116-123頁では，地方自治体間の水平的連携協力における東三河地域自治体の支援と受援の可能性について，東日本大震災で被災地に派遣された自治体職員に対するアンケート調査より検討している．支援可能性に関する調査結果からは，周辺自治体間の協定に基づく連携への対応に関して，「対応可能である」といったおおむね好意的な回答の傾向が見られる．荒木一視・岩間信之・楮原京子・熊谷美香・田中耕市・中村努・松多信尚『救援物資輸送の地理学──被災地ルートを確保せよ──』ナカニシヤ出版，2017年，36-58頁は，人文地理学における救援物資輸送に関する研究を整理している．主には輸送ルート分析，物資配布拠点の適正配置に関する先行研究をあげているが，政策を視野に置く市町村連携の拡がりについて言及するような研究はみられない．

9）豊橋市を中核とする東三河地区の越境的な都市機能とその可能性に関しては，阿部亮吾・久保倫子・田中健作・近藤暁夫・林琢也・駒木伸比古『広域地方圏と大都市圏を結合するゲートウェイ・シティとしての豊橋市の地域特性に関する地理学的研究』愛知大学三遠南信地域連携研究センター，2017年を参照されたい．

10）三遠南信地域では，広域計画にあたる三遠南信地域連携ビジョンを策定しており，三遠南信地域連携ビジョン推進会議がビジョンによる広域圏形成を進捗管理している。三遠南信創成期には，狭域・分野ごとの計画が必要に応じていくつか策定された。その後，国土庁や中部経済連合会などの外部組織の方向付けのもとで，次第に全域・全分野を対象とする総合的な計画が策定され始め，地域内の関連団体の組織化が図られた。そして，地域内組織が主体となったビジョンの策定をきっかけに，推進母体の組織化のために独立行政機構が設置された（戸田敏行「越境地域の地域計画──県境地域を対象とした地域計画策定の可能性──」戸田敏行・蒋湧・岩崎正弥・駒木伸比古・暁敏編著『越境地域政策への視点』愛知大学三遠南信地域連携研究センター，2014年，40-47頁）

# 終　章

## 1．災害情報の転換について得られた知見

東日本大震災によって「公助の限界」が認識されたことで，減災への地域防災力の強化が災害対応には不可欠との見方が広まった．減災への地域防災力の強化は災害対応を担う行政の「指針」になるとともに，甚大な被害を目の当たりにした人々の間でも関心を持たれつつある．しかし，その地域防災力の強化策が，従来からの防災意識の向上と防災訓練の推進にとどまるなら，人々の積極的な関与に「実際」にはつながらないだろう．そこで，災害対応に人々が積極的になれるような工夫とは何かと考えたのがこの研究の動機である．

人々の関与のための工夫の手がかりを，災害防災情報から災害減災情報への質的転換に求めた．減災のための地域防災力の強化には，行政主導の政策展開だけでは不十分であり，人々の活動が重要となる．そのため，災害対応に主体的に関わる人や組織のネットワークの集団が必要と考えた．そのような活動主体となる「ネットワーク集団」の形成に役立つ情報が人々を取り巻く状況にあるなら，災害対応への積極的な活動主体が生まれる可能性が増加する．そこで注目した情報の1つが，災害情報として普及したハザードマップなどの地理空間情報である．多様で重層的な「ネットワーク集団」が自ら積極的に地理情報を利用できるなら，人々の主体的な関与への突破口になると考えた．地域防災力強化を担う活動主体の形成を示して今後の災害情報の可能性を模索したことが，本書の特徴であり研究としての独創性でもある．

本書の目的は，災害防災情報から災害減災情報への災害情報の質的転換の「兆し」がすでに見られることを明らかにすることである．本書の意図は，そ

の兆しから「実際」の転換へと向かう可能性を，地理的な情報を活用した試みで示唆することである．そのために，次の2つの仮説を立てて各章での検証を試みた．それぞれの仮説の精緻で実証的な検証を意図していないが，本書の研究における検証を通じて示そうとした上記の目的と意図について，重要ないくつかの知見を得た．第Ⅰ部では，日本の災害対応は問題解決のための制度の構築を目指す前提に立って，「災害対応の制度構築における災害防災情報が人々を取り巻いている」との仮説を検証した．得られた知見として，日本の災害対応策の基幹となる原則が明らかになった．日本の特徴といえる包括的計画主義と適応型改良主義の災害対応は，災害対応の制度構築と災害危機管理システムの整備・運用を目指すことを原則として進められている．くわえて，災害情報の人々への伝達手段として用いられる災害ハザードマップも，今のところ同様の原則の下での普及が図られていることが明らかになった．第Ⅱ部では，地域防災力の強化に向けてはネットワークに注目する災害対応が役立つことを前提として，「減災へのネットワーク志向をネットワーク集団の形成への兆しとして捉えることができる」との仮説を検証した．得られた知見として，減災のために行政が進める人々や組織の連携推進には，すでにネットワーク志向が内在していることがわかった．人々・組織間の相互の「連携ネットワーク」におけるネットワーク志向であっても，それを災害防災情報から災害減災情報への災害情報の質的転換に至る「兆し」と見れなくない．その質的転換の兆しと具体例は，市町村内連携ネットワーク強化によるネットワーク集団への兆しと，広域連携ネットワーク強化によるネットワーク集団への兆しに分けて例示した．

災害対応の積極的主体の多元化に資する災害防災情報から災害減災情報への質的転換は，行政の想定を超える人々の主体的な活動が，連携ネットワークの制度の下よりもインフォーマルなネットワーク集団から生まれる可能性を示唆する．具体的には，市町村内の地域セクターでの「多様な」活動主体形成の可能性と市町村外の広域セクターでの「重層的な」活動主体形成の可能性である．ネットワーク集団の基盤となる情報共有に根差した自主的な内容の活動を，そ

| | 災害防災情報 | | 災害減災情報 |
|---|---|---|---|
| 防災もしくは減災の基幹となる災害対応についての情報 | 防災のための制度構築と災害危機管理システムの整備・運用に資する提供情報<br>【行政から提供される情報が人々を「取り巻き・取り囲む」】 | （災害情報の消費者への「見える化」情報）<br>質的転換 | 減災のための制度構築と災害危機管理システムの整備・運用に資する提供情報<br>【人々・組織間の相互の「連携ネットワーク」への志向を内在する情報が人々を「取り巻いている」】<br>↓ 連携ネットワークからネットワーク集団へ |
| 防災もしくは減災の効果的な災害対応についての情報 | 発災時に防災のための災害リスクについての人々への伝達情報<br>【発災時に情報が人々を「取り囲む」】 | （災害情報の利用者のための「見る化」情報） | 減災のための地域防災力強化の活動主体の利用に資する提供情報<br>【人々・組織の活動主体の「ネットワーク集団」形成に役立つ工夫がされた災害情報が普段から人々を「取り巻いている」】 |

**図 終-1　災害と人々の関係における災害情報の質的転換のまとめ**

（出所）　筆者作成.

れぞれの活動主体は積極的に行うだろう．そして，活動の基盤となるような情報が人々を取り巻く状況の実現に向けて，行政がネットワーク集団形成に資する災害減災情報を提供することが望ましい．それによって，質的転換の「兆し」は「実際」に転換することが期待される．

以上のような仮説による本書の研究成果は，図 終-1 に示すような日本の現在の災害対応と今後の展望の全体像を捉えられたことである．この全体像は，災害情報の質的転換に注目することで得られた一側面ではあるが，災害対応の活動主体の可能性への新たな視点を含むところに意義がある．図では，本書で取り上げた事柄を 2 種類の情報区分の組み合わせとして示している．そして，本書の主題とした災害情報の質的転換を，左上から右下への矢印で表している．左上の防災もしくは減災の基幹となる災害対応についての災害防災情報は，今日まで継続してきた日本の災害対応の原則に由来する情報である．右下の防災もしくは減災の効果的な災害対応についての災害減災情報は，今後の地域防災力の強化への展望に由来する災害対応についての情報である．これまでの原則から将来展望への災害対応の変化および災害情報の災害防災情報から災害減災情報への転換は，防災対応策についての災害リスクに関する行政情報から，地域防災力強化への主体形成に資する減災対応策についての情報へと，人々を取り巻く情報が変化することである．それは人々を伝達情報の「受動的な消費者」と位置づけることから，人々を提供情報の「積極的な利用者」と位置づける災害情報と人々の関係の転換である．

災害情報の質的転換はまだ主流ではなく，今まさに転換の入り口にある．その転換の土壌となるネットワーク志向が，行政が意図する減災への地域防災力強化の「指針」の下で，図の右上に示す既存の「連携」ネットワークの中に兆しとして見い出すことができる．その兆しが図中の矢印（↓）で示す右下のネットワーク「集団」の「実際」の形成へと向かうには，人々・組織といった活動主体となるネットワーク集団の形成に役立つ工夫がなされた災害減災情報が，普段から人々を「取り巻く」ことが必要となる．そのような災害情報の質的転換は，多様で重層的なネットワーク集団による積極的で主体的な防災対応へと，人々との関係における日本の災害対応の原則と方法に変化をもたらすだろう．

災害防災情報から災害減災情報への質的転換が情報の積極的な利用へとさらに展開すれば，被災からの地域再建への持続的対応につながるのではないかと考えた．防災もしくは減災のための人々・組織が活動主体となるネットワーク集団を「実際」に形成するには，図 1-16（50 頁）の防災 4.0 が示す多様な主体の参画と防災を「自分ごと」と捉える地域防災力の強化が必要だろう．本書では，東日本大震災のような「大規模複合災害」と地球温暖化などの影響による「頻発予想外災害」への対応が今日の日本の課題とみて，地域の持続的な回復力を被災前からどのように整備するかを検討した．そこでは，地域住民一人ひとりの防災への備えにも増して，地域社会の持続的回復力を担う多様な団体による「自分ごと」としての地域防災力強化が重要と考えた．そして，地域コミュニティや地域企業にとって自由に主体的に活動できるメンバーシップのネットワーク組織があり，構成員として利用できる災害減災情報のアーカイブが整備されているなら，多様・重層的かつ主体的なネットワーク集団の「実際」の形成による被災からの地域社会の回復力への処方箋になりうるとの知見を得た．

## 2．災害情報における地理空間情報の意義に関する一考察

最後に，日本の災害対応における災害情報の活用と今後の展望にみる地理空間情報の意義について考察する．阪神・淡路大震災以降の度重なる大規模災害の影響もあり，地理学による研究成果が被害などの現象の記述にとどまらず，空間科学的アプローチによる地域政策の論理基盤の形成へと応用されることが求められる．そして，筆者の考えでは，減災のための地域防災力向上において，地理空間情報はそのポテンシャルを最大限に発揮すると考える．地理空間情報の活用が災害防災情報としてのハザードマップといった場面に限定されるならば，それによってもたらされる災害に関する概念や知見は，政策投入される基礎科学的な知識として消費されるだけにとどまるだろう．しかし，人々を積極的な利用者と位置づける災害減災情報への質的転換においては，人々・組織といった活動主体の「ネットワーク集団」形成への地理空間情報の貢献となる可能性があり，地理空間情報によるそのような貢献が，災害と人々の関係の新たな変化への突破口になると考える．具体的には，災害対応に人々が積極的になる工夫が地理空間情報によってもたらされ，自助・共助による災害対応が実際を伴って前進すると考えている．

ハザードマップにおける地理空間情報の利点については，参加型 GIS の強みから説明されることが多い．たとえば，そのような利点の1つとして，行政による科学的な知と住民が導くローカルな知との統合によるリスク評価があげられる（岡本 2017，Wisner et al. 2003，Tran et al. 2009）．それは，公共における知識の議論にみられる専門知と一般知に共通する．地理情報もしくは地図情報のさらなる普及にとっても，そのような知の統合の説明ツールとしての地図の役割が大いに期待されている．本書では，第3章の地域内ネットワークに注目する災害対応と災害情報において，地図活用による知の統合の利点について検討し

た．そして，具体的な事例として，豊橋市の防災まちづくりモデル校区事業における防災コミュニティマップの作成に注目し，防災コミュニティマップに記述される地理情報が変化した過程から，行政による科学性の範疇でない住民の経験が導くローカルな知の補完のために地理空間情報が貢献したことを明らかにした．

参加型GISによる知の統合は，地理空間情報の活用がもたらす重要な利点の1つである．しかし，災害情報における地理空間情報の利点は，人々の参加を前提にしたものにとどまらない．たとえば，知の統合は道具としての地理空間情報の活用がもたらす利点であるが，情報としての地理空間情報そのものは，地域のつながり・結びつき関係を強調するといった特徴がある．本書では，第4章の広域ネットワークに注目する災害対応と災害情報において，そのような地理空間情報のもつ情報としての特徴について検討した．ここでは，愛知県三河地域の災害・消防応援協定の締結状況を事例とし，政策的つながりからみた空間的な関係と水準の都市構造を明らかにした．そして，そのような地理空間情報を通じた協定ネットワークの観察によって，広域圏の中に活動主体となるネットワーク集団の重層構造を確認することができ，地理空間情報がそのようなネットワーク集団の形成に資することも示した．地域のつながり・結びつきを地域内のみならず広域的にも促進して，被災からの地域再建に備えるためのネットワーク集団の形成に地理空間情報が役立つことも期待される．

地理空間情報を含む災害情報が多様で重層的な活動主体の可能性について具体的に提示できるかどうかに関しては，試行錯誤の段階である．しかし，本書では，従来のハザードマップが人々への情報の「見える化」であったのに対して，活動主体となる人・組織といったネットワーク集団として災害対応に関わる「見る化」情報への地理空間情報の可能性を示唆できた．2007（平成19）年に地理空間情報活用推進基本法が制定され，2012（平成24）年に災害対策基本法に地理空間情報の活用が追加されたように，ネットワーク集団による自由で主体的な地理空間情報の「見る化」の活用の促進が国の指針から確認できる．したがって，地理空間情報による地域防災力の活動主体の形成に対する需要は，今後も高まることが予想される．

効果的な防災のためには，災害リスクがいつ，どこで，どのようにあるかといった情報が人々に伝達されて，人々がそのような災害防災情報をうまく消費できる災害対応制度の構築が必要である．それに対して，効果的な減災のためには，人々が提供された災害リスクに関する情報を積極的に利用するような，災害減災情報の主体的な利用方法の工夫が必要だろう．今日の公助の限界の認識による減災のための地域防災力の強化が期待される状況においては，その工夫の可能性が，市町村内連携ネットワークの強化でなく，地域内での多様な活動主体のネットワーク集団の形成に向かうことが望まれる．同様に，広域連携ネットワークの強化でなく，広域での重層的な活動主体のネットワーク集団の形成につながることが望まれている．そして，現在の日本の災害対応と安全の情報に関して，そのような情報が人々を取り巻いている状況にあることが，地域防災力の向上を実現するために重要になってくるのではないだろうか．

### 3．研究としての意義と独創性

図Ⅰ-1（19頁）は人々を取り巻き・取り囲む災害情報のイメージといった本研究のアプローチの枠組みである．人々が知っている情報と人々が知ることのできる情報を視野に置きながら，災害対応についての行政の防災情報と災害対応についての人々の意識の情報とを含む網羅的な災害情報を研究対象としている．本書は日本の災害対応を学ぶテキストとなることを考慮したが，研究としての意義と独創性についても意図した．本研究の意義は，人々が接することのできる災害情報を検討するという研究方法によって，日本の災害対応策の特徴を明らかにできると示したことである．そして，本研究の独創性の1つ目は災害情報が質的に転換してきていることを検証する試みであり，独創性の2つ目は災害情報の受動的消費から積極的利用へと人々が向かうのに地理空間情報が役立つことを示唆する試みである．

1つ目の災害情報の質的転換の検証のための図 序-1（8頁）には，災害情報と人々の関係から災害防災情報と災害減災情報を概念的に区別することで，災害情報の質的な変化を見つけだそうとする独創性がある．また，図 序-2（10頁）は連携によるリスクへの対応かあるいは主体的な集団としてのリスクへの対応かを概念的に区別することで，多様・重層的かつ主体的な人々の災害対応への可能性を示す独創性がある．これらの図に示す研究の独創性の全体像を，図Ⅱ-1（87頁）の地域防災力向上のための災害対応と災害情報の発展過程としてまとめている．さらには，図 終-1（188頁）のように，ネットワーク集団形成に役立つ工夫がされた災害情報が，普段から人々を「取り巻いている」状況へと災害情報の質的転換が向かう将来の展望まで示唆するところも独創的である．

2つ目の独創性は，地域防災力向上のための災害対応と災害情報の発展過程において地理空間情報が役立ってきたことへの注目である．防災情報の受動的な消費者である人々に対して，的確で満足できる情報を提供する手段としての地理空間情報の有用性は高い．たとえば，発災時の有効な避難に結び付くハザードマップは重要であり，防災コミュニティ活動による地区防災マップなどの主体的参画を促進するツールとしても有効な手段である．さらに，地域防災力向上にとって地理空間情報のポテンシャルを最大限に発揮するために，多様・重層的かつ主体的なネットワーク集団形成の基盤となることが求められる．具体的には，人々・組織の活動主体が積極的に利用できるアーカイブのための地理空間情報の開発が，防災もしくは減災への効果的な災害対応についての情報となるだろう．そして，災害情報の消費者への「見える化」情報から災害情報の利用者のための「見る化」情報への質的転換（図 終-1）が進むかもしれない．現在のところ，ネットワーク集団の形成が可能であるか未知数ななかで，地理空間情報がどのような形態であるのが適切かは試行錯誤の段階にある．地域防災力の強化に向けて，「自分ごと」として個人が主体となる防災対応は基本的に個人の意思に依拠する一方で，地域団体が主体となる防災・減災・再建への活動をどのように地域防災力の強化につなげられるかは今後の課題である．地域コミュニティや地域企業が団体として被災からの地域再建に対応するのは，個人の意思とは別の促進要因として注目すべきだろう．そして，防災のための連携ネットワークの促進に加えて，地域団体が積極的に利用できる地理空間情報のアーカイブ整備が，それを基盤とする多様・重層的かつ主体的ネットワーク集団の形成の引き金になる可能性もあるだろう．これらの将来展望も含めて，本書の研究としての意義と独創性が日本の災害対応を新たな視点から考える契機になればと期待している．

# あとがき

「まえがき」にもあるように，本書は前著の改訂にとどまらない新たな内容を追加してまとめたものである．

前著作成のきっかけは，出版社からの『災害と行政――防災と減災から――』の増刷の話であった．共編者である松岡京美先生と改訂版の相談をした結果，『災害と行政』の内容を基盤に各自の専門に関わるさらなる研究成果を踏まえつつ，それぞれが単著を出版する運びになった．したがって，その新版である本書は以下の初出論文等と基本的内容が重複する部分もある．

本書の第1章は『災害と行政』第1章である村山徹「日本の自然災害と災害対応の公共政策」と，第2章は同じく『災害と行政』第3章の村山徹「防災行政における水害ハザードマップの機能と役割」と，そして，第4章の一部である三遠南信地域の災害・消防応援協定ネットワークに関しては，村山徹ほか「計画・実施にみる三遠南信地域の連携と自律」『地域政策学ジャーナル』第7巻第1号の一部と重複する部分が多い．また，第4章の一部である災害時の公務員派遣制度に関しては，松岡京美「災害からの復旧・復興での広域的な対応」松岡京美・村山徹編『災害と行政――防災と減災から――』を参考としている．くわえて，第3章の防災コミュニティマップにみる災害情報の質的転換に関しては，JSPS 科研費（基礎研究（C）17K03259）の研究課題における初年度成果の一部でもある．

本書の研究としてのオリジナルの1つは，災害情報の質的転換へ注目することでの道具に留まらない論理基盤の構築に資する地理空間情報の役割に関する検討だが，「地理空間」そのものに興味を持ったのは筆者のアメリカ留学にまでさかのぼる．筆者はアメリカ合衆国オハイオ州の大学院で地理・都市計画学を修めたが，大学院入学以前に居住したサンフランシスコでの生活の中で地理空間に興味を持つようになった．

州立大学付属英語学校での語学習得に難儀し，英語学習に飽きた週末には市内の端から端までMuniバスに乗車して車窓を眺めるのがストレス解消法であった．当時のお気に入り路線は，ゴールデンゲートブリッジ近辺の静かな住宅街からスタートする市バスで，ロシア移民が比較的多く住む居住区と第二中国人街を抜け，ヘイト・アシュベリーを通過，そして，ツインピークスにつづく丘にあるちょっとした高級住宅街をのぼった後は，下った先のカストロ地区に到着し，メキシコ移民が多く住むミッション地区と港湾の工場地帯近隣の治安の悪い地区を抜けると，終点のダウンタウン中心街に到着するといったルートであった．

車窓から見る街の景観もお気に入りだったが，それよりも心奪われたのが各地区を通過する度に入れ替わる乗客の様相であった．たとえば，丘を登り始めると，先ほどまでいたヒッピー風の若者達は降車し，豊かさがうかがえる婦人が乗車してくる．さらには，丘を下りきる頃に同性愛のカップルが増え，つぎに背格好の近いヒスパニック系が乗車してくるとなんとなく親近感を覚えるといった具合であった．日本から来たばかりの留学生には，居住者の社会属性が地区ごとに分断されているにもかかわらず，サンフランシスコ国際都市としての一体感ある魅力を放つ様が色鮮やかに映ったのを覚えている．

その後，市バスで感じた興味の対象が地理学で学べるという知恵を授かり，語学の必要要件を何とかクリアすることができたため，オハイオ州にあるアクロン大学大学院の地理学教室に入学することになった．地理学教室入学後は，警察署のインターンシップ生としてパトロールルート適正化のネットワーク解析を担ったり，農地の脆弱性評価による保全啓発パンフレットの作成に携わったりと，実践的に「地理空間」を学べたことで対象への関心が益々強くなった．

日本に帰国後は，地理学の学問的位置づけに少し戸惑いつつも，政策における地理空間と地理空間情報の活用に関心を持ち続けた．そのため，市役所付置の研究所の研究員として政策立案と実施における情報活用の研究に従事した．

以上のように，表象する現象の地理空間への注目を通じた都市や地域の理解に魅せられ，また，そこでの政策立案の論理基盤の形成に資する地理空間情報の活用といった新たな研究課題の兆しを見たことが，筆者の研究活動の原動力となっている．そして，本書で議論した災害情報の質的転換への注目と，地理空間情報の果たすべき役割についての検討へと通じている．本書でそれらに関する議論を十分に尽せたとは到底思っていないが，今後の研究活動の礎になればと考えており，微力であるが，人生のターニングポイントを与えてくれた地理学の益々の発展にも貢献できればとの思いを持っている．

本書の執筆にあたっては多くの方々の助力を得たため，心よりの感謝申し上げる次第である．だが，一人ひとりお名前をあげて謝意を表するのも柄でないので，最後に，筆者をこれまで支え続けてくれた家族に謝意を表したい．父 皓と母 慶子には幼少の頃より多大な迷惑と心配をかけたと記憶する．そして，妻 亜希子には見通しの立たない将来への不安から気苦労をかけているだろうと推察する．しかし，そのような不遑な私自身の可能性を何時も信じ続け，家族として共に楽しく充実した時間を共有してくれていることが，何よりの精神的支えとなっている．

2020年1月15日

村山　徹

# 文献一覧

秋吉貴雄・伊藤修一郎・北山俊哉『公共政策学の基礎』有斐閣，2010 年.
阿部亮吾・久保倫子・田中健作・近藤暁夫・林琢也・駒木伸比古『広域地方圏と大都市圏を結合するゲートウェイ・シティとしての豊橋市の地域特性に関する地理学的研究』愛知大学三遠南信地域連携研究センター，2017 年.
荒木一視・岩間信之・楮原京子・熊谷美香・田中耕市・中村努・松多信尚『救援物資輸送の地理学――被災地へのルートを確保せよ――』ナカニシヤ出版，2017 年.
アルドリッチ，D. P.（石田祐・藤澤由和訳）『災害復興におけるソーシャル・キャピタルの役割とは何か――地域再建とレジリエンスの構築――』ミネルヴァ書房，2015 年.
五百旗頭真『大災害の時代――未来の国難に備えて――』毎日新聞出版，2016 年.
生田真人「大規模災害と人文地理学」吉越昭久編『災害の地理学』文理閣，2014 年.
池田謙一「災害時の情報ニーズ」東京大学新聞研究所編『災害と情報』東京大学出版会，1986 年.
岩崎美紀子編著『市町村の規模と能力』ぎょうせい，2000 年.
岩船昌起編著『被災者支援のくらしづくり・まちづくり――仮設住宅で健康に生きる――』古今書院，2016 年.
宇沢弘文『社会的共通資本』岩波書店，2015 年.
牛山素行『豪雨の災害情報学』古今書院，2008 年.
牛山素行『豪雨の災害情報学 増補版』古今書院，2012 年.
牛山素行「ハザードマップへの期待と不安」『地理』Vol.62，2017 年.
浦野正樹「自主防災活動の組織化と展開」吉井博明・田中淳編『災害危機管理論入門――防災危機管理担当者のための基礎講座――』弘文堂，2008 年.
エジントン，D. W.（香川貴志・久保倫子共訳）『よみがえる神戸――危機と復興契機の地理的不均衡――』海青社，2014 年.
大野隆造「災害の行動科学」大野隆造編『地震と人間』朝倉書店，2007 年.
岡本耕平「ハザードマップと参加型 GIS」若林芳樹・今井修・瀬戸寿一・西村雄一郎編『参加型 GIS の理論と応用――みんなで作り・使う地理空間情報――』古今書院，2017 年.
貝原俊民『兵庫県知事の阪神・淡路大震災――15 年の記録――』丸善，2009 年.
片田敏孝『平成 10 年 8 月末集中豪雨災害における郡山市民の対応行動に関する調査報告書』群馬大学工学部建設工学科 片田研究室，1999 年.
片田敏孝「災害情報リテラシー――災害情報を主体的に活用してもらうには――」『災害

情報』No.7, 2009年.
片田敏孝『人が死なない防災』集英社, 2012年.
上子秋生「発災への行政」松岡京美・村山徹編『災害と行政――防災と減災から――』晃洋書房, 2016年.
河田惠昭『津波災害――減災社会を築く――』岩波書店, 2010年.
北原糸子・松浦律子・木村玲欧編『日本歴史災害事典』吉川弘文館, 2012年.
木村玲欧『災害・防災の心理学――教訓を未来につなぐ防災教育の最前線――』北樹出版, 2015年.
黒田由彦『ローカリティの社会学――ネットワーク・集団・組織と行政――』ハーベスト社, 2013年.
クライフ, アヴァナー（河野勝訳）「歴史比較制度分析のフロンティア」河野勝編『制度からガヴァナンスへ――社会科学における知の交差――』東京大学出版会, 2006年.
小山昭夫「原発事故起因の放射性物質による環境汚染とその対策」木庭元晴編著『東日本大震災と災害周辺科学』古今書院, 2014年.
災害対策制度研究会『新日本の災害対策』ぎょうせい, 2002年.
坂本賢三『「分ける」こと「わかる」こと』講談社, 2016年.
坂本治也『ソーシャル・キャピタルと活動する市民――新時代日本の市民政治――』有斐閣, 2010年.
佐々木晶二「東日本大震災の復興事業の3つの再検証ポイント」『復興』, 第5巻第3号, 2014年.
佐々木信夫『自治体の公共政策入門』ぎょうせい, 2000年.
佐野亘「東日本大震災が公共政策学に問いかけること――従来型政策パラダイムからの脱却に向けて――」『公共政策研究』第11号, 2011年.
塩崎賢明「「理念」と政策」平山洋介・斎藤浩編『住まいを再生する――東北復興の政策・制度論――』岩波書店, 2013年.
塩崎賢明『復興〈災害〉――阪神・淡路大震災と東日本大震災――』岩波書店, 2014年.
島田明夫『実践地域防災力の強化――東日本大震災の教訓と課題――』ぎょうせい, 2017年.
鈴木康弘「防災概念の変革期における地理学の役割」『地理学評論』70A-12, 1997年.
鈴木康弘「そもそもハザードマップとは何か」鈴木康弘編『防災・減災につなげるハザードマップの活かし方』岩波書店, 2015年.
砂金祐年「ソーシャル・キャピタルと共助――東日本大震災を例にして――」中邨章・市川宏雄編『危機管理学――社会運営とガバナンスのこれから――』第一法規, 2014年.
善教将大「震災記憶の風化――阪神・淡路大震災と東日本大震災に関する新聞記事の比較分析――」御厨貴編著『大震災復興過程の政策比較分析――関東, 阪神・淡路, 東日本三大震災の検証——』ミネルヴァ書房，2016年.
外岡秀俊『3・11複合被災』岩波書店，2012年.
高井寿文「ハザードマップ基図の読図と地図表現との関わり」『地図』Vol.47，No.3，2009年.
高橋和雄編著『災害伝承——命を守る地域の知恵——』古今書院，2014年.
高村ゆかり「情報に対する権利の国際的保障の展開と原子力政策」『公共政策研究』第14号，2014年.
立木茂雄『災害と復興の社会学』萌書房，2016年.
田中淳「災害情報論の布置と視座」田中淳・吉井博明編『災害情報論入門』弘文堂，2008年.
田中孝治・北川悠一・堀雅洋「洪水ハザードマップにおける情報表現のわかりやすさに関する認知心理学的検討」『災害情報』No.12，2014年.
田中隆文編著『想定外を生まない防災科学——すべてを背負う「知の野生化」——』古今書院，2015年.
田中幹人・標葉隆馬・丸山紀一朗『災害弱者と情報弱者』筑摩書房，2012年.
谷垣内亨宣「洪水ハザードマップの内容に関する分析——東京都における事例をもとに——」『災害情報』No.3，2005年.
谷藤悦史「21世紀の危機管理をどう構築するか——危機管理研究の議論を踏まえて——」中邨章・市川宏雄編『危機管理学——社会運営とガバナンスのこれから——』第一法規，2014年.
中央防災会議『防災対策推進検討会議最終報告』2012年.
津久井進『大災害と法』岩波書店，2012年.
辻中豊「政策過程とソーシャル・キャピタル——新しい政策概念の登場と展開——」足立幸男・森脇俊雅編著『公共政策学』ミネルヴァ書房，2003年.
辻中豊編『政治過程と政策』東洋経済新報社，2016年.
徳田雄洋『震災と情報——あのとき何が伝わったか——』岩波書店，2011年.
戸田敏行「越境地域の地域計画——県境地域を対象とした地域計画策定の可能性——」戸田敏行・蔣湧・岩崎正弥・駒木伸比古・暁敏編著『越境地域政策への視点』愛知大学三遠南信地域連携研究センター，2014年.
永松伸吾『減災政策論入門——巨大災害リスクのガバナンスと市場経済——』弘文堂，2008年.
永松伸吾「市場メカニズムとポスト3.11の減災政策」『公共政策研究』第11号，2011年.
中村八郎・森勢郁夫・岡西靖『防災コミュニティ——現場から考える安全・安心な地域づくり——』自治体研究社，2010年.
中邨章・市川宏雄編著『危機管理学——社会運営とガバナンスのこれから——』第一法規，2014年.
西尾勝『行政学の基礎』東京大学出版会，1990年.

西尾勝『行政学の基礎概念』東京大学出版会，1990 年.
西尾勝『地方分権改革』東京大学出版会，2007 年.
西澤雅道・筒井智士・金思穎「地区防災計画制度の創設の経緯並びにその現状及び課題に関する考察――東日本大震災の教訓を受けた災害対策基本法の改正を踏まえて――」『国土交通政策研究所報』第 56 号，2015 年.
西堀喜久夫・宮入興一・樋口義治・鈴木誠・土屋葉・駒木伸比古・佐藤正之『大規模災害時における地域連携と広域後方支援に関する政策研究』愛知大学中部地方産業研究所，2016 年.
日本災害情報学会編『災害情報学事典』朝倉書店，2016 年.
日本損害保険協会・野村総合研究所「洪水ハザードマップ等の現状・課題に関する調査研究」2010 年.
野田遊「越境地域の行政組織――府県連携促進の条件――」戸田敏行・蔣湧・岩崎正弥・駒木伸比古・暁敏編著『越境地域政策への視点』愛知大学三遠南信地域連携研究センター，2014 年.
バーテル バンドワールほか編（村山優子監訳）『緊急事態のための情報システム――多様な危機発生事例から探る課題と展望――』近代科学社，2014 年.
平塚千尋『災害情報とメディア 新版』リベルタ出版，2012 年.
広井脩「情報伝達体制」東京大学新聞研究所編『災害と情報』東京大学出版会，1986 年.
廣井脩『災害情報論』恒星社厚生閣，1991 年.
廣井脩編著『災害情報と社会心理』北樹出版，2004 年.
復興プロセス研究会・中越防災安全推進機構復興デザインセンター編『復興プロセス研究』復興プロセス研究会，2011 年.
北後明彦「地震・津波．火災による複合災害に備える」神戸大学震災復興支援プラットフォーム編『震災復興学――阪神・淡路 20 年の歩みと東日本第震災の教訓――』ミネルヴァ書房，2015 年.
牧紀男『復興の防災計画――巨大災害に向けて――』鹿島出版会，2013 年.
松岡京美『行政の行動――政策変化に伴う地方行政の実施活動の政策科学研究――』晃洋書房，2014 年.
松岡京美「災害からの復旧・復興での広域的な対応」松岡京美・村山徹編『災害と行政――防災と減災から――』晃洋書房，2016 年.
松下圭一『政策型思考と政治』東京大学出版会，1991 年.
三木由希子・山田健太編著『社会の「見える化」をどう実現するか――福島第一原発事故を教訓に――』専修大学出版局，2016 年.
水谷武司『自然災害調査の基礎』古今書院，1993 年.
三船康道『減災と市民ネットワーク――安全・安心まちづくりのヒューマンウエア――』

学芸出版社，2012年.
宮川公男『政策科学の基礎』東洋経済新報社，1994年.
村山徹「日本の自然災害と災害対応の公共政策」松岡京美・村山徹編『災害と行政――防災と減災から――』晃洋書房，2016年.
村山徹「防災行政による水害ハザードマップの機能と役割」松岡京美・村山徹編『災害と行政――防災と減災から――』晃洋書房，2016年.
村山徹「減災手法の進展にみる日本の災害政策の特徴」『名古屋地理』No.30，2017年.
村山徹・鈴木伴季・小澤高義・森本啓吾「計画・実施にみる三遠南信地域の連携と自律」『地域政策学ジャーナル』第7巻第1号，2017年.
村山皓「行政の災害対応への人々の意識」松岡京美・村山徹編『災害と行政――防災と減災から――』晃洋書房，2016年.
室﨑益輝「東日本大震災から見えてきた『減災行政』の課題」『年報行政研究』48号，2013年.
森田朗「東日本大震災の教訓と市民社会の安全確保」『年報行政研究』48号，2013年.
矢守克也『防災人間科学』東京大学出版会，2009年.
矢守克也・牛山素行「神戸市都賀川災害に見られる諸課題――自然と社会の交絡――」『災害情報』No.7，2009年.
矢守克也・渥美公秀編著，近藤誠司・宮本匠『防災・減災の人間科学』新曜社，2011年.
矢守克也『巨大災害のリスク・コミュニケーション――災害情報の新しいかたち――』ミネルヴァ書房，2013年.
矢守克也「言語行為論から見た災害情報――記述文・遂行文・宣言文――」『災害情報』No.14，2016年.
吉井博明「災害と情報――問われる自治体の情報力――」市町村アカデミー監修『防災対策と危機管理』ぎょうせい，2005年.
吉井博明「災害情報の提供による防災対策の促進効果」田中淳・吉井博明編『災害情報論入門』弘文堂，2008年.
吉川肇子『リスク・コミュニケーション』福村出版，1999年.

Billy, M., Polic, M. (2005). “Public perception of flood risks, flood forecasting and mitigation.” *Natural Hazards and Earth System Sciences*, 5, 345-355.
Donahue, J. D., Zeckhauser, R. J. (2006). “Public-Private Collaboration for Infrastructure Security.” In Auerswald, P. E., Branscomb, L. M., La Porte, T. M., Michel-Kerjan, E. O. (eds.) *Seeds of Disaster Roots of Response: How private action can reduse public vulnerability*. Cambridge University Press, 429-456
Dye, T. R. (1972). *Understanding Public Policy*, Prentice Hall
Fischhoff, B. (2006). “Behaviorally Realistic Risk Management.” In Daniels, R. J., Kettle,

D. F., Kunreuther, H. (eds.) *On Risk and Disaster: Lesseons from Hurricane Katrina.* University of Pennsylvania Press, 77-88

Godschalk, D. R., Beatley, T., Berke, P., Brower, D. J., Kaiser, E. J. (1999). *Natural Hazard Mitigation: Recasting Disaster Policy and Planning.* Island Press

Godschalk, D. R. (2003). "Urban hazard mitigation: Creating resilient cities." *Natural Hazards Review*, 4, 136-143.

Hodgson, M. E., Cutter, S. L. (2001). "Mapping and the Spatial Analysis of Hazardscapes" In Cutter, S. L. (ed.) *American Hazardscapes: The Regionalization of Hazards and Disasters.* Joseph Henry Press, 37-60

Lasswell, H. D. (1971). *Preview of Policy Sciences*, American Elsevier

Mileti, D. S., Darlington, J. D. (1997). "The role of searching in shaping reactions to earthquake risk information." *Social Problems*, 44, 89-103.

Mitchell, J. K. (1999). "Findings and conclusions." In Mitchell, J. K. (ed.) *Crucibles of Hazard: Mega-cities and Disasters in Transition.* United Nation University Press, 473-502

Ozerdem, A., Jacoby, T. (2006). *Disaster Management and Civil Society: Earthquake Relief in Japan, Turkey and India.* I.B.Tauris

Putnam, R. D. (1993). *Making Democracy Work: Civic Traditions in Modern Italy*, Princeton University Press

Schneider, S. K. (1992). "Governmental response to disasters: The conflict between bureaucratic procedures and emergent norms." *Public Administration Review*, 52, 135-145.

Tran, P., Shaw, R., Chantry, G., Norton, J. (2009). "GIS and local knowledge in disaster management: a case study of flood risk mapping in Viet Nam." *Disasters*, 33, 152-169

Wisner, B., Blaikie, P., Cannon, T., Davis, I., (2003). *At Risk: Natural hazards, people's vulnerability and disasters (second edition).* Routledge

# 資　　料

## 資料1　平成26年版　防災白書（目次）

人々を取り巻く災害対応策についての情報の例として，本書と関連する共助と地域防災力の特集を掲載した平成26年度版がある．（http://www.bousai.go.jp/kaigirep/hakusho/h26/honbun/index.html，最終アクセス：2018年2月8日）

## 資料2　京都府地域防災計画　一般計画編（目次）

都道府県の地域防災計画が示す人々を取り巻く情報の例として，京都府の一般計画編がある（http://www.pref.kyoto.jp/kikikanri/documents/ippanhyoushimokiji_1.pdf, 最終アクセス：2018年2月8日）.

第8章　港湾海岸施設防災計画
　第1節　海岸の現況
　第2節　防災工事の計画
　第3節　防災工事の内容
　第4節　船舶保安対策
第9章　水産施設防災計画
　第1節　漁船施設計画
　第2節　漁具施設計画
　第3節　養殖施設計画
　第4節　漁港施設計画
　第5節　共同利用施設計画
第10章　道路及び橋梁防災計画
　第1節　道路の現況
　第2節　計画の方針
　第3節　計画の内容
第11章　防災営農対策計画
　第1節　計画の方針
　第2節　雪害及び寒干害予防対策
　第3節　風水害予防対策
　第4節　晩霜と低温障害予防対策
　第5節　干害予防対策
第12章　建造物防災計画
　第1節　建築物の防災対策
　第2節　宅地の防災対策
　第3節　独立行政法人都市再生機構の建造物対策
第13章　文化財災害予防計画
　第1節　現状
　第2節　計画の方針
　第3節　計画の内容
第14章　危険物等保安計画
　第1節　計画の方針
　第2節　計画の内容
第15章　消防組織整備計画
　第1節　計画の方針
　第2節　計画の内容
　第3節　市町村地域防災計画に定める事項
第16章　鉄道施設防災計画
　第1節　計画の方針
　第2節　計画の内容
　第3節　西日本旅客鉄道株式会社の計画
　第4節　東海旅客鉄道株式会社の計画
　第5節　北近畿タンゴ鉄道株式会社の計画
　第6節　近畿日本鉄道株式会社の計画
　第7節　京阪電気鉄道株式会社の計画
　第8節　阪急電鉄株式会社の計画
　第9節　京福電気鉄道株式会社の計画
　第10節　叡山電鉄株式会社の計画
　第11節　嵯峨野観光鉄道株式会社の計画
第17章　通信放送施設防災計画
　第1節　通信施設防災計画
　第2節　放送施設防災計画
第18章　電気ガス施設防災計画
　第1節　電気施設防災計画
　第2節　ガス施設防災計画
第19章　資材器材等整備計画
　第1節　計画の方針
　第2節　応急復旧資材確保計画
　第3節　食料及び生活必需品の確保計画
第20章　防災知識普及計画
　第1節　計画の方針
　第2節　計画の内容
　第3節　学校における防災教育
　第4節　市町村地域防災計画で定める事項
第21章　防災訓練・調査計画
　第1節　防災訓練計画
　第2節　防災調査計画
　第3節　市町村地域防災計画で定める事

第１章　災害対策本部等運用計画
　第１節　計画の方針
　第２節　府の活動体制
　第３節　防災会議の開催
　第４節　市町村の活動体制
　第５節　指定地方行政機関等の活動体制
　第６節　広域応援協力計画
　第７節　災害対策本部の設置及び閉鎖
　第８節　災害対策本部の組織等
　第９節　現地災害対策本部運用計画
　第10節　複合災害時の対応
　第11節　企業等の事業継続に係る情報提供・収集窓口
　第12節　職員の証票
　第13節　災害対策本部等の標識
　第14節　市町村地域防災計画で定める事項
第２章　動員計画
　第１節　計画の方針
　第２節　災害警戒本部の動員
　第３節　災害対策本部の動員
第３章　通信情報連絡活動計画
　第１節　活動方針
　第２節　災害規模の早期把握のための活動
　第３節　災害情報，被害状況等の収集伝達
　第４節　通信手段の確保
　第５節　災害地調査計画
　第６節　市町村地域防災計画で定める事項
第４章　災害広報広聴計画
　第１節　計画の方針
　第２節　計画の内容
　第３節　市町村地域防災計画で定める事項
第５章　災害救助法の適用計画
　第１節　災害救助法の適用基準
　第２節　被災世帯の算定基準
　第３節　活動計画
　第４節　応急救助の実施
　第５節　災害救助法による災害救助の方法，程度，期間及び実費弁償の基準
第６章　消防活動計画
　第１節　計画の方針
　第２節　計画の内容
　第３節　応援要請に関する計画
第７章　水防計画
　第１節　計画の方針
　第２節　計画の内容
　第３節　市町村地域防災計画で定める事項
第８章　避難に関する計画
　第１節　計画の方針
　第２節　避難勧告等
　第３節　避難の周知徹底
　第４節　避難の誘導及び移送等
　第５節　二次災害の防止
　第６節　避難所の開設等
　第７節　避難者健康対策
　第８節　広域一時滞在
　第９節　被災者への情報伝達活動
　第10節　駅，地下街における避難計画
第９章　観光客保護・帰宅困難者対策計画
　第１節　計画の方針
　第２節　計画の内容
第10章　食料供給計画
　第１節　計画の方針
　第２節　食糧供給の実施方法
　第３節　給食に必要な米穀の確保
　第４節　その他の食品の調達

第5節　要請・連絡系統
第6節　輸送
第7節　災害救助法による炊出しその他食料品の給与基準
第8節　家畜飼料の供給
第9節　市町村地域防災計画で定める事項
第11章　生活必需品等供給計画
第1節　計画の方針
第2節　実施責任者
第3節　物資調達計画等
第4節　災害救助法による生活必需品等の給（貸）与基準及び配分要領
第5節　輸送
第6節　応急復旧資材の調達あっ旋
第7節　暴利行為等の取締り
第8節　市町村地域防災計画で定める事項
第12章　給水計画
第1節　計画の方針
第2節　計画の内容
第3節　市町村地域防災計画で定める事項
第13章　住宅対策計画
第1節　計画の方針
第2節　被災住宅に対する措置
第3節　応急仮設住宅
第4節　住宅の応急修理
第5節　建築資材の調達
第6節　市町村地域防災計画で定める事項
第14章　医療助産計画
第1節　計画の方針
第2節　実施責任者
第3節　計画の方法及び内容
第15章　保健衛生，防疫及び遺体処理等活動計画
第1節　防疫及び保健衛生計画
第2節　し尿処理対策計画
第3節　遺体の捜索，処理及び埋火葬計画
第16章　救出救護計画
第1節　計画の基本方針
第2節　計画の内容
第3節　市町村地域防災計画で定める事項
第17章　障害物除去計画
第1節　計画の方針
第2節　計画の内容
第18章　廃棄物処理計画
第1節　計画の方針
第2節　計画の内容
第3節　市町村地域防災計画で定める事項
第19章　文教応急対策計画
第1節　計画の方針
第2節　情報の収集・伝達
第3節　施設・設備の緊急点検等
第4節　学校等における安全対策
第5節　教育に関する応急措置
第6節　学校等における保健衛生及び危険物等の保安
第7節　被災者の救護活動への連携・協力
第8節　府立学校の防災体制
第9節　市町村地域防災計画で定める事項
第20章　輸送計画
第1節　計画の方針
第2節　輸送力の確保
第3節　輸送の方法等
第4節　西日本旅客鉄道株式会社

第5節　緊急通行車両の取扱い
第6節　災害救助法による輸送基準
第7節　人員及び救助物資等の輸送
第8節　市町村地域防災計画で定める事項
第21章　交通規制に関する計画
第1節　計画の方針
第2節　交通規制対策
第3節　標示及び航路標識の設置
第4節　交通情報の収集及び提供
第5節　異常気象時における道路通行規制要領
第22章　災害警備計画
第1節　警察の警備計画
第23章　道路除雪計画
第1節　計画の方針
第2節　近畿地方整備局道路除雪計画
第3節　京都府道路除雪計画
第4節　市町村地域防災計画で定める事項
第24章　危険物等応急対策計画
第1節　計画の方針
第2節　計画の内容
第25章　鉄道施設応急対策計画
第1節　計画の方針
第2節　西日本旅客鉄道株式会社の計画
第3節　東海旅客鉄道株式会社の計画
第4節　北近畿タンゴ鉄道株式会社の計画
第5節　近畿日本鉄道株式会社の計画
第6節　京阪電気鉄道株式会社の計画
第7節　阪急電鉄株式会社の計画
第8節　京福電気鉄道株式会社の計画
第9節　叡山電鉄株式会社の計画
第10節　嵯峨野観光鉄道株式会社の計画
第26章　通信・放送施設応急対策計画
第1節　通信施設応急対策計画
第2節　放送施設応急対策計画
第27章　電気・ガス・上下水道施設応急対策計画
第1節　行政機関応急対策計画
第2節　電気施設応急対策計画
第3節　ガス施設応急対策計画
第4節　ガス施設事故応急対策計画
第5節　上下水道施設応急対策計画
第28章　農林関係応急対策計画
第1節　計画の方針
第2節　雪害及び寒干害対策
第3節　晩霜と低温障害対策
第4節　春季高温障害対策
第5節　春季長雨障害対策
第6節　ひょう害対策
第7節　長梅雨及び水害対策
第8節　夏季低温・日照不足対策
第9節　風水害対策
第10節　農林水産施設等応急対策計画
第29章　労務供給計画
第1節　計画の方針
第2節　計画の内容
第3節　市町村地域防災計画で定める事項
第30章　自衛隊災害派遣計画
第1節　計画の方針
第2節　災害派遣の適用範囲
第3節　災害派遣担当区
第4節　災害派遣部隊等の活動
第5節　災害派遣要請手続
第6節　ヘリポートの位置等
第7節　市町村地域防災計画で定める事項
第31章　職員の派遣要請及び府職員の応

## 資料３　京都府地域防災計画　原子力災害対策編（目次）

原子力災害対応についての都道府県の地域防災計画が示す人々を取り巻く情報の例として，京都府の原子力災害対策編がある（http://www.pref.kyoto.jp/kikikanri/documents/genshiryokuhyoushimokuji.pdf，最終アクセス：2018年２月８日）．

際的な情報発信
第 16 章　防災業務関係者の人材育成
第 17 章　防災訓練等の実施
第 18 章　関西電力株式会社の行う予防対策
第 19 章　核燃料物質等の運搬中の事故に対する対応

**第 3 編　緊急事態応急対策計画**
第 1 章　基本方針
第 2 章　情報の収集・連絡，緊急連絡体制及び通信の確保
第 3 章　活動体制の確立
第 4 章　避難，一時移転等の防護措置
第 5 章　治安の確保及び火災の予防
第 6 章　飲食物の出荷制限，摂取制限等
第 7 章　緊急輸送活動
第 8 章　救助・救急及び医療活動
第 9 章　住民等への的確な情報伝達活動
第 10 章　自発的支援の受入れ等
第 11 章　行政機関の業務継続に係る措置
第 12 章　水資源対策
第 13 章　家庭動物等対策
第 14 章　関西電力株式会社の行う応急対策

**第 4 編　原子力災害中長期対策計画**
第 1 章　基本方針
第 2 章　高浜発電所及び大飯発電所の防災体制の解除
第 3 章　現地事後対策連絡会議への職員の派遣
第 4 章　原子力災害事後対策実施区域における避難区域等の設定
第 5 章　放射性物質による環境汚染への対処
第 6 章　各種制限措置の解除
第 7 章　環境放射線モニタリングの実施と結果の公表
第 8 章　災害地域住民に係る記録等の作成
第 9 章　被災者等の生活再建等の支援
第 10 章　風評被害等の影響の軽減
第 11 章　被災中小企業，被災農林漁業者等に対する支援
第 12 章　心身の健康相談体制の整備
第 13 章　生活関連物資の受給及び価格の監視・調査
第 14 章　復旧・復興事業からの暴力団排除

## 資料 4　地理空間情報活用推進基本法（平成十九年法律第六十三号）

地理空間情報を含む災害情報がさらに災害対応に貢献できる可能性を担保する法規として，その活用推進を目的とする地理空間情報活用推進基本法を捉えることができる（https://www.cas.go.jp/jp/seisaku/sokuitiri/tirikuukan/pdf/houritu.pdf，最終アクセス：2018 年 2 月 8 日）.

第一章　総則
（目的）
第一条　この法律は，現在及び将来の国民が安心して豊かな生活を営むことができる経済社会を実現する上で地理空間情報を高度に活用することを推進することが極めて重要であることにかんがみ，地理空間情報の活用の推進に関する施策に関し，基本理

念を定め，並びに国及び地方公共団体の責務等を明らかにするとともに，地理空間情報の活用の推進に関する施策の基本となる事項を定めることにより，地理空間情報の活用の推進に関する施策を総合的かつ計画的に推進することを目的とする．

（定義）

第二条　この法律において「地理空間情報」とは，第一号の情報又は同号及び第二号の情報からなる情報をいう．

一　空間上の特定の地点又は区域の位置を示す情報（当該情報に係る時点に関する情報を含む．以下「位置情報」という．）

二　前号の情報に関連付けられた情報

2　この法律において「地理情報システム」とは，地理空間情報の地理的な把握又は分析を可能とするため，電磁的方式により記録された地理空間情報を電子計算機を使用して電子地図（電磁的方式により記録された地図をいう．以下同じ．）上で一体的に処理する情報システムをいう．

3　この法律において「基盤地図情報」とは，地理空間情報のうち，電子地図上における地理空間情報の位置を定めるための基準となる測量の基準点，海岸線，公共施設の境界線，行政区画その他の国土交通省令で定めるものの位置情報（国土交通省令で定める基準に適合するものに限る．）であって電磁的方式により記録されたものをいう．

4　この法律において「衛星測位」とは，人工衛星から発射される信号を用いてする位置の決定及び当該位置に係る時刻に関する情報の取得並びにこれらに関連付けられた移動の経路等の情報の取得をいう．

（基本理念）

第三条　地理空間情報の活用の推進は，基盤地図情報，統計情報，測量に係る画像情報等の地理空間情報が国民生活の向上及び国民経済の健全な発展を図るための不可欠な基盤であることにかんがみ，これらの地理空間情報の電磁的方式による正確かつ適切な整備及びその提供，地理情報システム，衛星測位等の技術の利用の推進，人材の育成，国，地方公共団体等の関係機関の連携の強化等必要な体制の整備その他の施策を総合的かつ体系的に行うことを旨として行われなければならない．

2　地理空間情報の活用の推進に関する施策は，地理情報システムが衛星測位により得られる地理空間情報を活用する上での基盤的な地図を提供し，衛星測位が地理情報システムで用いられる地理空間情報を安定的に提供するという相互に寄与する関係にあること等にかんがみ，地理情報システムに係る施策，衛星測位に係る施策等が相まって地理空間情報を高度に活用することができる環境を整備することを旨として講ぜられなければならない．

3　地理空間情報の活用の推進に関する施策は，衛星測位が正確な位置，時刻，移動の経路等に関する情報の提供を通じて国民生活の向上及び国民経済の健全な発展の基盤となっている現状にかんがみ，信頼性の高い衛星測位によるサービスを安定的に享受できる環境を確保することを旨として講ぜられなければならない．

4　地理空間情報の活用の推進に関する施策は，国及び地方公共団体がその事務又は事業の遂行に当たり積極的に取り組んで実施することにより，効果的かつ効率的な公共施設の管理，防災対策の推進等が図られ，もって国土の利用，整備及び保全の推進並びに国民の生命，身体及び財産の保護に寄与するものでなければならない．

5　地理空間情報の活用の推進に関する施策は，行政の各分野において必要となる地理空間情報の共用等により，地図作成の重複の是正，施策の総合性，機動性及び透明性の向上等が図られ，もって行政の運営の効率化及びその機能の高度化に寄与するものでなければならない．

6　地理空間情報の活用の推進に関する施策は，地理空間情報を活用した多様なサービスの提供が実現されることを通じて，国民の利便性の向上に寄与するものでなければならない．

7　地理空間情報の活用の推進に関する施策は，地理空間情報を活用した多様な事業の創出及び健全な発展，事業活動の効率化及び高度化，環境との調和等が図られ，もって経済社会の活力の向上及び持続的な発展に寄与するものでなければならない．

8　地理空間情報の活用の推進に関する施策を講ずるに当たっては，民間事業者による地理空間情報の活用のための技術に関する提案及び創意工夫が活用されること等により民間事業者の能力が活用されるように配慮されなければならない．

9　地理空間情報の活用の推進に関する施策を講ずるに当たっては，地理空間情報の流通の拡大に伴い，個人の権利利益，国の安全等が害されることのないように配慮されなければならない．

（国の責務）

第四条　国は，前条の基本理念（以下「基本理念」という．）にのっとり，地理空間情報の活用の推進に関する施策を総合的に策定し，及び実施する責務を有する．

（地方公共団体の責務）

第五条　地方公共団体は，基本理念にのっとり，国との適切な役割分担を踏まえて，当該地域の状況に応じた地理空間情報の活用の推進に関する施策を策定し，及び実施する責務を有する．

（事業者の努力）

第六条　測量，地図の作成又は地理情報システム若しくは衛星測位を活用したサービスの提供の事業を行う者その他の関係事業者は，基本理念にのっとり，その事業活動に関し，良質な地理空間情報の提供等に自ら努めるとともに，国又は地方公共団体が実施する地理空間情報の活用の推進に関する施策に協力するよう努めるものとする．

（連携の強化）

第七条　国は，国，地方公共団体，関係事業者及び大学等の研究機関が相互に連携を図りながら協力することにより，地理空間情報の活用の効果的な推進が図られることにかんがみ，これらの者の間の連携の強化に必要な施策を講ずるものとする．

（法制上の措置等）

第八条　政府は，地理空間情報の活用の推進に関する施策を実施するため必要な法制上又は財政上の措置その他の措置を講じなければならない．

## 第二章　地理空間情報活用推進基本計画等

（地理空間情報活用推進基本計画の策定等）

第九条　政府は，地理空間情報の活用の推進に関する施策の総合的かつ計画的な推進を図るため，地理空間情報の活用の推進に関する基本的な計画（以下「地理空間情報活用推進基本計画」という．）を策定しなければならない.
2　地理空間情報活用推進基本計画は，次に掲げる事項について定めるものとする.
一　地理空間情報の活用の推進に関する施策についての基本的な方針
二　地理情報システムに係る施策に関する事項
三　衛星測位に係る施策に関する事項
四　前三号に掲げるもののほか，地理空間情報の活用の推進に関する施策を総合的かつ計画的に推進するために必要な事項
3　地理空間情報活用推進基本計画に定める施策については，原則として，当該施策の具体的な目標及びその達成の期間を定めるものとする.
4　政府は，第一項の規定により地理空間情報活用推進基本計画を策定したときは，遅滞なく，これをインターネットの利用その他適切な方法により公表しなければならない.
5　政府は，適時に，第三項の規定により定める目標の達成状況を調査し，その結果をインターネットの利用その他適切な方法により公表しなければならない.
6　第四項の規定は，地理空間情報活用推進基本計画の変更について準用する.
（関係行政機関の協力体制の整備等）
第十条　政府は，地理空間情報活用推進基本計画の策定及びこれに基づく施策の実施に関し，関係行政機関による協力体制の整備その他の必要な措置を講ずるものとする.

第三章　基本的施策
第一節　総則
（調査及び研究の実施）
第十一条　国は，地理空間情報の活用の推進に関する施策の策定及び適正な実施に必要な調査及び研究を実施するものとする.
（知識の普及等）
第十二条　国は，地理空間情報の活用の重要性に関する国民の理解と関心を深めるよう，地理空間情報の活用に関する啓発及び知識の普及その他の必要な施策を講ずるものとする.
（人材の育成）
第十三条　国は，地理空間情報の活用の推進を担う専門的な知識又は技術を有する人材を育成するために必要な施策を講ずるものとする.
（行政における地理空間情報の活用等）
第十四条　国及び地方公共団体は，地理空間情報の活用の推進に関し，国民の利便性の向上を図るとともに，行政の運営の効率化及びその機能の高度化に資するため，その事務及び事業における地理情報システムの利用の拡大並びにこれによる公共分野におけるサービスの多様化及び質の向上その他の必要な施策を講ずるものとする.
（個人情報の保護等）
第十五条　国及び地方公共団体は，国民が地理空間情報を適切にかつ安心して利用することができるよう，個人情報の保護のためのその適正な取扱いの確保，基盤地図情報の信頼性の確保のためのその品質の表示その他の必要な施策を講ずるものとする.
第二節　地理情報システムに係る施策
（基盤地図情報の整備等）
第十六条　国は，基盤地図情報の共用を推進することにより地理情報システムの普及を図るため，基盤地図情報の整備に係る技術上の基準を定めるものとする.
2　国及び地方公共団体は，前項の目的を

達成するため，同項の技術上の基準に適合した基盤地図情報の整備及び適時の更新その他の必要な施策を講ずるものとする．

（地図関連業務における基盤地図情報の相互活用）

第十七条　国及び地方公共団体は，都市計画，公共施設の管理，農地，森林等の管理，地籍調査，不動産登記，税務，統計その他のその遂行に地図の利用が必要な行政の各分野における事務又は事業を実施するため地図を作成する場合には，当該地図の対象となる区域について既に整備された基盤地図情報の相互の活用に努めるものとする．

（基盤地図情報等の円滑な流通等）

第十八条　国及び地方公共団体は，基盤地図情報等が社会全体において利用されることが地理空間情報の高度な活用に資することにかんがみ，基盤地図情報の積極的な提供，統計情報，測量に係る画像情報等の電磁的方式による整備及びその提供その他の地理空間情報の円滑な流通に必要な施策を講ずるものとする．

2　国は，その保有する基盤地図情報等を原則としてインターネットを利用して無償で提供するものとする．

3　国は，前二項に定めるもののほか，国民，事業者等による地理空間情報の活用を促進するため，技術的助言，情報の提供その他の必要な施策を講ずるものとする．

（地理情報システムに係る研究開発の推進等）

第十九条　国は，地理情報システムの発展を図るため，研究開発の推進，その迅速な評価，その成果の普及その他の必要な施策を講ずるものとする．

第三節　衛星測位に係る施策

（衛星測位に係る連絡調整等）

第二十条　国は，信頼性の高い衛星測位によるサービスを安定的に享受できる環境を効果的に確保することにより地理空間情報の活用を推進するため，地球全体にわたる衛星測位に関するシステムを運営する主体との必要な連絡調整その他の必要な施策を講ずるものとする．

（衛星測位に係る研究開発の推進等）

第二十一条　国は，衛星測位により得られる地理空間情報の活用を推進するため，衛星測位に係る研究開発並びに技術及び利用可能性に関する実証を推進するとともに，その成果を踏まえ，衛星測位の利用の促進を図るために必要な施策を講ずるものとする．

**著者紹介**

村 山　徹（むらやま　とおる）

アクロン大学（米国）地理・都市計画研究科修士課程修了，修士（Geography and Planning），立命館アジア太平洋大学アジア太平洋研究科博士後期課程単位取得満期退学．大阪大学サステイナビリティ研究機構研究員，大阪府豊中市とよなか都市創造研究所研究員，立命館大学文学部地理学教室実習助手，愛知大学三遠南信地域連携研究センター助教を経て，現在，名古屋経済大学経済学部現代経済学科准教授．

専門は地理学，地域政策，災害情報．

最近の主要著書は，「減災手法の進展にみる日本の災害政策の特徴」『名古屋地理』No.30，2017年．「計画・実施にみる三遠南信地域の連携と自律」『地域政策学ジャーナル』第7巻第1号，2017年．「地方公共団体のシティプロモーションと広域連携」『立命館文學』650号，2017年．（松岡京美との共編著）『災害と行政――防災と減災から――』晃洋書房，2016年．『災害と安全の情報――日本の災害対応の展開と災害情報の質的転換――』晃洋書房，2018年．

新 災害と安全の情報

――日本の災害対応の展開と災害情報の質的転換――

2020年3月10日　初版第1刷発行　　＊定価はカバーに表示してあります

著　者　村　山　　徹©

発行者　植　田　　実

印刷者　田　中　雅　博

発行所　株式会社　晃　洋　書　房

〒615-0026　京都市右京区西院北矢掛町7番地

電話　075(312)0788番(代)

振替口座　01040-6-32280

装丁　野田和浩　　印刷・製本　創栄図書印刷㈱

ISBN978-4-7710-3311-5